ESSAI

SUR LA

LIBERTÉ DU COMMERCE

DES NATIONS

EXAMEN DE LA THÉORIE ANGLAISE DU LIBRE-ÉCHANGE

PAR

CHARLES GOURAUD,

> La liberté du commerce n'est pas un
> besoin nouveau, ni une découverte à la
> gloire d'un siècle. Il n'y a point de
> peuple, à quelque degré de civilisation
> qu'il soit parvenu, qui la méconnaisse.
> ROSSI.

PARIS

A. DURAND, RUE DES GRÈS, 7.

GUYOT   GARNIER,
RUE DE LA PAIX.   AU PALAIS-ROYAL.

1853

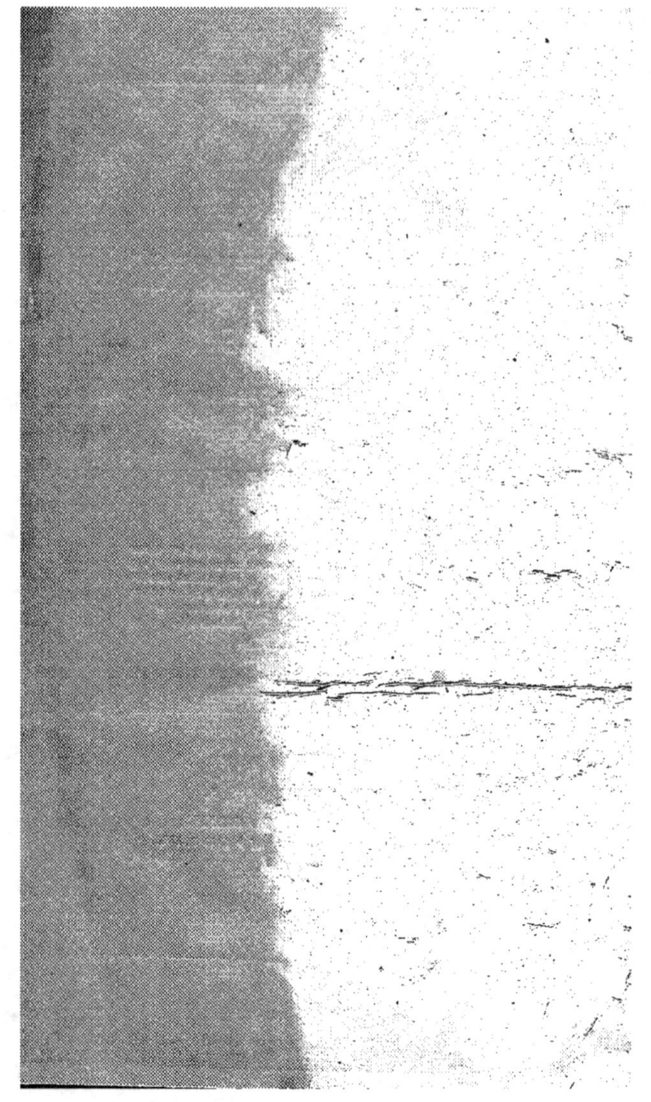

ESSAI

SUR LA

LIBERTÉ DU COMMERCE

DES NATIONS.

IMPRIMERIE GERDÈS, RUE BONAPARTE, 42.

ESSAI

SUR LA

LIBERTÉ DU COMMERCE

DES NATIONS

EXAMEN DE LA THÉORIE ANGLAISE DU LIBRE-ÉCHANGE

PAR

CHARLES GOURAUD.

> « La liberté du commerce n'est pas une faculté accordée aux négociants de faire ce qu'ils veulent ; ce serait bien plutôt sa servitude. Ce qui gêne le commerçant ne gêne pas pour cela le commerce. »
>
> (MONTESQUIEU.)

PARIS

A. DURAND, RUE DES GRÈS, 5.

AMYOT,	GARNIER,
RUE DE LA PAIX.	AU PALAIS-ROYAL.

1853

INTRODUCTION.

Objet et divisions de cet ouvrage.

Les nations, en se partageant l'univers, n'ont pu s'en partager en même temps tous les biens. *Non omnis fert omnia tellus;* toute terre ne porte pas toutes les sortes de fruits. Au contraire, la présence de telle richesse sur un point donné du monde y est ordinairement exclusive de la présence de telle autre : le sol où se plaît la vigne n'est pas celui où se rencontre l'abondance des métaux; le pays de la soie n'est pas celui du coton, et la contrée des forêts n'est pas celle des prairies. Aussi le territoire, quel qu'il soit, d'une nation ne lui offre-t-il jamais un théâtre qui suffise aux nécessités de son existence. Riche au delà des besoins de la population qui le couvre, en une ou deux sortes de productions, ce territoire se trouve toujours, soit en totalité, soit en partie, déshérité de la plupart des autres. Il en résulte pour chaque société, dans les limites du domaine dont elle est propriétaire, un luxe et une indigence qui la sollicitent également à entrer en relations avec ses semblables : d'une part, pour écouler les produits dont elle surabonde; de l'autre, pour s'approvisionner de ceux dont elle manque. Ainsi s'est établi, dès les temps les plus anciens, le commerce de nation à nation.

La civilisation entière est intéressée aux progrès de ce commerce.

Il est sensible d'abord que, si chaque peuple, se contentant des productions de son climat, vivait parqué dans ses frontières, les excédants de tous les territoires et de toutes les industries périraient inutiles, au détriment de chacun et de tous, et qu'il en résulterait pour le monde un appauvrissement immense. En échangeant au contraire le surplus des richesses, soit naturelles, soit artificielles, qu'ils possèdent et qu'ils ne consomment pas, contre les productions étrangères à leur sol, les peuples augmentent mutuellement leur bien-être. Producteurs, ils trouvent un plus grand débouché; consommateurs, un plus grand magasin, et ils accroissent à la

fois ainsi les ressources de leur travail et de leur subsistance. Mais ce n'est là qu'un résultat matériel; les rapports commerciaux des différents États sont aussi un
grand bienfait moral. Le commerce rapproche les nations, et, en les rapprochant, il les éclaire. Elles commencent par trafiquer de leurs richesses; bientôt elles
comparent leurs habitudes de travail; un échange plus
fructueux que celui des produits, l'échange des secrets
et des forces de production, s'établit entre elles : le commerce n'est plus seulement alors le nourricier et le facteur du globe, il devient l'école du genre humain. Une
noble émulation s'empare des esprits : les sciences et les
arts, de toutes parts provoqués, font des efforts inconnus;
de nouvelles conquêtes de l'humanité sur les mystères
et les obstacles de la nature en sont le prix. Les mœurs
éprouvent à leur tour l'effet de ces progrès. Les nations,
en s'empruntant leurs usages et en se communiquant
leurs idées, apprennent à se connaître; leurs préjugés
diminuent, leurs antipathies s'émoussent, leurs rapports
deviennent plus doux, et les mœurs se polissent en
même temps que les lumières se répandent et que le
bien-être augmente. Imaginez qu'un tel commerce soit
interrompu ou supprimé : la perte morale du genre
humain est plus grande encore que sa perte matérielle;

ce n'est pas seulement le meilleur instrument de sa prospérité qui lui manque, c'est l'un des ressorts les plus actifs de la civilisation générale qui se brise.

Des considérations d'un ordre aussi élevé devaient naturellement, en frappant les âmes ardentes, leur suggérer cette pensée que le commerce des nations ne pouvait jouir de trop de franchise. Si en effet, à mesure que les rapports commerciaux des peuples augmentent, la condition matérielle et morale de l'humanité s'améliore, il est aussi généreux que logique d'en induire que, moins ces rapports rencontreront d'obstacles à s'établir ou d'entraves à se développer, plus la civilisation grandira : de là à conclure que, si la liberté illimitée du commerce régnait d'un pôle à l'autre, la richesse et, ce qui vaut mieux que la richesse, l'avancement moral du monde prendrait un essor incalculable, il n'y avait qu'un pas bien tentant à franchir, et l'esprit humain eût été singulièrement rebelle au désir de bonheur et de perfection sans fin qui le dévore, si le démon tentateur du mieux ne l'eût pas cette fois encore ébloui. C'est ce qui est arrivé en effet; et de là est résultée la conception du système arrivé aujourd'hui à une célébrité si grande, sous le nom de *libre-échange.*

L'enchaînement des principes de ce système est aussi

rigoureux que l'idée d'où il est sorti est absolue. Partant de cette donnée que les rapports commerciaux des peuples sont l'un des agents les plus actifs de leur bien-être et de leur civilisation, et que par conséquent tout obstacle de quelque espèce qu'il soit qui gêne l'exercice ou l'extension de ces rapports est un obstacle au bonheur et au perfectionnement moral du genre humain, les libres-échangistes proposent de détruire radicalement les barrières qui isolent les différents territoires et empêchent chaque peuple de commercer librement avec le reste de l'univers. Ces barrières, si connues sous le nom de *douanes*, ont, disent-ils, pour origine et pour soutien la prévalence des intérêts égoïstes et mal entendus de chaque nation sur le bien visible de toutes. Leur suppression, tel est le but auquel tout esprit élevé et tout gouvernement éclairé doit tendre. La prudence exige sans doute qu'elle ne s'opère que par degrés, mais chaque jour doit marquer un progrès nouveau dans cette voie, et ce qui reste de ce siècle est suffisant à la parcourir tout entière. Nos neveux, si nous savons remplir la mission de notre âge, nous devront la plus grande et la plus féconde révolution de l'histoire. L'univers, aujourd'hui partagé en vingt territoires, ateliers et marchés jaloux, n'offrira à leurs yeux qu'un seul et immense domaine dont l'usufruit appartiendra à tous et la propriété à personne; l'industrie de tous les pays sera sur la surface entière du globe dénationalisée comme leur culture; le monde enfin ne formera qu'un comptoir commun, où tous les climats comparaîtront librement avec toutes leurs richesses. La Chine y apportera la soie et le thé; les Antilles, leur café et leur sucre; l'Inde, ses épices et ses tissus; l'Amérique, ses cotons, ses métaux et ses bois; l'Angleterre, sa houille et son fer; la France, ses vins et ses modes; la Russie, ses céréales; tous les peuples enfin, les produits variés de leur agriculture, de leur industrie et de leurs arts; et ils formeront entre eux une république commerciale universelle, de l'étendue du monde même, dans le parcours entier de laquelle le transport et l'échange de toutes les marchandises sera absolument et irrévocablement libre. Les conséquences économiques et financières d'une telle révolution sont incalculables : on ne sait jusqu'où s'étendra la facilité du mouvement des capitaux, du déplacement des travailleurs, etc., mais les conséquences morales seront encore plus merveilleuses. De même que l'univers ne formera plus qu'un territoire, l'humanité ne formera plus qu'une confédération ou plutôt qu'une société de nations. L'unité si longtemps dispersée de la race humaine sera reconstituée. Au règne de fer de la vieille loi qui, répandant les hommes par toute la terre, les a, durant tant de siècles, opposés les uns aux autres, succédera l'âge d'or d'une loi nouvelle qui les réunira autour du même foyer, comme les enfants prodigues de la même famille. Au lieu de verser des flots du plus pur de leur sang pour la conquête d'un village, ils se lieront tous entre eux par les chaînes de la fraternité et de la paix, et on les verra, au sein d'une concorde profonde, travailler en commun, dans la seule vue du bien-être universel, à la grande œuvre de la destinée humaine.

Tel est le libre-échange : doctrine extraordinaire, même de nos jours, où en fait de doctrines nous avons vu déplacer, s'il est possible, les bornes de l'extraordinaire.

En soi, et rien qu'à titre d'événement curieux de l'histoire de l'intelligence de l'homme, un tel système mériterait d'arrêter l'attention ; mais l'importance qu'il a prise dans le mouvement des idées contemporaines le rend très-considérable à d'autres égards. Non-seulement ses merveilleuses perspectives ont séduit le vulgaire des économistes, ce qui n'a rien de surprenant, tout vulgaire étant toujours déçu par l'apparence ; mais ses principes ont trouvé des partisans parmi un certain nombre d'esprits distingués par leur savoir et leurs lumières. Ces partisans d'élite ont porté, dans l'apostolat et la défense de leurs convictions, l'éclat et la chaleur qui animent et échauffent toujours la parole d'hommes de talent convaincus. Toute la presse et, ce qui est bien autrement grave, toutes les chaires sans exception d'économie politique ont retenti de l'exposition, de la démonstration, de la controverse du libre-échange. C'est devenu une sorte de doctrine d'État enseignée avec autant de religion qu'autrefois les quatre principes dans les universités du moyen âge, et la foi de ses adeptes est aujourd'hui si solide et si ombrageuse qu'il n'est guère permis d'en contester les fondements, sans attirer sur soi les foudres de toute une école. Enfin un grand événement est venu, en dehors de ces purs succès intellectuels, donner au libre-échange une sorte de sanction pratique qui a extrêmement accru son importance et sa renommée. L'Angleterre, obéissant à des nécessités pressantes, a remanié ses tarifs dans des proportions d'une hardiesse extrême et dans des vues que sa politique s'est appliquée, avec un art incomparable, à faire passer aux yeux du reste du monde pour de simples suggestions de l'esprit de philanthropie. L'école libre-échangiste s'est autorisée de cet exemple, et la réforme de la législation douanière anglaise est devenue dans ses écrits un idéal pratique qu'elle propose incessamment à l'imitation de tous les peuples. Bien des personnes que la nouvelle théorie en elle-même ne persuadait guère ont été cependant étonnées de l'application en effet surprenante que des hommes d'affaires aussi consommés que les Anglais osaient en tenter, et le libre-échange, à la faveur de ce flottement accidentel et momentané des intelligences, a vu croître encore son crédit.

Ce crédit, quel qu'il soit d'ailleurs, est-il mérité?

Nous vivons dans un siècle où la régénération du genre humain a enfanté mille projets chimériques. Aussi les auteurs d'un projet nouveau, quel qu'il soit, conçu dans un tel but, non-seulement ne doivent pas être surpris que les gens de bonne foi et de bon sens, avant de l'admettre, l'examinent, mais ils doivent désirer, au contraire, que cet examen soit aussi étendu et aussi scrupuleux que possible. Si leur système est bon, il ne craint pas la lumière; s'il la craint, il est jugé. On a pensé que le libre-échange, en tout cas, par le bruit qu'il causait dans le monde et la place qu'il y avait prise, était digne de faire l'objet d'une de ces études sérieuses et approfondies auxquelles a droit toute doctrine parvenue, à tort ou à raison, à obtenir, avec une certaine popularité, l'assentiment de quelques intelligences élevées.

Cette pensée a donné naissance à l'ouvrage que l'on va lire.

L'objet par lui-même en est vaste. Si c'est une vaste entreprise, en effet, que de changer les lois de l'univers, ce n'est pas non plus une médiocre affaire que de juger cette entreprise. Il faut la suivre dans toute sa carrière, examiner les motifs et les conséquences de chacune de ses innovations, comparer l'état de choses qu'elle a pour but de détruire avec celui qu'elle y entend substituer, peser les intérêts certains qu'elle sacrifie, apprécier les avantages aléatoires qu'elle promet, enfin n'oublier, autant que possible, rien de ses inconvénients ni de ses mérites. C'était là une tâche de trop d'étendue pour y entrer au hasard. Un plan de recherches, qui se recommande au moins par sa simplicité, s'est offert naturellement à l'esprit : le libre-échange se présente à la fois comme une doctrine philosophique, cherchant à conquérir le monde des intelligences, et comme un système pratique demandant à s'établir dans le domaine des faits. Il a paru que l'appréciation qu'on se propose d'en faire gagnerait en ordre et en clarté, si on examinait séparément ce qu'il vaut comme doctrine et quels résultats il produirait en venant à application. En tant que doctrine, le libre-échange prétend révéler des principes capables de rendre le commerce des peuples non-seulement plus libre qu'on ne l'a jamais vu, mais aussi libre qu'il est possible de l'imaginer; comme fruit de cette liberté souveraine, il promet au genre humain une ère de bien-être et de perfectionnement moral sans précédents dans l'histoire : le monde enfin, s'il se conforme aux règles de conduite qu'il expose, doit devenir aussi libre, aussi heureux et aussi civilisé que le plan de sa destinée le permet. Quelle est la solidité des fondements sur lesquels ce brillant édifice repose? C'est ce qu'on examine dans un premier livre. Mais le libre-échange n'est pas seulement aux yeux de ses partisans l'idéal de l'économiste philosophe, il est aussi le modèle que doit commencer à réaliser dès aujourd'hui tout homme d'État digne de ce nom. L'Angleterre a ouvert la voie : toutes les autres nations, au dire des libres-échangistes, à moins de méconnaître les intérêts les plus évidents et les plus chers de leur prospérité et de leur grandeur, doivent s'y précipiter après elle. Quelles seraient, étant donné comme point de départ l'état économique actuel de l'univers, les conséquences d'une telle révolution?

C'est ce qu'un second livre a pour objet de rechercher.
Enfin, envisagé séparément au point de vue théorique
et au point de vue pratique, le libre-échange énonce des
principes et aboutit à des conséquences qui intéressent
à la fois l'économie politique considérée comme science,
et considérée comme art. On trouvera dans une conclusion quelques vues sur ce double sujet. Fruit naturel de
toutes les recherches qui l'auront précédée, cette conclusion leur servira de résumé et de couronnement. Ce
sera ensuite au lecteur à juger le libre-échange et cet
ouvrage. Puissent alors les dieux de l'utopie et de la
passion privée rester neutres, et chacun, animé du seul
esprit qui nous inspire, ne former son jugement qu'en
vue des biens sacrés de la vérité et de l'État!

ESSAI

SUR LA

LIBERTÉ DU COMMERCE

DES NATIONS.

LIVRE PREMIER.

**Principes comparés de la liberté du commerce
et du libre-échange.**

CHAPITRE PREMIER.

CARACTÈRE GÉNÉRAL DU LIBRE-ÉCHANGE.

Aristote, il y a vingt siècles, décrivant, l'histoire sous
les yeux, les lois éternelles qui président à la formation,
aux progrès, aux révolutions et à la ruine des états, et
comparant les traits de son modèle aux peintures imagi-

naires qu'on en avait données avant lui, disait : « La science ne fait pas les hommes, elle les prend tels que la nature les a faits; » mot de génie aussi profond qu'il est simple, et dont on ne saurait trop recommander la méditation à nos contemporains. Un vertige inconcevable en effet s'est emparé des esprits : on ne rencontre partout que des gens occupés à refaire le genre humain. Prendre le monde tel qu'il est, tel qu'il est sorti sous la main de Dieu même du lent travail des générations et des ans! Fi! Quel est l'homme d'imagination capable de descendre jusque-là de nos jours? quel est l'auteur assez dénué d'invention pour ne pas donner des lois à l'univers sans avoir jamais pris la peine de l'observer? Les Aristote et les Newton, les Montesquieu et les Cuvier, ne demandaient qu'à l'expérience la découverte des plans de la nature; mais il s'agit bien aujourd'hui de la nature et de ses plans! Le plus modeste faiseur de système en fera, quand vous voudrez, tout autant; et quel doute, en y réfléchissant, qu'il ne parvienne à faire beaucoup mieux? De là l'innombrable légion de romans de rénovation religieuse, sociale, politique, dont notre époque est étourdie : romans conçus dans un mépris, qui n'avait peut-être jamais atteint à ce degré, des besoins de la vie réelle, des leçons de l'histoire et des enseignements même du bon sens vulgaire.

Le libre-échange, faut-il le dire? accuse, à première vue, un air de parenté funeste avec ces folles doctrines.

Ce n'est là qu'une ressemblance purement extérieure, peut-être, sans conséquence pour le fond des choses, et il serait téméraire de se hâter d'en rien induire; mais enfin la ressemblance est frappante, et, dès l'entrée de ces études, il importe de la constater. Il est bien évident que les libres-échangistes, eux non plus, ne prennent pas le monde tel qu'il est, puisque, de leur aveu même, ils prétendent lui donner une forme qu'à leur sens il aurait dû toujours avoir, et qu'il est temps enfin, pour son plus grand bien, de lui voir prendre. La plus simple comparaison de l'univers commercial tel qu'ils se le figurent, et de ce même univers tel qu'il est, suffit en effet à montrer l'énorme différence qui les sépare.

Le globe, suivant eux, ne devrait former qu'un seul territoire, l'humanité qu'un seul peuple, et tous les pays civilisés qu'un seul atelier et un seul marché. Considérant la terre telle qu'elle pouvait être avant que la race humaine y eût paru, ils en dressent comme une carte muette de laquelle ils effacent toute distinction de nation et de gouvernement. Il n'y a plus, quant au commerce au moins, sur tout ce vaste espace, d'Amérique ni de France, d'Angleterre ni de Russie, de Turquie ni d'Allemagne, d'Espagne ni d'Italie : il n'y a que des citoyens d'une même et indivisible république, ne s'occupant, sans en être jamais distraits par aucune préoccupation d'intérêt national, qu'à abréger les distances qui les séparent, à augmenter leurs communications et à les rendre plus faciles et moins coûteuses, à étendre et à multiplier leurs relations, à détruire tous les obstacles matériels, administratifs ou moraux, que la politique élève entre eux. Est-ce là le spectacle que nous offre l'univers, considéré tel qu'il est, tel que les instincts de sa nature et le cours des ans l'ont formé? L'univers nous présente-t-il un seul marché où, dans une indépendance absolue de tout esprit de nationalité et des besoins sacrés que ce besoin engendre, les produits de la richesse circulent d'un pôle à l'autre aussi aisément que dans l'intérieur d'une même province? Non : l'univers nous présente vingt peuples jaloux et vingt marchés rivaux; ces vingt marchés et ces vingt peuples ont, dans le sens philosophique du mot, des intérêts égoïstes, c'est-à-dire des intérêts qui dérivent de leur instinct de conservation nationale, de ce qu'on appelle dans un autre ordre d'idées le patriotisme, l'amour du sol natal. Ces intérêts, à leur tour, dépendent de la géographie physique et politique du territoire dans les bornes naturelles ou de convention duquel ils sont nés et ils s'agitent; ils dépendent encore du climat du pays, de la qualité du terrain, de sa situation, de sa grandeur, du génie du peuple, pacifique ou guerrier, primitif ou policé; du genre de vie de ce même peuple, suivant qu'il est insulaire, continental, chasseur, pasteur, laboureur, industriel, commerçant, financier, l'une de ces choses séparément ou plusieurs ensemble. La religion, la race, les mœurs, la population, les traditions, la constitution sociale et politique, les lois, les coutumes et habitudes de toute sorte, les manières elles-mêmes influent encore sur la tendance particulière des intérêts nationaux. Eh bien! la lutte de ces marchés, la jalousie de ces peuples, l'accord ou la discordance de ces intérêts, suivant les lieux, les circonstances et les temps, voilà de quoi se compose et de quoi vit le monde commercial tel qu'il est. Rapprochez-le du monde que les libres-échangistes se figurent, et comparez!

Soit! va dire un disciple de l'école; mais il n'y a rien d'étonnant à ce que le régime commercial actuel diffère, et même du tout au tout, de celui que nous voulons lui substituer; l'étonnement serait qu'ils se ressemblassent : l'un, le nôtre, réalise l'idéal de la meilleure organisation du commerce possible; l'autre, celui qui existe présentement et que nous voulons transformer, constitue le pire état où le commerce, à notre avis, pouvait tomber. — A merveille! répondrons-nous à notre tour; mais le seul point que nous prétendions jusqu'ici démontrer n'en est que mieux établi, c'est-à-dire que le libre-échange, à l'imitation de toutes les doctrines imaginaires de notre époque, à l'imitation des plus violentes et des plus déraisonnables elles-mêmes, à l'exemple des systèmes socialistes de l'organisation du travail, de l'égalité des salaires, de l'impôt progressif, de tous ces rêves insensés et ruineux qui de tout temps ont effrayé le bon sens et qui hier encore épouvantaient la société, c'est que le libre-échange, disons-nous, semblable en cela aux plus folles fantaisies de nos jours, ne tient absolument aucun compte de l'état commercial du monde tel que l'ont établi la nature des choses, celle des hommes et le temps.

Or est-il qu'en nulle chose, à mépriser à ce point la nature et l'histoire, on ne fait preuve ni de philosophie ni de prudence.

On cherche l'idéal, dit-on : sublime et généreux souci

c'est la destinée des belles âmes d'y aspirer sans cesse!
Mais l'idéal de l'organisation du monde, dans quelque
ordre que ce puisse être, et dans l'ordre commercial
aussi bien que dans tous les autres, n'est pas un secret
dont la conception puisse éclore un beau matin dans
le cerveau d'une aussi frêle créature que l'homme. Dieu
fait bien ce qu'il fait. Il est probable à tout le moins
que l'univers tel qu'il l'a disposé est dans un ordre plus
profond que celui où à sa place nous l'aurions mis nous-
mêmes. La recherche de son arrangement idéal se réduit donc à celle des lois les plus élevées de son arrangement réel. La philosophie en toute matière est la
science des intentions de la Providence; or, ces intentions, dont le système compose en effet, au sens profond
du mot, l'idéal, c'est-à-dire l'ensemble des idées consti-
tutives de la nature des choses, ces intentions ni ne se
devinent ni ne se suppléent. C'est dans les faits qu'elles se
manifestent; c'est là, si l'on veut les connaître, qu'il en
faut chercher la trace. Quant à les supprimer et à y substituer des fantaisies d'école, il n'y a rien de plus téméraire
ni de moins recevable. Quoi! vous êtes philosophes, vous
l'assurez du moins, et vous préférez sans plus d'embarras
les vaines conceptions de votre esprit aux plans arrêtés
par celui dont la sagesse est l'adorable objet de toute
philosophie! Dieu a divisé le genre humain en nations;
il a déposé au fond du cœur de l'homme un sentiment
sacré, l'amour du sol qui l'a vu naître; cet instinct est
l'un des ressorts les plus visibles de toute civilisation: et
vous, d'un trait de plume, vous effacez de la carte du

globe toute distinction de nations, vous déclarez qu'à partir d'aujourd'hui il n'y aura plus de patriotisme dans le monde, que les hommes ne seront plus que des citoyens de l'univers! Ce serait mieux, pensent-ils. Mais où prennent-ils la témérité de le penser, quand la nature, par le fait, démontre si clairement que la Providence, dont l'avis sans doute mérite aussi d'être entendu, a jugé que ce serait moins bien?

La prétention sans doute est grande, mais elle est périlleuse. C'est aussi l'idéal qu'affirment poursuivre tous les régénérateurs religieux, sociaux et politiques de nos jours. Eux aussi, sous prétexte d'idéal, ils ont, par ordonnance, supprimé à leur gré telle ou telle passion de la nature humaine, tel ou tel obstacle de la nature physique; eux aussi, ils ont pris la carte du monde et le cœur de l'homme, et ils ont biffé à l'aise tel grand établissement qui les gênait, tel grand sentiment qui les dérangeait. A quoi ont-ils réussi? qu'ont-ils produit, ces profonds régénérateurs de l'univers? Des romans dont le moindre défaut a été de faire bondir le bon sens. Le libre-échange est-il dévoué à un aussi triste sort? Je ne dis pas cela; jusqu'à présent, je n'en sais rien : ce que je remarque seulement, et ce qui est flagrant, c'est qu'en ne prenant pas le monde tel qu'il est, ses partisans marchent dans la voie par où tous les faux docteurs du temps ont passé; c'est que conséquemment ce ne peut être que par une exception toute spéciale, si, en suivant la même méthode, les uns et les autres n'arrivent pas forcément au même but.

Mais l'histoire n'est pas plus considérée que la nature par les libres-échangistes, et ce nouveau mépris, second trait fâcheux de ressemblance entre leur théorie et les romans les plus décriés de nos jours, est aussi important à constater que l'autre.

L'histoire n'a peut-être jamais été plus enseignée ni mieux sue qu'aujourd'hui, et pourtant, chose singulière, ses leçons n'ont jamais été moins comprises. C'est l'effet de notre vanité et de cette passion pour les chimères qui nous enivre et nous égare. Il semble que tout soit venu au monde quand nous y avons paru, que ce qui s'était fait jusque-là ne soit bon qu'à témoigner de la profonde ignorance de nos pères : nous avons une fièvre de renouvellement qui nous fait prendre en pitié ce que les siècles antérieurs ont établi et consacré; il n'est pas une institution ancienne qui soit à la taille de notre destinée et de nos besoins; enfin, les séculaires fondemens de la vie humaine ont fait leur temps et on nous attendait pour les changer. Religion, gouvernement, finances, etc., il n'est rien de nos jours que ce dédain des lumières de nos devanciers et cette foi en notre génie n'aient failli bouleverser. Eh bien! n'est-ce pas précisément ce même et fatal esprit qui semble animer les libres-échangistes? Ils veulent supprimer les douanes entre les peuples. Ouvrez l'histoire : vous verrez qu'il n'est pas de grand administrateur ni de grand politique qui n'ait vu soit dans la création, soit dans le maintien de ces douanes, un instrument de prospérité et de puissance pour les peuples; vous verrez quelque chose de plus décisif encore, c'est

que toute nation qui a pris une place éminente dans le
commerce du monde n'est parvenue à la conquérir, à la
consolider et à la garder qu'en couvrant ses frontières de
douanes. Est-il besoin de rappeler des noms et de citer
des faits? Qui ne sait que la colossale opulence de l'Angleterre a pour origine les premiers priviléges accordés
par Édouard III aux fabricants de draps de son royaume,
et que la suprématie maritime où cette nation est arrivée n'est due qu'au fameux acte de navigation de 1650?
Quelqu'un ignore-t-il qu'à la mort de Mazarin, l'industrie, le commerce, la navigation de la France ne comp-
taient pas dans le monde, et que Colbert, par la seule vertu
d'un système de douanes, donna à notre pays marine
marchande et militaire, pêcheries, colonies et manufactures, richesses matérielles qui furent la source d'une
puissance politique immense? Mais bientôt on délaissa
les traditions de ce grand homme. La révocation de l'édit
de Nantes porta un coup funeste à l'industrie française;
elle émigra en Allemagne. Le grand-électeur et Frédéric II
recueillirent la riche fugitive, et, pour la fixer dans leurs
états, ils la protégèrent par un cercle de douanes : de
là datent la puissance manufacturière et la plus grande
partie de l'ascendant politique de la Prusse. Cependant
le temps marche, la révolution éclate, Napoléon paraît.
Il trouve l'industrie, comme presque toutes choses alors
en France, en décombres : un traité honteux et inepte,
le traité de 1786, livrant nos fabriques aux Anglais, en
avait réduit les restes mêmes en débris. La main répa-
ratrice du premier consul révèle les douanes; plus tard,

la politique de l'empereur porte avec le blocus continental le système protecteur à son plus haut degré d'énergie. Aussitôt l'industrie française rétablie fait des progrès merveilleux, et l'Europe entière, à l'abri de cette puissante égide, se couvre de manufactures et décuple sa richesse. Considérez enfin la Russie et l'Amérique : elles donnent le même spectacle. La Russie était barbare et pauvre : Pierre-le-Grand et Catherine II y attirent les industries étrangères, les acclimatent par des priviléges; dès lors la prospérité de ce vaste empire commence. Les États-Unis, à peine émancipés, élèvent des manufactures, mais ils négligent de les protéger par des tarifs; l'Angleterre étouffe ces établissemens au berceau; Washington voit le mal, il y applique le remède : des douanes; aussitôt l'industrie américaine prend son essor.

Telle est l'histoire de la protection douanière; et pourtant, sans daigner considérer cette histoire, sans paraître se douter qu'il est au moins bien grave de porter la main sur une institution aussi publiquement consacrée par le génie et l'expérience, les libres-échangistes en proposent la suppression pure et simple comme la mesure la plus naturelle du monde! N'est-ce pas là, à s'y méprendre, le caractère et la conduite des novateurs les plus romanesques de nos jours, et cette rencontre nouvelle des uns et des autres dans un tel dédain des leçons du passé n'est-elle pas faite pour inquiéter les sages et leur donner à réfléchir?

On a dit : Mais, en vertu de tels principes, il n'est point

d'institution au monde qui, par cela seul qu'elle existe, fût-elle d'ailleurs la plus odieuse, ne mérite d'être respectée : c'est le secret de perpétuer les abus et de proscrire le progrès. En outre, il n'y a point d'établissement humain qui soit éternel, et qui, pour avoir été convenable, nécessaire même en un temps, jouisse pour cela du privilége de l'être toujours.

La première de ces exceptions au moins est bien faible. Il n'y a pas de doute qu'il ne suffit pas qu'une institution existe pour mériter d'être conservée. Lorsqu'une institution outrage ou opprime l'humanité, le devoir du philosophe ne se borne pas à ne pas céder avec la foule au respect superstitieux de l'usage établi, il est encore d'élever à l'encontre de cet usage la revendication aussi éclatante que possible des droits de la civilisation. Ainsi, par exemple, lorsque l'auteur de l'*Esprit des Lois*, ce métaphysicien sublime, si religieux observateur des faits, rencontre sur son chemin l'abominable coutume de l'inquisition, ce n'est pas assez, à ses yeux, qu'elle existe pour être justifiée. Qui n'a lu le plaidoyer, chef-d'œuvre de raison, de pathétique et d'ironie, que l'atrocité des inquisiteurs lui dicte alors en faveur de la liberté des cultes? Voilà le modèle du publiciste philosophe, ne condamnant jamais le fait que dans un seul cas, le cas où ce fait viole les principes, mais le condamnant alors, avec toute l'énergie qui est en lui, au double nom de la science et de la nature, comme un mensonge et comme un monstre. Personne cependant ne prétendra que la règle soit applicable ici; car la protection douanière sans doute ne viole aucune des lois ni de la morale ni de l'humanité. C'est apparemment, au contraire, le droit naturel des nations de chercher à augmenter leur richesse, leur puissance et leur bien-être, et d'adopter dans cette vue telle ou telle mesure fiscale, administrative ou politique éprouvée par l'expérience. Montesquieu, du moins, ce grand juge des droits du genre humain, ne s'est jamais douté que l'institution des douanes les opprimât; au contraire, son perçant génie n'y a vu que des avantages, et l'opinion qu'il en exprime est la même qu'avant lui en avait eue Colbert, et qu'ont partagée depuis Frédéric et Napoléon.

Quant au droit de modifier et d'abolir même des institutions qui, bonnes en un temps, deviennent avec le cours des âges ou inutiles ou nuisibles, ce droit pris dans sa généralité est incontestable, et il est mille exemples en effet de règlements publics qui, excellents à l'époque où ils parurent, furent changés plus tard ou supprimés avec autant d'avantage qu'on en avait autrefois trouvé à les établir. Mais ces changements et ces suppressions, quand il s'agit surtout d'un corps entier de lois longuement éprouvées, ne doivent jamais être provoqués que pour des motifs d'un poids considérable. La raison générale que donnent les libres-échangistes de la nécessité de l'abolition des douanes est-elle une de ces raisons sans réplique qui étouffent tout scrupule et qui emportent toute adhésion?

Cette raison générale, la seule que du point de vue tout extérieur, pour ainsi dire, d'où jusqu'à présent nous envisageons le libre-échange, il nous soit donné d'apercevoir, la voici telle que les partisans les plus mesurés eux-mêmes du système l'exposent : c'est que tant qu'une liberté n'est pas livrée à sa toute-puissance naturelle d'expansion, tant qu'un obstacle quelconque en entrave encore la carrière, en limite l'exercice et le développement, toute révolution ayant pour but de lever cet obstacle est un bienfait pour l'humanité. Eh bien! s'il faut le dire, cette raison elle-même nous est extrêmement suspecte. C'est en effet un troisième et dernier trait de la ressemblance vraiment fatale du libre-échange avec toutes les mauvaises doctrines du temps; c'est en effet que ces doctrines ont le même principe pour fondement, c'est qu'elles aussi c'est à la liberté illimitée qu'elles tendent, et qu'il n'en est pas une que nous n'ayons vue au bout de cette voie échouer misérablement dans le scandale et l'anarchie.

Regardons autour de nous, prêtons l'oreille aux révolutions sans nombre de notre âge. Il n'est bruit d'un bout à l'autre du monde que de libertés qui fléchissent, qui se déshonorent ou qui tombent. Et quelle est la cause de ces lamentables désastres? Il n'y en a qu'une : ces libertés ne se sont flétries ou ne sont mortes que parce qu'elles n'ont voulu reconnaître aucun frein à leur puissance, aucune règle à leur exercice, aucune borne à leur développement. Elles aussi, elles ont pris ces bornes, ces règles et ces freins pour des obstacles qu'il était de leur destinée de briser : elles les ont brisés, et aussitôt elles se sont perdues. Voyez la religion : un jour la liberté disciplinée des consciences et des cultes n'a plus suffi. Des novateurs sont venus, qui ont agité dans l'école et dans l'église le drapeau de la liberté sans limites; à l'instant, l'esprit philosophique rompant ses digues, tout gouvernement des âmes est devenu impossible, et la liberté des croyances s'est abîmée dans une mer de doute, d'impiété ou d'indifférence. L'ordre civil, envahi par la même fureur, a été souillé des mêmes excès. La liberté civile régnait; tous les citoyens étaient égaux devant la loi. Des sophistes ont paru qui ont dit : Ce n'est là qu'une égalité restreinte, c'est l'égalité absolue, sans limites qu'il nous faut! Alors un débordement d'extravagances, tel qu'on n'en avait jamais vu, a inondé la société. L'inégalité naturelle elle-même des talents et des vertus a été niée, la propriété mise en discussion et en doute, l'esprit humain dégradé, et la civilisation, minée par l'envie, a failli sombrer dans la fange et dans le sang. L'ordre politique enfin, lui aussi, a subi l'épreuve de cette théorie superbe de la liberté illimitée. Une oligarchie existait où les droits politiques, accessibles en principe à l'universalité des citoyens, ne l'étaient cependant en fait qu'à la minorité : ce régime avait ses défauts, quel régime n'a les siens? mais il avait un avantage : la discussion des affaires publiques y était libre. Vinrent les doctrinaires du droit absolu de tout faire et de tout dire. Un soir, l'oligarchie qu'ils frappaient à coups redoublés s'écroula; une démocratie en prit la place, où s'étala à l'aise le système nouveau : liberté illimitée de la presse, liberté illimitée de pétition, liberté illimitée d'éligibilité et de suffrage. Cela s'agita misérablement quatre ans dans le tourbillon de la plus misérable anarchie; puis, cela a fini, comme toutes les anarchies finissent, par la dictature! Tel est le fruit de la liberté illimitée dans l'ordre religieux, civil et politique.

Avertis par tant de signes funèbres, il semble que les libres-échangistes auraient dû hésiter avant d'appliquer au commerce une doctrine si malheureuse partout ailleurs. Mais ils sont restés sourds à la voix du destin ou ils l'ont méprisée. Liberté illimitée des communications et des échanges! se sont-ils écriés eux aussi. Toute limite au commerce des peuples est un obstacle à la civilisation; toute barrière à leurs communications, une calamité pour le genre humain; tout frein à leurs relations mercantiles, une chaîne d'esclave; et l'économie politique a retenti des mêmes prédications qui ont enflammé tour à tour et bouleversé la religion, la société et l'État.

Cependant pour de simples observateurs comme nous, qui, n'étant ni visités ni soutenus par la grâce de l'esprit de système, gardons, en revanche, notre tête froide et calme, en vérité n'y a-t-il pas lieu d'être étonnés et inquiets de cette identité singulière du caractère général du libre-échange avec celui des plus tristes théories de nos jours? Mépris de l'observation de la nature, dédain de l'autorité du génie et de l'expérience, recherche d'une liberté absolue qui partout où elle s'est essayée a été funeste à la liberté véritable; rien ne manque aux libres-échangistes pour ressembler, d'extérieur au moins, aux plus chimériques révolutionnaires de nos jours. La ressemblance s'arrête-t-elle là, et le fond rachète-t-il le défavorable aspect du dehors? C'est ce que le temps est venu d'examiner.

CHAPITRE II.

ESPRIT DE L'INSTITUTION DES DOUANES.

Le développement le plus vaste possible de la liberté
commerciale des peuples, tel est le but du libre-échange;
l'abolition des douanes, considérées comme le plus grand
obstacle existant à l'exercice de cette liberté, telle est la
voie par laquelle il marche à son but. Commençons par
examiner si ce moyen est assorti à cette fin. C'est là en
effet le nœud du système, car il est évident que si les
douanes, comme les libres-échangistes le disent, oppriment la liberté du commerce, le reste de leurs maximes
s'ensuit naturellement. Pour vérifier cependant la solidité de ces premiers principes de la doctrine libre-échangiste, il est nécessaire de se rendre également compte des
conditions d'existence de la liberté du commerce et de
l'esprit de l'institution des douanes; ce n'est en effet qu'en
pleine connaissance de la nature des unes et du sens de
l'autre qu'il est possible de décider avec certitude s'il y a
harmonie ou désaccord entre eux. Les libres-échangistes
affirment le désaccord, et c'est le point de départ en même
temps que la pierre angulaire de leur doctrine; mais nul
n'est tenu de croire des novateurs sur parole, et les tra-

ditions qu'ils méprisent ont droit aussi d'être pesées. Les douanes existent, leur usage même est répandu aujourd'hui sur toute la surface du monde civilisé; elles ont sans doute une raison d'être à l'origine de laquelle la témérité seule peut négliger de remonter. En les dénonçant dès les premiers mots de leur théorie comme un obstacle à la liberté du commerce, les libres-échangistes eux-mêmes font un devoir à tous les esprits réfléchis de rechercher, avant de faire un pas de plus, si la donnée essentielle du système qu'on leur propose est fondée. C'est par où, après avoir, dans le chapitre qui précède, reconnu les caractères extérieurs du libre-échange, nous allons, dans celui-ci, aborder l'examen de ses principes.

La liberté du commerce, sur quelque marché que ce puisse être, dépend d'une condition très-simple et très-clairement définie, c'est que ce marché soit livré à la concurrence. La concurrence ou la lutte résultant de la présence simultanée, sur la même place de vente, de plusieurs vendeurs rivaux des mêmes espèces de produits, telle est l'âme de la liberté commerciale. Il est aisé de le comprendre. Toute transaction de commerce mettant en présence un acheteur et un vendeur, la liberté de cette transaction ne saurait être parfaite, si la vente et l'achat ne sont également libres; mais, sans la concurrence, la vente d'abord n'est pas libre, puisque tous n'ont pas la faculté d'y prendre part, et l'achat ne l'est pas davantage, puisque l'acheteur n'est à même de choisir ni entre les marchandises, ni entre les prétentions de plusieurs vendeurs. Droit commun de vendre et rivalité dans la vente, autrement dit d'un seul mot, concurrence, telle est donc avec raison la théorie universellement acceptée des lois de la liberté du commerce.

En matière de commerce intérieur, c'est-à-dire de commerce exercé entre particuliers dans la circonscription des frontières d'un même État, la vérité de cette théorie n'a jamais pu faire de doute, car les faits à chaque pas la confirment. Sur la place du plus humble marché de village comme à la bourse de la plus riche cité, l'oppression et la franchise du commerce sont également reconnues à l'absence ou à la présence de la concurrence. Y a-t-il ou peut-il y avoir sur telle ou telle place plusieurs vendeurs rivaux de la même espèce de produits, le commerce de cette place est libre ou peut l'être. N'y a-t-il et ne peut-il y avoir sur cette place qu'un seul vendeur d'une ou de plusieurs sortes d'objets, le commerce de cette place en tout ou en partie peut être ou est opprimé. L'expérience la plus commune parle constamment ici, dans l'intérieur de tous les États du monde, le même langage que la raison.

En est-il différemment en matière de commerce extérieur, et le principe de la liberté des échanges est-il autre de nations à nations que de particuliers à particuliers? Pour peu qu'on y réfléchisse, on verra qu'il est nécessairement le même. Les nations, en effet, sur le marché général de l'univers, jouent précisément, vis-à-vis les unes des autres, le rôle que les particuliers jouent entre eux sur le marché intérieur d'un seul État. La propriété, l'exploitation et la jouissance du sol du globe, et le commerce de ses productions se trouvent divisés entre les peuples, comme la propriété et le commerce d'un territoire le sont entre les habitants d'un même pays. Il n'y a de différent que l'importance des propriétaires et la richesse des échanges, mais au fond la nature des rapports est identique, et il est impossible alors que les lois qui en résultent et qui les règlent ne le soient pas. Supposez que, sur cette place commune du monde où toutes les nations se rendent pour échanger les excédants divers de leurs produits indigènes, un seul peuple soit en possession de vendre aux autres tout ou partie du supplément d'objets naturels ou manufacturés que ceux-ci ne possèdent pas; soit que ce peuple privilégié trouve exclusivement ces objets ou la possibilité de les fabriquer sur son territoire national, soit qu'il en accapare à la fois les moyens de transport, le magasinage et la vente, qu'arrivera-t-il? Les peuples apparemment ont les mêmes passions que les individus, la seule différence, comme disait Platon, c'est que ce qui ne se lit qu'en petits caractères dans l'âme de ceux-ci se lit en gros dans l'âme des autres. Eh bien! le mobile des peuples comme des particuliers, quand ils se livrent au commerce, est d'en tirer le plus grand lucre possible. Sous l'impulsion de cet inévitable mobile, que fera ce peuple que nous imaginons unique détenteur, sur la place du marché du monde, d'objets indispensables à la subsistance ou à l'entretien du reste du globe? Il ne se dessaisira de ses marchandises qu'au prix qu'il fixera, et tous les autres peuples seront esclaves de cette prétention. Que ce soient les principaux produits de l'agriculture ou de l'industrie qui se trouvent ainsi dans les mains d'un seul peuple : l'asservissement commercial de l'univers est certain. Vienne la concurrence au contraire, que chaque peuple trouve à s'approvisionner auprès de vendeurs rivaux des objets qui lui sont nécessaires : à l'instant le commerce des nations est libre : libre dans la vente, puisque plusieurs ont la faculté d'y prendre part, libre dans l'achat, puisque nul ne dépend de la tyrannie d'un seul vendeur.

Ce raisonnement de lui-même saute aux yeux; mais il est un moyen décisif d'en mettre les conclusions hors de doute, c'est de consulter sur ce sujet un témoin incorruptible, dont l'esprit de système n'a jamais altéré la foi, ni la logique entraîné le jugement : c'est l'histoire.

L'histoire a conservé le souvenir de toute la vie commerciale de l'univers; elle a suivi le commerce sur toutes les scènes où, depuis la plus haute antiquité jusqu'à nos jours, il a successivement posé sa tente. Interrogez-la; demandez-lui à quel signe en tout temps, en tout lieu, elle l'a vu opprimé ou libre; elle vous répondra comme le bon sens : A la présence ou à l'absence de la concurrence.

Il est un mot qui, à lui seul, est comme un monument de l'unanimité et de la constance de cet avis du genre humain, c'est le mot qui désigne le régime opposé à celui de la concurrence, le régime de la servitude commerciale, le monopole. Il y a plus de deux mille ans que les Grecs, ces admirables linguistes, l'inventèrent. Du temps déjà que leur archipel était, avec cette longue lisière de pays comprise entre la Méditerranée et le Liban, le théâtre de la civilisation, le monopole, c'est-à-dire l'unité de vendeur, était, dans la langue la plus généralement parlée, et le nom et la marque d'un commerce asservi. Les Romains conservèrent le mot; il a passé depuis sensiblement le même dans toutes les langues modernes, et aujourd'hui, sur les points les plus distants du globe, des rives du Mississipi aux bords de la Seine, de la Tamise au Danube et de l'Adige à l'Èbre, il sert à rappeler à tant de peuples divers, qui l'ont également adopté, qu'il n'y a pas de liberté du commerce entre États non plus qu'entre particuliers, là où un seul vendeur occupe sans rival le marché. Mais les annales des nations portent un témoignage autrement explicite encore que leurs langues. Sans remonter à Tyr ni à Corinthe, jetez seulement les yeux sur l'histoire du commerce depuis la renaissance de la civilisation en Europe jusqu'à nos jours; cette histoire parle : tant que le monopole y règne au profit d'une nation, le commerce de toutes les autres gît dans l'inertie et l'oppression; dès que la concurrence s'établit entre les peuples, le monde commercial à l'instant est affranchi. La mémoire de chacun lui rappelle en foule les preuves de ce que je dis là. Du viiie siècle à la dernière moitié du xviie, l'Occident, théâtre alors du grand commerce, comme autrefois l'avait été l'Orient, est tour à tour exploité par le monopole des républiques italiennes, des Anséates, des Flamands et des Hollandais. Cependant que devient la liberté commerciale? Elle est nulle. Amalfi, Pise, Gênes, Florence, Venise, dans une première période, Lubeck dans une seconde, Bruges, Anvers et Louvain dans une troisième, Amsterdam, enfin, dans une dernière, sont les magasins exclusifs du monde : toutes les autres nations sont obligées de s'y fournir ; la vente étant sans concurrence, l'achat est comme elle opprimé, toute liberté s'éteint, une ou deux villes de l'Europe acquièrent une prospérité immense, et le reste languit dans la servitude et la misère. Mais la concurrence, vers le milieu du xviiᵉ siècle, commence avec la ruine de la Hollande, et la lutte commerciale de la France et de l'Angleterre à s'établir dans le monde ; à l'instant la liberté naît ; plus on va, plus la concurrence s'étend, plus aussi la liberté grandit, et aujourd'hui, enfin, qu'un plus grand nombre de peuples qu'à aucune autre époque de l'histoire rivalise sur le marché du globe, il se trouve que la liberté commerciale aussi est plus complète qu'elle ne l'a jamais été : démonstration de fait si palpable, que nous en conclurons sans insister davantage que les rapports commerciaux des États, comme ceux des particuliers, ne sont libres qu'à la condition de reposer sur le principe de la concurrence.

La concurrence, cependant, ne s'établit pas d'elle-même entre les nations. Ce que nous venons, à grands traits, de rappeler de l'histoire de leur commerce suffit à le prouver. Si elle a été si longue à détrôner le monopole en Europe, cela provient évidemment de ce que, pour se constituer, elle a besoin de certaines conditions particulières d'existence. C'est de ces conditions maintenant qu'il s'agit de nous rendre compte pour parvenir enfin à une idée complète de la nature de la liberté du commerce.

Le mot de concurrence éveille une double idée dans l'esprit : c'est d'abord l'idée d'une lutte résultant de la mise en opposition et de la rencontre de deux forces; c'est ensuite l'idée de l'accord de ces deux forces se contrariant bien dans leur mouvement, mais conspirant ensemble en un même but. Ainsi, la concurrence de divers vendeurs sur un même marché a pour fondement la lutte de leurs prétentions, mais cette lutte a pour fin la liberté de toutes les opérations de ce marché. Ces éléments constitutifs de la concurrence sont sensibles; mais il est une condition de leur jeu dont l'indispensable nécessité ne l'est pas moins. Cette condition, c'est que les deux forces ainsi mises en opposition par la concurrence seront capables de supporter le choc de la rencontre, et pour cela seront égales. Si l'une, en effet, est plus grande que l'autre, la première évidemment emportera la seconde et l'annulera, et le bénéfice de la concurrence sera perdu, puisqu'elle a pour objet non pas seulement de heurter deux forces l'une contre l'autre, ce qui n'est qu'un moyen, mais, en les heurtant, de corriger mutuellement leur puissance et leur sens d'impulsion, ce qui est le but. Ici apparaît cette grande loi de la balance ou de l'équilibre qui régit la nature entière, le monde moral aussi bien que le monde physique, et sans l'observance de laquelle il n'y a pas plus d'ordre dans celui-ci que de liberté dans celui-là. Le commerce des peuples, comme toutes les autres manifestations de l'activité humaine, n'est libre qu'à la condition de respecter, lui aussi, cette loi. Si les forces qu'il met en œuvre ne forment pas entre elles un juste système de contre-poids, alors sa liberté qui, comme la liberté religieuse, la liberté politique, etc., ne se soutient que par l'équilibre, est détruite. Or, quelles sont ici les forces adverses? Ce sont des nations. La concurrence de ces nations, âme de la liberté de leur commerce, ne saurait donc s'établir ni durer si leurs puissances commerciales ne se font respectivement équilibre. Mais c'est là un événement qui ne saurait se réaliser à son tour que dans l'une de ces deux hypothèses : ou bien que les forces commerciales réciproques des nations seront naturellement égales, ou bien qu'elles seront artificiellement égalisées; car il est clair que si sur le marché du monde la richesse des différents peuples, qui est ici le secret de leur force, est disproportionnée de manière que la concurrence ne puisse se maintenir, la liberté, après quelques lueurs, s'éteindra pour faire place au monopole et à la servitude. L'équilibre de la puissance économique des peuples, telle est donc en dernière analyse la condition de l'établissement et du maintien de la liberté de leur commerce, puisque c'est de cet équilibre que dépend, avec la possibilité d'une lutte à forces égales, une concurrence sans laquelle l'histoire et la raison démontrent que tout commerce est opprimé.

Examinons à présent la nature de l'institution des douanes; nous pourrons aisément ensuite, à la lumière de ce qui précède, décider si, comme les libres-échangistes l'affirment, l'esprit en est contraire aux besoins de la liberté.

Il n'y a rien de plus connu que l'objet des douanes : c'est une institution qui a pour but de protéger l'agriculture, l'industrie, le commerce, et, quand il y a lieu, la marine des nations qui se trouvent à tous ces égards, à plusieurs ou à l'un seulement d'entre eux, dans une infériorité naturelle ou accidentelle vis-à-vis des autres. La raison d'être de cette protection se découvre et se justifie d'elle-même. Si la Providence avait rendu la richesse et l'activité de tous les peuples égales ou équivalentes, la liberté du commerce du monde serait un fait de nature, et aucune institution de main d'homme n'eût été nécessaire à l'établir. Mais il est visible qu'il n'en est pas ainsi : il suffit de jeter les yeux sur une mappemonde et sur l'histoire pour constater la flagrante et permanente inégalité des nations. Telle possède en abondance les plus riches productions du globe, telle autre manque presque du nécessaire. Celle-ci produit un de ces objets de première nécessité, comme les céréales ou le fer, dont elle tire un avantage naturel d'échange immense sur celle-là, qui produit plutôt des objets de luxe ou de moindre nécessité, comme la dentelle par exemple ou la soie. La position de tel État sur tel point de l'univers plutôt que sur tel autre est encore une cause d'inégalité : ainsi voilà une nation dont le territoire est admirablement doté, mais elle est sans communications faciles avec le reste du genre humain; une autre nation moins bien dotée, mais dont le territoire sera mieux situé, prendra d'abord

le pas sur elle. Ajoutez la diversité du génie des peuples :
celui-ci est né industriel et marchand; celui-là fait passer
avant tout la politesse, le goût et les armes. Il est inévitable qu'il en résulte à la longue dans le capital, c'est-à-
dire dans la somme des ressources acquises de tout genre
des deux peuples, une différence énorme, aussi redoutable au second qu'avantageuse au premier. Enfin,
car cette matière serait inépuisable, l'importance comparée de la richesse des peuples varie sans cesse avec le
temps. La laine et les bois ont été pendant des siècles des
articles d'échange d'une importance sans rivale; ils sont
primés aujourd'hui par le coton et par la houille, et
peut-être la houille et le coton, un jour, perdront-ils
le premier rang. Supposez en effet la découverte de
quelque nouvelle plante textile ou l'application de quelque principe nouveau, l'électricité par exemple, à la
production de la lumière, du mouvement ou de la
chaleur, une révolution incalculable s'ensuivra dans
l'état du bilan industriel du monde. L'inégalité des nations, en un mot, a mille causes à tout moment agis-
santes qui l'ont toujours entretenue et qui l'entretien-
dront toujours. De telle sorte qu'il n'y a jamais eu
d'époque et qu'on n'imagine pas qu'il puisse y en avoir
jamais où tantôt une nation, tantôt une autre, ne se
trouve commercialement la plus forte de l'univers. Les
douanes se trouvent ainsi avoir leur raison d'être dans
la nature même des choses : préjugé excellent en faveur de leur institution, car tout établissement d'État
qui repose sur de telles bases témoigne par là seul

qu'il est l'œuvre de la nécessité et non pas du caprice.

Mais quelles mesures emploient les douanes pour arriver à leur but? Par quel moyen les nations faibles se trouvent-elles, dans ce système, protégées contre l'inévitable suprématie de la nation la plus forte? Par des tarifs. La nation faible impose à l'entrée de son territoire les produits similaires étrangers de l'industrie qui, se trouvant sur son sol moins naturelle ou moins ancienne, est partant moins prospère. L'établissement de ce péage ou de cet impôt a-t-il en soi quelque chose que la morale ou la raison réprouvent? Assurément non. Le droit naturel de chaque peuple, en effet, est d'exploiter du mieux qu'il peut son territoire, de tirer le plus grand parti possible tant du climat qu'il habite que du génie d'exploitation qui lui a été départi. Mais si la suprématie d'un de ses voisins l'empêche d'exercer un droit aussi favorable, en définitive, à l'augmentation du bien-être universel, comment l'adoption d'une mesure fiscale n'ayant d'autre objet que de le mettre en état de prendre sa place au grand soleil de l'industrie et du commerce pourrait-elle être jugée ou déraisonnable ou inique? Il n'y a que justice, au contraire, quand il s'agit de peuples plus encore que de particuliers, car alors les conséquences de l'oppression sont plus grandes, à protéger le faible contre le fort, et la présence de cette protection, loin d'être un mal que le genre humain doive repousser, est un bienfait que sa prudence doit désirer au contraire; ces tarifs en effet que le peuple fort paie au faible soutiennent au profit du monde entier l'existence industrielle de celui-ci, qui autrement s'évanouirait.

Ainsi l'esprit des douanes est justifié par l'intérêt du monde, comme leur établissement par la nature des choses.

Arrivons donc enfin, à présent que les deux termes du débat nous sont pleinement connus, à juger, objet suprême auquel nous tendons, si une telle institution, ainsi que les libres-échangistes, en justification de leurs doctrines, le disent, est un obstacle à la liberté du commerce.

La question, en vérité, aux termes où nous l'avons réduite, est tellement décidée par le fait même, qu'on est surpris que des hommes recommandables par leurs talents et leurs lumières aient pu seulement songer à l'élever.

Les douanes un obstacle à la liberté du commerce? — Mais elles en sont les seules garanties! Quelle est l'âme de cette liberté en effet? nous l'avons vu: la concurrence. Et quelle est la condition de la concurrence? Le bon sens nous l'a démontré : l'égalité ou l'équivalence de forces des rivaux qui y sont engagés, l'équilibre des adversaires, particuliers ou peuples, peu importe, contre lesquels elle s'établit. Mais les nations entre lesquelles se fait le commerce du monde sont-elles égales? Rien de plus évident, au contraire, ni de plus constant que leur inégalité. Et quel est l'objet des douanes? D'égaliser artificiellement, par l'établissement de taxes différentielles, les forces commerciales naturellement inégales des unes et des autres, c'est-à-dire de créer entre elles un système d'équilibre qui leur permette de soutenir la concurrence : n'est-ce pas là la théorie même des conditions de la liberté? Que fait-on donc quand on dénonce les douanes comme des obstacles à la liberté commerciale? On prend, je le répète, pour un système d'obstacles et d'entraves ce qui n'est rien qu'une organisation protectrice de digues et de garanties.

L'histoire d'ailleurs à laquelle, nous qui ne faisons point de systèmes, nous ne craignons pas de recourir, l'histoire le prouve. Durant toute l'antiquité et durant tout le moyen âge et la renaissance, de Charlemagne à Louis XIV, l'usage des douanes comme instrument de l'industrie des peuples était négligé. Qu'arrivait-il? Le monopole était le régime constant du commerce du monde. Abandonné sans défense aux hasards des révolutions, le commerce était toujours la proie de la nation la plus favorisée, la plus avancée ou la plus industrieuse; la concurrence était impossible et l'univers opprimé. L'histoire du commerce, pendant ces siècles de servitude, ne se compose que du récit des changements de capitale du monopole. Ses annales n'enregistrent que les noms de quelques cités qui tour à tour s'enrichissent des dépouilles et des tributs de l'univers : l'opulence de Tyr, d'Orchomène, de Rhodes, de Corinthe, de Carthage, de Marseille, d'Alexandrie, voilà, en contraste avec l'oppression et la misère du reste du globe, toute l'histoire du commerce des anciens. Au moyen âge et jusqu'au milieu du xviie siècle, même ignorance des bienfaits de la protection, mêmes conséquences pour la liberté. Le monopole change bien de lieu : des rives de l'Adriatique et de l'Arno il se transporte aux bouches du Weser et de l'Elbe; il s'établit ensuite sur l'Escaut, puis sur la mer d'Haarlem et le Zuyderzée; mais, sur quelques bords qu'il s'arrête, il n'en écrase pas moins l'Occident, comme dans l'antiquité il avait écrasé l'Orient. Enfin, un jour, au milieu du XVII° siècle, sur les débris de la puissance hollandaise, renversée par leur politique et par leurs armes, deux grandes nations, l'Angleterre et la France, s'avisent presque en même temps de protéger par des tarifs leurs industries naissantes, l'une son bétail et sa laine, l'autre ses draps, ses dentelles, ses glaces, etc., et de préparer ainsi sur leurs territoires les éléments d'une concurrence à venir aux industries similaires des étrangers. L'essai de cette double tentative sur l'équilibre, et par suite sur la liberté industrielle, commerciale et maritime du monde, est presque instantané. L'exemple parlait : il est suivi. Les autres nations, depuis lors jusqu'à nos jours, corrigeant ainsi par des tarifs l'inégalité naturelle ou accidentelle de leur puissance commerciale, sont successivement entrées dans la voie du système protecteur. Nous avons les résultats de cette grande révolution sous les yeux, nous pouvons comparer l'état commercial du monde tel que les douanes l'ont constitué avec ce qu'il était avant leur adoption par les différents peuples au moyen âge et dans l'antiquité. Quelle différence pour l'équilibre, la concurrence, la liberté, et enfin la prospérité de l'univers! On ne voyait, avant les douanes, qu'un pavillon à la fois sur les mers; cette marine unique, que ce fût celle des Italiens, des Anséates ou des Hollandais, occupait l'océan et rançonnait les transports. Facteurs du globe, *portitores terrarum*, ces rois sans rivaux des mers en opprimaient la liberté. Mais des tarifs protégent la navigation des différents peuples : quatre marines de premier rang, celles d'Angleterre, de France, d'Amérique, de Russie, naissent de ces tarifs et conquièrent enfin la liberté de l'océan. De même pour l'agriculture et l'industrie. Un seul peuple, que dis-je? une seule ville autrefois monopolisant la répartition des richesses de l'agriculture et de l'industrie, l'une et l'autre languissaient, et la rareté de leurs produits en maintenait la cherté : les douanes paraissent, le monopole est détruit; la concurrence suscite des manufactures sans nombre; l'agriculture, provoquée, soutenue et enrichie par l'industrie, fait des progrès inconnus; l'équilibre rompu est rétabli, le commerce est affranchi, la prospérité augmente et le bien-être s'étend.

Tel est l'esprit des douanes, tel est le rôle qu'elles ont joué, qu'elles jouent encore dans le monde. Et voilà l'institution qu'on raie d'un trait de plume, qu'on demande d'abolir pour y substituer un système conçu dans un esprit entièrement opposé! Mais n'y a-t-il pas là, réserve faite des mérites à démontrer de ce système nouveau, de quoi prévenir étrangement le bon sens contre l'adoption de ses maximes?

Leibnitz dit quelque part : « J'ai trouvé, après de lon« gues recherches, qu'ordinairement les opinions les plus

« anciennes et les plus reçues sont les meilleures, pourvu
« qu'on les interprète équitablement. » Il n'est guère d'institution établie depuis longtemps chez plusieurs peuples
éclairés que la plus vulgaire prudence ne commande de
juger avec cette équité d'interprétation que recommande
Leibnitz. Les douanes assurément, à ce seul titre, eussent mérité au moins l'examen des libres-échangistes.
Avant de les condamner et de parler de construire sur
leurs débris un régime commercial nouveau, ils auraient dû remonter à leur origine, entrer dans l'esprit de
leur création, observer leur influence, peser leurs résultats. Ils eussent à cette conduite évité d'abord un reproche
de légèreté et d'irréflexion qu'il est impossible de ne pas
leur adresser, et qui rassure mal sur la solidité du reste de
leurs maximes; mais ensuite, et ce qui est plus considérable encore, ils se seraient gardés de donner pour point
de départ à leur doctrine une proposition essentiellement
fausse.

Cette proposition, en effet, on se le rappelle, c'est que
les douanes étant le plus grand obstacle connu à la liberté du commerce, leur abolition est le moyen le plus
efficace d'établir et de développer cette liberté. S'il est
une chose évidente au contraire, après ce qu'on vient de
lire, c'est que l'institution des douanes ayant eu pour
effet, effet expliqué par la nature des choses et constaté
par toute l'histoire, de créer, avec l'équilibre industriel
des nations, la possibilité de leur concurrence et par là
leur liberté commerciale, l'abolition de ces mêmes
douanes aurait à son tour pour conséquences, tout à

l'opposé de ce que les libres-échangistes en attendent, de détruire, avec l'égalisation des forces des peuples, toute lutte de production et d'échange entre eux, de reconstituer le monopole et de replonger le monde dans la servitude. Ou il n'y a plus ni bon sens, ni histoire, ni logique, ou cela, dès le point où nous en sommes, est démontré. Mais la conclusion qui en résulte contre le libre-échange est fort grave, c'est qu'il n'a pas de raison d'être, car le motif qu'il invoque à ce titre est faux, tellement faux que l'analyse et l'observation révèlent qu'il faut prendre précisément le contrepied de la maxime qu'il énonce, pour être dans la nature et dans la vérité. Confirmation au moins fâcheuse, dès le premier pas que nous faisons dans l'intérieur de cette doctrine, du caractère de chimère que ses dehors déjà nous avaient révélé; la chimère en effet, ici, de probable est devenue flagrante, et sur un point bien essentiel, puisque c'est de lui que part le reste de la doctrine, nos simples présomptions se sont changées en certitude.

Mais, quelque assurés que nous soyons de la légitimité de cette conclusion, il est, avant de passer outre et de pénétrer plus avant dans le libre-échange, une épreuve qui en toute loyauté lui est due. Nous venons de démontrer que son point de départ est faux, puisqu'il prétend aller à la liberté du commerce des peuples par l'abolition des douanes, et qu'il est clair comme le jour que, sans les douanes, cette liberté n'aurait jamais existé et n'est pas capable de se maintenir. Les libres-échangistes cependant peuvent avoir des raisonnements à produire à l'appui de leur thèse, et, tels quels, il est bon, pour ne laisser aucune ombre sur ceci, de les entendre et de les discuter. Nous allons consacrer un chapitre à exposer et à juger ces raisonnements. Il n'est tel en toute chose que de mettre sa conscience en repos.

CHAPITRE III.

CRITIQUES DE L'INSTITUTION DES DOUANES; LEUR VANITÉ.

C'est l'ordinaire des novateurs, dont l'imagination fait tout le génie, de ne s'arrêter à établir ni par des raisonnements ni par des faits la valeur propre de leurs doctrines. Ils les exposent, il suffit : elles seraient tombées du ciel qu'elles n'auraient pas, à leurs yeux, une plus incontestable certitude. Mais en revanche, et s'ils sont si discrets quand il s'agit de la justification de leurs idées, il est une matière sur laquelle ils ne tarissent pas, ce sont les défauts des institutions dont ces idées poursuivent la ruine. Cette conduite au commencement n'est que l'effet de la passion. Tout entiers aux rêves de leur fantaisie, il est naturel que les faiseurs de systèmes s'en enivrent et s'en enchantent : s'ils dogmatisent alors, c'est qu'ils prennent naïvement eux-mêmes pour des dogmes les inventions de leur esprit. Mais ce qui n'était d'abord qu'une illusion devient bientôt une tactique. Les novateurs, pressés de rendre compte des fondements de leur théorie et ne le pouvant faire sans en dévoiler la faiblesse, se retranchent, à cet égard, dans un silence superbe; et bientôt il semble que ce soit un sacrilége de ne pas partager la foi superstitieuse qu'ils ont en leurs idées. En même temps et pour donner le change, ils fulminent de plus belle contre les traditions dont ils se séparent. Cependant le vulgaire, que dans son ignorance du fond des choses les mots éblouissent toujours, aux yeux duquel ce qui existe a le tort, à jamais inexcusable, d'exister, qui, lorsqu'on lui parle de remplacer des abus par des merveilles, est enclin à tout admettre et à tout croire; le vulgaire donc se laisse aisément imposer par l'air de grand-prêtre et de prophète que l'on prend avec lui : de proche en proche, la doctrine gagne, les gens sensés qu'elle fait sourire n'y prennent pas garde, le temps passe, les sectaires augmentent, et voilà comment les meilleures institutions sont minées et les idées les plus pernicieuses s'insinuent.

On vient de lire en dix lignes l'histoire du libre-échange. Demandez aux libres-échangistes une raison directe, une seule de leur système. Ils vont vous accabler de leur mutisme et de leur dédain. Quel est ce questionneur importun, cet esprit arriéré, assez peu au fait des usages pour demander à des doctrinaires les preuves à l'appui de leur doctrine? Le silence, telle est la seule réponse qu'il obtiendra. On a vu dans le précédent chapitre la profonde politique de ce silence. Il est clair que si on parlait, tout croulait, puisque la donnée essentielle du système est précisément, par malheur, une raison essentielle de le rejeter. Quoi de plus habile alors que de se taire? Mais, comme il fallait occuper les esprits, comme il fallait couvrir ce qu'un dogmatisme aussi inouï n'aurait pas longtemps tardé à avoir de révoltant, on s'est rejeté sur les défauts, les vices, que dis-je? les abus monstrueux de l'institution qu'on voulait détruire : de là est née la critique des douanes, la littérature la plus prolixe et la moins lisible qui ait jamais paru en ce monde.

On ne s'arrêtera pas longuement à démontrer ce que cette tactique des faiseurs de systèmes, adoptée ici par les libres-échangistes, muets lorsqu'il s'agit de se justifier, verbeux au-delà des plus grands exemples de diffusion connus lorsqu'il s'agit d'attaquer, a d'équivoque et de faible. L'esprit d'innovation est un esprit fécond sans doute. Le progrès est la loi du monde, et, comme disait justement cet empereur qui avait porté la philosophie sur le trône, « il ne faut pas recevoir les opinions de nos pères, comme des enfans, par la seule raison que nos pères les ont eues. » Mais lorsqu'on innove, n'est-ce pas d'abord et beaucoup plus de la légitimité de l'innovation qu'on propose qu'on doit être préoccupé que des défauts de l'état de choses établi que l'on prétend détruire? C'est au moins, au rebours des novateurs vulgaires, la conduite des novateurs de génie. Voyez Descartes, voyez Cuvier : l'un entreprend de remplacer l'étude des ouvrages d'Aristote, tout beaux qu'ils soient, par celle d'un livre plus beau encore et que ce grand homme avait sans cesse sous les yeux lui-même : le livre de l'âme humaine; l'autre, aux imaginations brillantes des Buffon et des Leibnitz, propose de substituer l'observation de la nature. Comment s'y prennent-ils l'un et l'autre pour

établir la supériorité de leur projet sur l'esprit de la tradition? Se répandent-ils en critiques contre cette tradition? Non, toutes leurs forces sont employées à démontrer directement par le raisonnement et par les faits
la solidité de leurs maximes; ils laissent ensuite à la
postérité à décider entre ces maximes nouvelles et les
croyances reçues. Voilà la marque du vrai génie : un
grand bon sens circonspect et patient. Les gens à systèmes, au contraire, que font-ils? Il faut bien le dire,
ce que font les libres-échangistes; ils affirment, ils tran-
chent, ils prophétisent : c'est l'irréflexion sous le masque
de la gravité. Leur point d'appui, ils ne le cherchent
pas dans la solidité de leur doctrine, mais dans les défauts de l'ordre établi qu'ils veulent bouleverser; comme
si, parce que cet ordre établi a des défauts, il s'ensuivait naturellement que leur système est sans reproches!
Que prouvent d'ailleurs des critiques, alors même
qu'elles sont fondées? Que l'institution à laquelle elles
s'adressent n'est pas parfaite? Le beau miracle, si cette
institution est de main d'homme! On démontre ou on
se propose de démontrer que les douanes ne sont pas
un système exempt d'abus ni de défaut. Quand cela
serait, s'ensuivrait-il d'abord qu'il faille les abolir?
Oui, peut-être aux yeux d'un homme aveuglé par les
préjugés d'école; mais, aux yeux d'un homme de bon
sens, cela prouve seulement qu'il faut les améliorer. S'il
fallait détruire tout ce qui est une cause ou un prétexte
d'abus sur la terre, la religion même ne resterait pas
debout. Ensuite, qu'y a-t-il à conclure des imperfections

des douanes en faveur du système quel qu'il soit qu'on se propose de leur substituer? Quand on aurait démontré que le système protecteur est vicieux, la belle raison, encore une fois, d'en inférer que le libre-échange est une merveille! Ce qu'il faudrait démontrer, ce n'est pas que les douanes sont une mauvaise institution, c'est que le libre-échange est une doctrine fondée sur l'expérience et la raison. Mais c'est ce qu'on ne fait pas. Et pourquoi? Nous l'avons vu, c'est que cela ne se peut; c'est que, tout au contraire, le libre-échange repose sur une hypothèse qui ne résiste pas au plus simple examen.

Voyons toutefois ces défauts, ces vices, ces abus de douanes dont les libres-échangistes font tant de bruit. Quoiqu'ils n'en puissent rien conclure en faveur de leur théorie, contrôlons leurs critiques. Elles ont, depuis soixante ans, rempli bien des volumes; que d'écrivains les ont retournées et fortifiées de toutes les manières! Il est bon, pour l'édification générale, de voir enfin ce qu'elles valent.

On peut classer en trois ordres distincts les reproches adressés par les libres-échangistes à l'institution des doua-nes. Ils l'accusent d'être contraire, 1° à la liberté; 2° à la prospérité des États; 3° enfin à la civilisation. Ces accu-sations, rien que sur leur énoncé général, paraîtront sans doute étranges après ce qu'on a lu. S'il est une chose que nous ayons établie en effet et établie d'après les témoi-gnages irréfutables de la nature et de l'histoire, c'est que, sans douanes, il n'y a pas de liberté pour le commerce du monde, partant point de prospérité pour les états qui le composent, partant enfin point de civilisation. Mais l'étrangeté de ces critiques n'est rien auprès de la faiblesse des raisons qu'elles invoquent. Il suffit presque de les exposer pour qu'elles tombent.

— La liberté, dit-on d'abord, est manifestement violée dans les formes les plus essentielles de son exercice par les douanes. Liberté de l'industrie et du travail, liberté civile, liberté du domicile, liberté individuelle, liberté politique même, tout périt ou est atteint par cette institution. Chaque membre de la société a le droit illimité de se pourvoir, comme il l'entend et où il les trouve au meilleur compte, des choses nécessaires à son alimentation, son entretien ou son travail : objets de consommation, matières premières, outils, instrumens, machines, etc. Le même citoyen a le droit également illimité de vendre ses produits à tel acheteur et pour tel prix qu'il en trouve. Mais ces droits sont détruits par les douanes. Nul producteur, grâce à elles, ne peut vendre qu'à un nombre d'acheteurs déterminé; nul consommateur ne peut se fournir qu'auprès d'un cercle de vendeurs rigoureusement défini. L'homme avait reçu de Dieu la faculté naturelle de vendre les produits de son travail à l'univers, de se fournir des objets nécessaires à ses besoins sur toute la surface du globe : cette faculté n'est plus, les douanes l'ont étouffée. La liberté civile, à leur contact, s'est flétrie de même. Unité de loi et égalité de droits, voilà la devise de cette liberté. Qu'est devenue l'égalité de droits? L'égalité civile ne reconnaît aucune solidarité de producteur à producteur. Consommateur, je ne suis tenu à donner en échange d'une chose nécessaire à la satisfaction de mes besoins ou de ceux de ma famille qu'une quantité de mon travail égale à la seule proportion qui soit ici légitime et naturelle, celle qui est indiquée par la valeur courante des choses sur le marché général du monde. Mais les douanes investissent un producteur mon voisin, mon semblable, mon égal ou qui devrait l'être resté, du droit de me vendre tel objet dont j'ai besoin plus cher qu'il ne vaut sur le marché général. L'inégalité n'est-elle pas flagrante? Maintenant, entre les manufacturiers d'un même pays, la protection n'est pas égale. Tel manufacturier est protégé d'une façon exorbitante, tel autre ne l'est pas. Où est l'unité de loi? Ajoutez que l'étranger, par représailles, frappant les articles du manufacturier qui n'est pas protégé, celui-ci est deux fois victime et deux fois vassal du privilége et du monopole constitués au profit de l'autre. Les douanes ne sont que des impôts, ou plutôt des redevances féodales prélevées au profit de quelques particuliers sur la masse des citoyens. Accorder une telle institution avec la liberté, c'est vouloir accorder la barbarie avec la civilisation, la féodalité avec le régime du droit commun. Parlerons-nous de la liberté du domicile et de la liberté individuelle? Que sont-elles devenues dans un système qui érige en règlements d'État, au simple profit de quelques personnes, les visites domiciliaires et les visites à corps? Enfin la liberté politique n'est que le couronnement de toutes les libertés du citoyen; mais son esprit sans doute n'est pas d'accord avec celui d'un régime qui porte la main sur le foyer et la

personne même de ce citoyen. La révolution de 1789,
dans son immortel élan, semblait avoir à tout jamais
snbstitué le régime de l'égalité à celui du privilége; et,
en effet, jurandes, maîtrises, tribunaux spéciaux, tout le
reste est bien tombé sous ce sublime effort de la raison
publique; mais les douanes sont restées debout, défi in-
solent à toute la civilisation moderne! et on parle d'éter-
niser ce défi! —

Tel est le résumé de ce premier ordre de critiques, et
sans doute les libres-échangistes ne se plaindront pas que
nous en ayons affaibli l'esprit ou la liaison. L'apparence
en est rare et belle, à coup sûr; mais voyons-en le fond.

Les douanes, dit-on, restaurent le régime des priviléges
et constituent les industries en état de monopole. Examinons séparément ces deux parties de l'accusation qu'on
leur intente.

Qu'est-ce qu'un privilége? Une faculté accordée à un
citoyen de se revendiquer seul de tel ou tel droit, d'exercer seul et à l'exclusion de tous les autres telle ou telle
profession. On demande quelle faculté de cette sorte les
douanes concèdent à un particulier quelconque au détriment de ses concitoyens? Qui, chez nous, empêche, demain, tout à l'heure, un individu jouissant de ses droits
civils, d'élever des hauts fourneaux, de creuser des mines,
de fabriquer des cristaux, des fils de coton, de laine, de
lin et de chanvre, etc., et de faire prospérer son industrie
pour le plus grand avantage du reste du pays, sous la
protection des droits que l'État a établis en faveur de cette
industrie? Mais s'il n'y a aucun empêchement à cela, que

parlez-vous de fiefs industriels? Plaisante féodalité qui est accessible à tous les citoyens et où le premier venu peut trouver au bout de son travail ses titres de noblesse!

On parle ensuite de monopole. Le monopole serait en effet ici la conséquence du privilége; mais, comme l'un n'existe pas, il est difficile que l'autre existe davantage : les faits d'ailleurs en témoignent. Jamais, chez nous ni dans le reste de l'Europe civilisée, la concurrence entre les particuliers n'a été si active, si violente même. Les conséquences en sont sensibles dans le progrès de la perfection ou de l'abaissement du prix des objets les plus essentiels de l'industrie. Il est à la connaissance de tout le monde, par exemple, que le prix des fers en France, sous le régime de la protection, a baissé de plus de moitié, et celui des cotons de près des trois quarts, et cela dans un laps de temps assez rapide. Il y a plus, il est telle industrie dont les produits sont tombés par suite de la concurrence extrême que nos divers manufacturiers s'y sont faite à des prix ruineux pour les producteurs : l'industrie des papiers peints a été de notoriété publique dans ce cas. Voilà de singuliers monopoles qui, bien loin d'amener la cherté, déterminent la baisse des prix, qui, au lieu d'étouffer la concurrence en écartant les rivaux, multiplient tellement ceux-ci et surexcitent tellement celle-là, que la production même en souffre! De tels monopoles, on l'avouera, sont des êtres de raison aussi énigmatiques pour le moins que les priviléges de tout à l'heure!

Il est pourtant un moyen de donner un sens à cette

énigme, c'est, quand les libres-échangistes vous disent que les douanes constituent des priviléges et des monopoles, d'ajouter à ces deux mots une toute petite qualification, qu'ils ont bien soin, eux, de supprimer, la qualification de *nationaux*. Oh ! alors, l'énigme est claire, ou plutôt il n'y en a plus : les douanes, en effet, sont incontestablement la source de priviléges et de monopoles *nationaux* pour les sociétés dont elles protégent les industries, et partant pour tous les individus sans exception qui sont membres de ces sociétés ; mais qu'est-ce qu'un citoyen peut trouver à redire à l'existence de garanties sans lesquelles le travail, l'industrie, l'alimentation, l'entretien, le commerce enfin de son pays, seraient livrés sans défense à l'exploitation de l'étranger? et que deviennent, en présence d'une considération pareille, les déclamations sur la perte de la liberté industrielle, civile, etc.? Elles s'en vont d'où elles sont venues, et d'où, pour l'honneur du bon sens public, elles n'auraient jamais dû sortir, — au néant.

Vous dites que votre liberté est opprimée, si vous n'avez pas le droit illimité de vendre par tout le globe les produits de votre travail et le droit également illimité de vous fournir où vous voulez des objets nécessaires à la satisfaction de vos besoins. Mais vous n'avez donc pas de patrie? Vous êtes donc un citoyen de l'univers? Vous ne reconnaissez donc aucune solidarité entre vous et le reste des habitants du pays qui vous a vu naître, qui vous a élevé et qui vous protége? Il le faut croire, si vous appelez servitude la sujétion au droit commun qui régit avec vous tous vos concitoyens. L'exercice de ce droit illimité que vous revendiquez ne serait possible qu'à l'une de ces deux conditions seulement : ou bien que, par un privilége énorme et certain, celui-là, vous fussiez affranchi de l'observance des règlements d'État établis dans votre pays pour la protection commune de l'industrie et du commerce national, ou bien que d'un pôle à l'autre le monde se trouvât ne plus former qu'une seule nation; mais ni l'une ni l'autre de ces hypothèses ne sont discutables : on ne peut être reçu au nom de la liberté à réclamer un privilége, ni au nom du sens commun à demander l'impossible.

Mais dans quelle espérance encore un libre-échangiste prétend-il à ce droit, ou énorme ou chimérique, de vendre et d'acheter par tout le globe, affranchi du respect des besoins de toutes les nationalités? Dans l'espérance de vendre plus cher et d'acheter meilleur marché. Certes, le but est louable; il est dommage seulement que le calcul soit faux.

On parle assez obscurément d'ailleurs d'un prix courant des choses sur le marché général du monde. Ce prix courant et ce marché général sont des chimères, si on entend par là le prix que peuvent avoir les choses en entrepôt ou dans un port franc. L'idéal du libre-échange, nous le savons bien, est d'arriver à faire du monde quelque chose de semblable; mais ce que nous avons déjà vu suffit à démontrer que cet idéal est impossible, puisque l'abolition des douanes détruirait, avec la liberté commerciale de chaque nation, celle de tout l'univers. Le prix courant, dont on parle, ne peut donc être que celui qui est établi sur le marché général des peuples; mais ce prix courant ne résulte que de la concurrence de ces peuples. Que deviendra-t-il donc, dans le système du libre-échange, lorsque cette concurrence ne sera plus possible? Il sera tout autre; il sera ce qu'il plaira à la nation investie alors du monopole de le fixer, et alors vous ne vendrez pas plus cher et vous n'achèterez pas meilleur marché; mais, tout au contraire, vous achèterez à plus haut prix et vous vendrez moins cher. Les preuves de ce que je dis là abondent. Le libre-échange existe aujourd'hui pour le commerce des charbons entre l'Angleterre et la Toscane, par suite de ce double fait que les Toscans, sur leur territoire, n'ont aucun moyen de faire concurrence aux producteurs anglais, et que ceux-ci défient la rivalité de tout autre facteur étranger. Ce qui en résulte pour la Toscane est bien connu : elle paie le charbon moitié plus cher que nos départements du midi, qui possèdent des houilles et sont protégés par des douanes à l'aide et sous la garantie desquelles ils peuvent tellement quellement rivaliser pour leur approvisionnement au moins avec les Anglais. Il y a loin de là aux conséquences chimériques que l'on attend de cette impossible transformation du monde en une société d'entrepôts. Quant à la vente, il serait bien impossible qu'elle devînt plus favorable aux nations faibles dans le système du libre-échange. Ces nations seraient ruinées en effet; partant, elles vendraient moins cher, car elles ne vendraient plus du tout. Il y aurait bien une nation alors qui vendrait cher, mais une seule : ce serait celle qui, comme autrefois Venise, la Hanse ou la Hollande, n'aurait plus de rivaux ni dans la production des choses, ni dans leur transport, ni dans leur magasinage, ni dans leur commerce.

Ensuite on se plaint du monopole, nous avons vu avec quel fondement, s'il s'agit de l'intérieur d'un seul État; mais, sans douanes, est-ce qu'il n'est pas visible, visible à éblouir les yeux, que l'inégalité naturelle des nations amènerait fatalement le monopole universel de l'une d'entre elles au détriment de toutes les autres? Eh bien! supprimez les douanes, et voici ce qui adviendra de votre liberté de travail, d'industrie, d'achat, etc. : au lieu d'avoir sur le territoire de votre patrie de grands monopoles nationaux, accessibles à tous les citoyens, et dont l'étranger seul est exclu, monopoles qui vous assurent du travail, et où la concurrence est tellement active que la perfection des produits et la baisse des prix y sont constamment croissantes, à la place de ces monopoles, la source de la richesse et de l'indépendance de l'État, en même temps que du bien-être des particuliers, vous aurez un autre monopole, le monopole de l'étranger, qui ruinera vos fabriques, jettera vos milliers d'ouvriers sur le pavé, monopole jaloux, dominateur, impitoyable, dont la porte sera fermée à tout homme qui, comme vous, ne sera pas le concitoyen de cet étranger, et où, la concurrence étant impossible, l'industrie ne fera plus de progrès et la cherté sera éternelle. Voilà l'Eldorado de liberté où vous entrerez!

Et maintenant, qu'est-ce que cette inégalité des manufacturiers et des consommateurs devant la loi, dans le
système de laquelle, dit-on, un impôt est prélevé au
profit d'une classe de personnes sur la généralité des
citoyens? Comment cela se soutient-il, et comment ne
tremble-t-on pas, dans un siècle où l'envie a fait dans
les âmes de si tristes progrès, d'ameuter, que dis-je?
de sanctionner les plus dangereuses attaques au principe
de la propriété? Ces soi-disant fiefs que l'État protége ne
font-ils pas vivre des milliers d'ouvriers, qui, si les
douanes tombaient, seraient sans pain, ou devraient aller
chercher à l'étranger leur subsistance et celle de leur famille? Quand l'État les protége, que fait-il donc? Une chose
également utile à la richesse générale et à l'aisance privée. En effet, il naturalise avec eux sur le sol, des forces
productives immenses qui rendront au centuple à tout
le monde l'intérêt de l'impôt de moins en moins lourd
du reste, puisque la baisse du prix des produits est constante (les fers chez nous, les houilles et les cotons en
sont la preuve), qu'aujourd'hui encore leur entretien
exige. Sans cet impôt, qu'arriverait-il? La concurrence
avec l'étranger serait impossible, et gouvernement et
particuliers seraient également obligés de passer sous les
fourches caudines de ses prétentions. Et c'est un impôt pareil, d'utilité publique aussi éclatante, qu'on qualifie de prélèvement inique des deniers de la masse
des citoyens au profit d'une classe de personnes! Où est
la justice et la raison? Un écrivain libre-échangiste célèbre a dit avec originalité : Mais alors c'est une taxe des

pauvres! soit; le mot est pittoresque et juste. Les taxes différentielles, en effet, sont la rente que paient les nations pauvres à l'ingratitude de leur sol, à l'inclémence de leur climat, ou au retard de leur industrie, pour éviter d'être livrées sans défense à l'avidité de nations mieux favorisées. Les douanes, nous l'accordons, peuvent être prises dans ce sens : l'impôt qu'elles prélèvent sur les nationaux est le prix du rachat du monopole étranger. C'est vrai; mais quel mal y voit-on? et depuis quand est-il interdit au faible de se soustraire à l'oppression du fort, et au pauvre de résister aux exactions du riche?

Vient ici la violation de la liberté du domicile, et même de la personne du citoyen, exposé à voir les agents du fisc porter jusque sur lui-même, au nom de la loi, leurs investigations et leurs visites. On a imprimé là-dessus des volumes. Laissons là les invectives de la passion et parlons le langage du bon sens et de la justice. Si les douanes, comme on l'a surabondamment démontré, sont indispensables à la liberté d'industrie et de commerce des nations, il est nécessaire que le respect de leurs règlements soit assuré. Il y a à cela un intérêt d'État d'abord, un avantage pour les particuliers ensuite, qu'il n'est permis à personne de révoquer en doute. Mais qui prétend se jouer de leur efficacité? qui, libre-échangiste par anticipation d'une résolution de principes assurément incontestables, en revendique la suppression? Le contrebandier, le fraudeur. Nous demanderons d'abord à quel titre la contrebande, la fraude la plus odieuse et la plus méprisable qu'un marchand puisse faire, car ses bénéfices, en définitive, se résument en un vol flagrant procuré par ses soins à l'étranger au détriment de l'industrie et du commerce national, nous demanderons à quel titre un tel acte mérite d'être ménagé par la procédure ou par la loi? Aveuglement singulier de l'esprit de système! Voilà des philosophes, des plus honnêtes gens de la terre, qui, moitié par obstination d'école, moitié par force de la logique, sont conduits à revêtir d'un appareil scientifique, quoi? Des raisonnements de contrebandiers et de fraudeurs! — Mais, disent-ils, le plus pur des hommes lui-même peut être exposé à ces investigations soupçonneuses; il l'est même de droit et de fait pour peu qu'il franchisse la frontière. Qu'il revienne d'Angleterre ou de Belgique, le premier agent du fisc venu peut exiger que, par une visite à corps, il démontre qu'il n'a sur lui ni coton ni dentelle; bien plus, la maison des voisins d'un manufacturier peut être visitée comme suspecte de servir de lieu de recel à ce manufacturier, et ce voisin cependant peut fort bien être un très-honnête homme incapable de détourner un denier au détriment de son prochain ou de l'État. Quel régime et quelle source au moins possible d'abus! — C'est fort bien, mais indiquez-nous, si vous le savez, un moyen de votre invention qui soit capable de prévenir la fraude sans surveillance, police et tout ce qui s'ensuit ou peut suivre! Ils en indiquent, il est vrai, un qui est certain : c'est de supprimer les douanes. Mais le beau remède en vérité! Pour éviter à l'étranger la peine de faire ou de faire faire la contrebande, on lui ouvre à deux battants la porte de la patrie, et on y installe officiellement la toute-puissance de son monopole! Le remède est infaillible à coup sûr; mais avouons que ce serait le payer cher que de l'acheter au prix de la ruine du commerce de l'État. D'ailleurs quelle perception d'impôts est exempte de vexations et d'abus, et quel homme sensé en tire cette conséquence que c'est l'impôt qu'il faut supprimer? La perception de l'impôt indirect par le moyen de l'exercice, la perception de l'impôt du sang, comme on l'a énergiquement appelé, par le moyen du recrutement, sont l'occasion d'atteintes légales à la liberté du domicile et à la liberté individuelle autrement graves bien certainement que celles portées par l'administration des douanes aux mêmes libertés : eh bien! quels sont les hommes qui, s'armant des vexations et des abus inévitables de l'exercice et du recrutement, en ont conclu à l'abolition des impôts indirects et de l'armée? Les pires anarchistes. Et voilà, sans y penser, en quelle compagnie se met l'école du libre-échange quand, faisant le même et aussi faux raisonnement que ces anarchistes, elle conclut de la gêne et des excès (fort rares heureusement, en France au moins, ce n'est que justice à rendre à notre administration) de la police des douanes, à la nécessité de leur abolition.

Enfin, disons un mot de cette fameuse analogie, puérile si elle est verbale, bien mal comprise si elle est réelle, que les libres-échangistes professent entre la liberté commerciale et la liberté politique. Cette analogie n'est évidemment qu'un sophisme, si on prétend, en jouant sur les mots, que la liberté du commerçant doit être la même que celle du citoyen. La liberté du commerçant dans l'intérieur du pays qu'il habite, de l'État dont il fait partie, doit être entière, et aussi entière que la liberté du citoyen, nul n'en doute. Mais on demande sur quelle analogie on se fonde pour conférer au commerçant hors des frontières de sa patrie une liberté illimitée qu'il serait extravagant de demander pour le citoyen. Le citoyen anglais ou français apparemment n'est pas de droit juré ou électeur par tout l'univers. Il ne l'est qu'en Angleterre ou en France. L'exercice de ses droits civiques s'arrête là où sa nationalité finit. L'analogie de mots sur la foi de laquelle on conclut de la liberté nationale du citoyen à la liberté cosmopolite du commerçant est donc tout simplement un non-sens. Quant à l'analogie réelle, sainement interprétée en effet, elle est profonde; mais la conclusion qui en ressort est la conclusion contraire à celle que les libres-échangistes en tirent. Oui, il est vrai, dans un sens élevé, de dire que toutes les libertés sont solidaires et qu'elles reposent sur les mêmes bases. La liberté commerciale, au point de vue des conditions de son existence, dépend des mêmes lois que la liberté religieuse, la liberté civile et la liberté politique. Il faut partout dans ces divers ordres que les forces qui se disputent l'empire se contre-balancent et se fassent équilibre : en religion, il faut que l'esprit d'examen contienne la docilité de la foi, et la docilité de la foi l'esprit d'examen; en matière de gouvernement, il faut que tous les pouvoirs se contrôlent et s'arrêtent l'un l'autre; en droit civil, il faut que l'égalité sache supporter certaines inégalités naturelles et sociales, et que ces inégalités à leur tour n'oppriment pas l'égalité. Le commerce de l'univers, nous l'avons vu, est de même; il n'est libre qu'à la condition que la concurrence entre toutes les nations y soit garantie, et cette concurrence à son tour n'est possible que si les nations sont capables de résister l'une à l'autre. Tel est le sens profond de l'analogie de toutes les libertés. Quant à ce qu'on en peut conclure en faveur du libre-échange, c'est aux libres-échangistes eux-mêmes que nous abandonnerons le soin d'en juger.

Ainsi, voilà réduit à sa véritable valeur ce grand reproche d'illibéralisme imputé à l'institution des douanes. Si on a un peu insisté sur son examen, c'est qu'il était le plus considérable, et qu'une fois détruit, les deux autres chefs d'accusation, qui n'en sont que des dépendances, tombent d'eux-mêmes. Étant une fois rendu visible en effet que les douanes, en même temps qu'elles sont la seule et unique garantie du libre commerce des États, non-seulement ne blessent pas, mais protégent les simples particuliers membres de ces États, il va de soi que le bien-être et la civilisation du genre humain, loin de perdre à l'existence et au maintien d'une institution pareille, y gagnera au contraire. Les libres-échangistes le nient, mais il suffit de rapprocher sur les deux points les faits de leur négation pour terminer le débat.

Quant au bien-être du genre humain d'abord, on assure que les douanes lui portent des coups funestes en supprimant la concurrence de nation à nation, en y substituant par un moyen violent et factice une concurrence intérieure dont l'excès au sein de chaque état est l'origine de crises et de désastres, en retardant la formation des capitaux, en immobilisant le taux des salaires et en tarissant la source des revenus publics. Ce ne sont assurément ni la variété ni la hardiesse qui manquent à ces accusations nouvelles, non plus qu'elles ne manquaient aux premières; mais ce qui manquait à celles-ci fait également défaut à celles-là : — l'ombre d'une preuve où s'appuyer.

Avant tout constatons un fait. Si les douanes, comme on le prétend, sont pour le monde la cause d'une consomption générale toujours croissante, comment se fait-il cependant que ce même monde n'ait jamais été aussi prospère que depuis l'adoption des douanes par les différents États qui le composent? Comment se fait-il en outre que la richesse d'aucun peuple ne date que du jour où il est entré dans la voie du système protecteur, et que, plus on a vu de peuples à la fois recourir à ce système, plus l'opulence universelle et l'aisance privée ont grandi? Tout ce que je dis là est notoire. Nul ne soutiendra apparemment que l'univers, depuis que les douanes l'ont couvert de manufactures, ne soit incomparablement plus riche que lorsqu'il n'y avait d'industrie que dans une seule ville ou dans un seul État. Considérez ensuite tous les peuples de l'Europe : il n'en est pas un dont la puissance agricole, industrielle ou commerciale ne date de l'adoption par son gouvernement de tarifs protecteurs. Quand, pour nous borner à deux seuls exemples, mais ceux-là

parleront pour tous, quand, dis-je, ont commencé la
grandeur colossale de l'Angleterre et la prospérité de la
France, sinon avec l'acte de navigation chez l'une et les
règlements de Colbert chez l'autre? Enfin, aujourd'hui
que le monde entier est couvert de douanes, qu'elles ne
sont plus le secret du monopole d'un seul peuple, mais
le bouclier de l'indépendance et de la lutte commerciale
de tous, depuis que l'Allemagne, l'Autriche, la Russie,
l'Amérique, ont suivi l'exemple de l'Angleterre et de la
France, quelle augmentation toujours croissante à mesure que le système protecteur s'est étendu ne s'en est-il
pas suivi dans la richesse de chacun de ces États, et, par
suite, car ils ne sont apparemment que des parties de l'u-
nivers, dans la prospérité de cet univers entier! Lorsque
les libres-échangistes affirment que la terre s'est appau-
vrie par l'institution des douanes, ils soutiennent donc,
les faits, les faits, dis-je, les plus vulgaires le prouvent,
le paradoxe le plus hardi et le plus faux qu'il soit possible
d'imaginer.

Mais voyons le détail de cette étrange assertion. — Les
douanes suppriment la concurrence de nation à nation.
— Exemple : Il ne s'élève pas une industrie, il ne s'invente pas un procédé ou un instrument de travail aujourd'hui chez un peuple qu'à l'instant tous les autres
peuples, grâce aux douanes qui les protégent, ne se hâ-
tent d'acclimater cette industrie sur leur sol, de transporter cet instrument dans leurs usines, ce procédé dans
leurs habitudes de travail. La Russie, la Prusse et la
Suisse ont imité avec un succès déjà considérable, grâce

à leurs tarifs protecteurs, notre industrie de la soie. Nous avons, par le même procédé, naturalisé chez nous les industries si anciennes en Angleterre du coton et du fer. Les Anglais, à leur tour, toujours à l'aide de ce même moyen, ont élevé chez eux des verreries qui imitent nos cristaux et nos glaces, etc., etc. Voilà comment les douanes suppriment la concurrence de nation à nation; c'est tout le contraire : sans elles, cette concurrence, qui commence toujours par une imitation, serait étouffée dans son germe et impossible. — Ensuite, les douanes exagèrent la concurrence intérieure. — Ah! nous sommes bien aises de vous entendre dire que les douanes développent la concurrence; mais, soit dit en passant, comment d'abord accordez-vous cela avec ce que vous prétendiez plus haut, que ces mêmes douanes constituent des monopoles et des fiefs? Il faudrait choisir : ou les douanes étouffent la concurrence ou elles l'exagèrent; voilà l'un des deux reproches que vous pouvez logiquement du moins leur adresser, mais les leur adresser à la fois, c'est en vérité abuser de l'esprit de critique. Cependant, peuvent-ils même avec quelque raison soutenir que les douanes exagèrent la concurrence? Pas plus qu'ils n'ont pu ailleurs nous démontrer qu'elles l'oppriment. L'exagération de la concurrence intérieure ne tient pas aux douanes. On voit tous les jours une concurrence effrénée s'établir dans des industries ou des commerces qui ne sont pas protégés. L'appât des bénéfices, le nombre de la population, l'inégale répartition du peuple des villes et des campagnes, voilà les vraies causes des désastres qu'amène toujours une concurrence excessive. Ensuite, le beau moyen de corriger les abus de la concurrence intérieure que d'y ajouter un élément de plus, et quel élément! La concurrence étrangère! — Les douanes, ajoute-t-on encore, retardent la formation des capitaux. — Preuve : Depuis que les deux continents sont couverts de douanes, les capitaux qui surabondent en Angleterre débordent sous forme d'argent, de machines ou d'ouvriers, dans tous les États du monde; protégés par les douanes de ces États, ces capitaux apportent des moyens de travail et de concurrence là où il n'y en avait pas; ils permettent de faire en six mois ce que sans eux on ne ferait pas en six ans. L'engagement notoire des capitaux anglais dans toutes les grandes entreprises industrielles d'Europe et d'Amérique démontre ce que je dis là. Voilà comment les douanes retardent la formation des capitaux : en attirant dans les pays pauvres ou arriérés l'argent, les machines, les procédés, les ouvriers, l'expérience, tous les élémens essentiels du capital en un mot, des pays plus riches ou plus avancés. — Les douanes après cela immobilisent le taux des salaires. — Exemple : depuis trente ans que la France, plus que jamais, est enlacée dans les mailles de cet odieux système protécteur, il n'y a pas d'industrie où les salaires des ouvriers n'aient augmenté; dans plusieurs, ils ont doublé. — Enfin les finances des États souffrent de l'institution des douanes. — C'est d'abord ce qu'on a peine à concevoir : on a peine à concevoir que le trésor français, par exemple, souffre de recevoir annuellement par la perception des

droits de ses douanes plus de 150 millions. On explique
la difficulté en disant que, si les douanes étaient supprimées, les capitaux se formeraient plus rapidement;
que par suite il y aurait plus de travail, par suite encore
plus de richesses produites, et enfin un prélèvement
possible plus considérable sur la bourse de la nation. Le
malheur est que nous ayons démontré que les douanes,
au contraire, sont favorables à la formation des capitaux,
et que même, sans elles, nulle industrie ne parviendrait
à sortir de l'État où elle aurait grandi : ce qui nous dis-
pense de suivre plus loin (pour le moment du moins,
nous y reviendrons ailleurs) les financiers du libre-
échange.

Reste la civilisation. — Les douanes, s'il faut en croire
les libres-échangistes, et c'est là le plus poétique à coup
sûr des trois genres de reproches qu'ils leur intentent,
les douanes donc sont un engin de barbarie dont l'existence oppose aux progrès de la civilisation un obstacle
déplorable. Chaque peuple, disent-ils, grâce aux douanes,
a conçu cette prétention contradictoire de se suffire à
lui-même, et d'exporter autant que possible à l'étranger
le surplus des productions de son territoire et de son
industrie. Comme si, du moment qu'un seul peuple a
adopté le système protecteur en le proclamant le seul
raisonnable, il n'en avait pas recommandé par là même
l'adoption à tous les autres! Ce funeste exemple en effet,
une fois donné, a été suivi. Qu'en-est-il résulté? La division du globe en compartiments cellulaires, dans l'intérieur desquels chaque peuple s'est obstiné à vivre seul,

dans le désert d'un égoïsme étroit et jaloux. Les haines nationales, dans ce triste système, se sont maintenues jusqu'au milieu des lumières modernes, aussi sauvages qu'aux siècles les moins policés. On a accoutumé les nations à croire que leur intérêt consiste à ruiner leurs voisines, et on a vu les plus grands États animés entre eux, au détriment du progrès moral du genre humain, de l'esprit de sotte concurrence qui acharne les boutiquiers d'une même rue à leur perte réciproque. Voilà ce que les douanes ont fait du destin de l'humanité, voilà dans quelle voie de ténèbres et d'abaissement elles l'entraînent ! —

Le lecteur suppléera aisément les belles choses qu'avec la moindre rhétorique l'esprit de système est capable de broder sur un pareil texte; mais c'est assez pour notre usage de rapporter le fond de ces déclamations, sans en prodiguer les fleurs. Les curieux, s'il en est, de cette sorte de littérature pourront du reste se satisfaire amplement, s'ils le veulent, dans le recueil déjà immense de volumes de tout format, du plus lourd in-4° à l'in-32 le plus modeste, qui, depuis soixante ans, s'en est amassé. Laissons ces vains discours, et arrêtons-nous simplement aux soi-disant principes qui en sont l'intarissable source.

Les douanes ont arrêté la civilisation. — Mais d'abord voilà qui est fait pour surprendre. Nous pourrions remonter jusque dans la nuit des temps pour y contrôler la vérité de ce beau paradoxe; mais contentons-nous, l'exemple suffit, d'examiner la civilisation moderne.

Comment se fait-il que cette civilisation date justement des règnes de la reine Anne et de Louis XIV, c'est-à-dire de l'époque précise où les douanes ont commencé d'être concurremment adoptées par les deux nations les plus éclairées du globe? comment se fait-il que cette civilisation, depuis cette époque où le système des douanes n'a fait que s'aggraver ou s'étendre, n'ait pas cessé de grandir? L'obstacle n'est donc pas si considérable qu'on l'assure; il a donc même bien peu de force, que de n'avoir pu empêcher les lumières de se répandre en moins de deux siècles avec la rapidité d'un torrent sur le monde? Mais allons plus au fond : il est aisé de montrer, de montrer d'un mot que, loin d'arrêter la civilisation moderne, l'institution des douanes, au contraire, l'a servie. S'il est un caractère en effet par lequel cette civilisation se distingue de toute autre, c'est le nombre des acteurs qui prennent part à son développement. Dans la civilisation antique, il n'y a jamais qu'un seul peuple à la fois sur la scène de l'histoire qui soit chargé des destins du genre humain. Le caractère de la civilisation moderne au contraire, c'est d'appeler autant que possible tous les peuples à concourir à l'œuvre de la destinée commune. Eh bien! ôtez les douanes, l'un des ressorts les plus puissants de la civilisation moderne lui manque : au lieu de voir, comme aujourd'hui, sept ou huit grands peuples se consacrant ensemble au développement de la civilisation, on n'en verrait, comme autrefois, comme dans l'antiquité, comme au moyen-âge, qu'un seul.. Voilà ce que la civilisation eût gagné au maintien du système qui, antérieurement aux douanes, perpétuait, en le transmettant indéfiniment des mains d'une nation à celles d'une autre, le régime du monopole!

Voyons cependant en quelques lignes comment on justifie d'aussi étranges assertions. — Les douanes, d'abord, ont mis l'humanité au régime cellulaire; elles ont empêché les relations de peuple à peuple. — D'où vient donc alors que ces relations n'ont jamais été aussi étendues qu'aujourd'hui? La France, cette France toute couverte de douanes et que l'on représente, image qui commence à être aussi vieille qu'elle est fausse, comme entourée d'une muraille de la Chine, la France, depuis quinze ans, n'a cessé de voir son commerce avec l'étranger, importations et exportations réunies, augmenter dans une proportion et avec une rapidité gigantesques; la valeur en a passé, durant ces quinze années, de 1,500 millions à 2,800,000,000; différence en plus, 61 pour 100! Voilà, pour le pays le plus protégé du monde, le résultat de ce système cellulaire! — Les douanes, en second lieu, entretiennent les vieilles animosités nationales et perpétuent les guerres. — Voilà tantôt quarante ans que nous sommes en paix; cherchez bien dans l'histoire de l'Europe si vous trouverez une aussi longue période de tranquillité générale. Ensuite, imagine-t-on qu'il suffirait d'abolir les douanes pour rendre la guerre impossible? La guerre naît de l'opposition des intérêts des peuples, de leur ambition ou de celle des princes qui les gouvernent. Est-ce par hasard que, s'il n'y avait plus de douanes, les peuples n'auraient plus que des intérêts communs, et que l'on ne verrait plus dans le monde de nations conquérantes ni de princes ambitieux?

Arrêtons-nous ici, ce serait faire injure au bon sens que d'insister davantage; à force de ne trouver à combattre que des ombres, la plume finit par tomber des mains.

Voilà donc ces superbes critiques de l'institution des douanes! On n'a pas craint de les faire voir revêtues de toute leur pompe; on les voit à présent dans toute leur vanité. Liberté, bien-être, civilisation, tout périssait par les douanes, à en croire les libres-échangistes. On examine le cas à la simple lumière du sens commun, il se trouve au contraire que, sans douanes, civilisation, bien-être, liberté, tout est compromis dans le monde.

Ajouté à ce que nous avons déjà vu, tout cela cependant, on l'avouera, commence à former non plus seulement contre la solidité des principes du libre-échange, mais contre l'éventuel avantage de sa mise en pratique, un faisceau de préjugés singulièrement défavorables. Nous avons reconnu d'abord que la donnée essentielle de ce système était fausse, puisqu'il prétendait développer la liberté du commerce par un moyen contraire à l'esprit de ses principes; nous venons de voir ensuite que le système établi, auquel il tend à se substituer, non-seulement résiste aux critiques les plus spécieuses que ses adversaires aient dirigées contre lui, mais trouve encore dans la facile démonstration de l'inanité de ces critiques une confirmation inattendue; la conséquence, ce semble, que dès maintenant il est possible d'en tirer, c'est que le libre-échange, trouvé aussi téméraire dans ses accusations que faible dans ses fondemens, ne saurait être non plus que chimérique dans ses promesses. Une telle conclusion, certes, est légitime, et pour nous, qui l'avons fait pas à pas sortir de prémisses toutes fournies par la nature et par l'histoire, nous n'hésitons pas dès le point où nous en sommes à la tenir pour hors de doute. Mais la démonstration cependant, quoique suffisante, ne serait pas complète si nous n'allions pas plus loin. Nous avons entendu les libres-échangistes accuser l'institution des douanes de mettre obstacle à la réalisation des plans infaillibles de liberté, de bonheur et de civilisation, dont ils ont, disent-ils, les mains pleines; eh bien! que l'édification de chacun soit entière; mettons, en idée au moins, il en coûterait cher en réalité! le libre-échange à l'œuvre. Supposons les douanes détruites, les temps prédits arrivés et les libres-échangistes chargés de la conduite des destinées des peuples; ceux-ci en deviendraient-ils plus libres, plus heureux, plus civilisés? C'est ce dont nous allons nous rendre compte.

CHAPITRE IV.

CE QUE DEVIENT LA LIBERTÉ DANS LE SYSTÈME DU LIBRE-ÉCHANGE.

Nous allons désormais supposer que nous ne savons rien des défauts du libre-échange. Nous avons reconnu que ses fondements même étaient vicieux; nous l'oublierons. Les géomètres ont deux sortes de méthodes pour démontrer la vérité : dans l'une, qu'ils appellent directe, ils ne tirent les preuves de la proposition qu'ils veulent établir que du texte même de cette proposition; dans l'autre, qu'ils nomment démonstration par l'impossible, ils supposent que cette proposition est fausse, et ils examinent quelles sont les conséquences de l'hypothèse de cette fausseté; si ces conséquences sont absurdes, ils en concluent que l'hypothèse elle-même est mal fondée, et que le théorème dont elle est la négation est juste. C'est à une épreuve de ce dernier genre que nous voulons soumettre le libre-échange. On a vu les raisons d'être et les mérites de l'institution des douanes; on va maintenant se représenter, en esprit du moins, quelles seraient les conséquences du triomphe de la doctrine qui poursuit leur abolition.

Soit donc; le monde entier est par hypothèse livré au

libre-échange, la surface entière du globe n'offre pas
plus de barrières aux communications des peuples que
n'en offriraient, s'il s'y accomplissait des transactions,
les plaines de l'air ou de la mer. Cela ne peut être supposé avoir lieu que dans deux cas : ou bien que les
douanes n'ont jamais ni nulle part existé, ou bien qu'à
une époque quelconque de l'histoire des nations, elles
ont été ou seront supprimées. Eh bien ! voyons dans l'un
ou l'autre cas quelles seraient les conséquences d'un tel
régime pour le commerce du monde, et d'abord, car
tout le reste évidemment s'ensuit, ce que deviendrait sa
liberté.

Le premier cas de l'hypothèse est qu'il n'y a jamais eu
de douanes. L'humanité, à un certain moment, s'est bien,
sous l'empire de causes inévitables, divisée en nations,
mais les territoires de ces différentes nations sont toujours restés ouverts les uns aux autres, et ces nations
n'ont formé qu'une société ou république commerciale
unique, dans le parcours entier de laquelle le transport
et l'échange des marchandises n'ont jamais rencontré
d'obstacles. Il s'agit de savoir ce qu'à une telle épreuve
serait devenue la liberté commerciale envisagée sous
tous ses aspects : sous l'aspect de la production d'abord,
source du commerce ; sous l'aspect de la consommation
ensuite, aliment de ce même commerce ; sous l'aspect
de l'échange enfin, intermédiaire nécessaire entre la production et la consommation. En d'autres termes, le problème à résoudre se décompose de lui-même dans les
trois questions suivantes : Qu'eût fait le libre-échange

1° de la liberté du producteur, 2° de celle du consommateur, 3° de celle des états considérés comme commerçants?

Il est évident d'abord que la liberté du producteur, autrement dite la liberté du travail, eût reçu un coup funeste de cette adoption par toute la terre du libre-échange. Chaque nation, en effet, se serait trouvée fatalement réduite à cultiver et à perfectionner le genre d'industrie dont sa latitude et son climat lui auraient une fois pour toutes départi les matières premières et les éléments. Voici alors évidemment ce qui serait arrivé. L'univers industriel fût tombé dans la condition où était l'ancienne Égypte. Tout État se serait vu borné à son industrie naturelle, il eût été interdit et impossible à aucun d'en sortir; les industries se fussent parquées et perpétuées sur le premier sol qui les aurait vu naître, comme chez les Égyptiens, dans les familles qui les avaient une fois pratiquées; l'industrie de la soie eût fleuri en Chine, celle du coton dans l'Inde, de la laine dans le Thibet, etc., et n'en auraient jamais émigré. Cette conséquence, dis-je, eût été inévitable; la preuve en saute aux yeux. Ce n'est qu'à l'aide des douanes, comme chacun sait, en effet, qu'un pays privé d'une industrie parvient à l'acclimater chez lui. Si l'Angleterre, lorsqu'elle voulut enlever l'élève du bétail, la fabrique de la laine et la marine à la Hanse et à la Hollande; si la France, lorsqu'elle introduisit chez elle les draps, les dentelles et les glaces, s'étaient bornées l'une et l'autre à appeler sur leur sol des matières premières et des ouvriers étrangers, et qu'elles n'eussent pu protéger par des tarifs les commencements des industries qu'elles voulaient s'approprier, il ne fait pas de doute que ces industries eussent été étouffées en naissant par la concurrence des nations auxquelles on les enlevait. Les Anséates, les Flamands, les Hollandais, les Vénitiens auraient détruit, rien que par l'effet de cette concurrence, les manufactures créées par le génie d'Élisabeth et de Colbert avant seulement que les bâtiments d'exploitation en eussent été achevés. Ce que je dis là est clair comme le jour; la douane est le procédé éternel et unique avec lequel une nation parvient à ravir à une autre, en totalité ou en partie, l'exploitation de telle industrie donnée qui fleurit exclusivement chez celle-ci. Dans le système du libre-échange, par conséquent, que serait-il donc advenu de la liberté du travail? Esclave du climat qui l'aurait vu naître, serf de la glèbe nationale où il aurait vécu attaché, le producteur, enfermé par la nature et par la tradition dans un cercle de fer, n'eût été libre d'appliquer son invention et son activité qu'à une ou deux industries seulement; toutes les autres lui eussent été interdites, et le génie des peuples eût séché, esclave éternel de l'inclémence des cieux ou de l'ingratitude du sol où le hasard l'aurait à l'origine établi. Voilà ce que fût devenue la liberté du travail dans le monde si les choses, comme disent les libres-échangistes, n'eussent jamais été dérangées de *leur cours naturel.* Ce *cours naturel* eût éternellement roulé dans ses eaux la servitude sans remède du génie industriel de l'humanité.

Est-ce que j'exagère? Voyez l'Angleterre. Quel sol ingrat à l'origine! Ce n'est qu'un roc où la terre végétale, continuellemeut noyée de pluie, fournit à peine à la subsistance de ses habitants. En vain la nature a-t-elle doué ceux-ci d'une activité merveilleuse : privés de douanes, ils ne peuvent naturaliser chez eux l'élève des bestiaux, dont l'engrais et la laine seraient capables pourtant de transformer leur agriculture et de créer leur industrie. Victime du *cours naturel des choses*, il faut que toute la civilisation industrielle anglaise périsse dans le germe; il suffirait, l'événement l'a de reste prouvé, que la liberté du travail en Angleterre fût protégée par des tarifs pour que cette civilisation prît un immense essor; mais non, le *cours naturel des choses* s'y oppose! Il n'est pas naturel que des gens à qui la Providence n'a pas donné de bestiaux fabriquent de la laine et élèvent des manufactures de draps; l'Angleterre n'aura donc ni draps, ni laines, ni bestiaux; le ciel lui a donné en vain des trésors d'invention, d'activité et d'audace industrielle, maritime et commerciale, qu'importe! il faudrait des douanes pour trouver le libre emploi de ces trésors; à la gloire du libre-échange, tous ces trésors périront! A coup sûr non plus, le *cours naturel des choses* ne devait pas conduire les Anglais à travailler, sous l'un des plus tristes climats du monde, une plante textile qui ne croît que sous le soleil de l'Amérique ou des Indes; il n'y avait rien de moins naturel que de voir le barbier Arkwright établir des manufactures de coton dans les comtés de Derby, de Lancastre et de Lanark. Sans les douanes cependant, qui permirent à Arkwright de faire à la nature cette violence de génie, la liberté de travailler le coton en Angleterre était interdite, et toute cette colossale industrie périssait. Un dernier exemple. Il s'est rencontré en France, au commencement de ce dernier siècle, un homme que la nature avait doué, lui aussi, d'une volonté et d'un génie incomparables, l'empereur Napoléon ; à suivre le *cours naturel des choses*, ce manufacturier sans pareil, privé par l'absence de douanes de toute liberté d'industrie, fût-il parvenu à acclimater dans le nord de la France un aliment originaire des Antilles ?

- Un grand orateur, dans une discussion que sa parole a rendue célèbre, a dit à ce sujet : « Toute l'Europe,..... tournez une mappemonde entre vos mains,... toute l'Europe n'est rien par rapport au reste du monde... Qu'est-ce que Dieu lui avait donné ? Des chênes, des sapins, des pâturages, à peine des céréales ;... au contraire, il avait donné à la Chine la soie, à l'Inde le coton, à l'Arabie le cheval ;... il avait tout prodigué à ces autres parties du monde,... mais, en Europe, qu'y avait-il donc de supérieur ?... Une seule chose, l'homme, l'homme !... » — Paroles admirables de vérité et de grandeur ! Oui, en effet, l'homme, l'homme seul, voilà quelle fut à l'origine l'unique richesse de cette Europe alors déshéritée, aujourd'hui si brillante ; mais que fût-il advenu si, par l'effet de l'admirable système du libre-échange, privé avec les douanes du moyen d'importer et d'établir sur son territoire les industries d'un ciel plus heureux, l'Européen se fût vu, esclave de son climat et de son sol, dans l'impuissance de ne rien arracher à l'inclémence de l'un ni à la stérilité de l'autre? Ils eussent végété, l'Europe et lui, barbares incultes et pauvres. Attaché comme la brute à la glèbe où le malheur de sa naissance l'avait jeté, l'homme en Europe, au lieu de faire de sa patrie la plus riche contrée du monde, l'eût laissée telle que la *nature des choses* la lui avait donnée; et voilà où le libre-échange eût réduit la plus noble des races humaines, voilà ce qu'il eût fait de la plus sacrée de ses libertés : la liberté de son génie et de ses bras!

Mais la liberté du consommateur à son tour, cette liberté si étroitement dépendante de celle du producteur, n'eût pas résisté davantage à l'épreuve du libre-échange. Nul acheteur n'est libre s'il n'a le choix entre les produits et les prétentions de plusieurs vendeurs. Le libre-échange faisant de chaque État comme une sorte de caste naturelle, où la même industrie aurait toujours été pratiquée et dont elle n'aurait jamais pu sortir, des monopoles sans rivalité possible se seraient emparés de toutes les industries sur toute la surface de l'univers. Le genre humain eût été tributaire d'une seule nation pour l'approvisionnement des produits de l'industrie exclusivement cultivée par cette nation. Ces produits eussent été plus rares; en l'absence de toute concurrence étrangère, leur perfection n'eût jamais grandi : la cherté et l'immobilité, telles eussent été les caractères de l'industrie du monde. L'acheteur aurait été partout la victime obligée de cet état de choses; il n'eût jamais trouvé à s'approvisionner qu'auprès d'un seul vendeur, et celui-ci aurait toujours maintenu les prix de ses marchandises sans être vivement excité à en améliorer la qualité. Telle était la part du consommateur dans les joies sans nombre du libre-échange; il eût toujours et fatalement subi pour la satisfaction de la plus grande partie de ses besoins le joug de monopoles étrangers.

Ce ne sont pas là de simples conjectures. Il est un état historique du monde, au souvenir duquel nous avons eu déjà plusieurs fois recours et qui peut justifier amplement ce que nous disons des conséquences nécessaires de l'établissement du libre-échange. Cet état, aussi approchant que possible du régime célébré par les libres-échangistes, est celui qui a précédé dans l'histoire l'adoption par plusieurs peuples à la fois du système protecteur. L'acheteur, à cette époque, éprouvait presque tous les bienfaits du régime du libre-échange. Chaque nation était réduite à son industrie naturelle : un peuple plus marchand et mieux situé que les autres devenait le roulier des mers et entreprenait le factage du globe. Voici ce qui s'ensuivait pour le consommateur : 1° impossibilité de se procurer dans l'intérieur de son pays la plupart des objets essentiels à sa subsistance et à son travail; 2° nécessité de faire venir ces objets de l'étranger qui en avait, grâce *au cours naturel* religieusement respecté *des choses*, la fabrication exclusive. Cet étranger alors, maître de la production, rançonnait, de complicité avec le peuple qui lui servait de facteur, le marché de l'univers : pas un consommateur ne pouvait se passer de lui, et tous, sous peine de manquer presque du nécessaire, étaient obligés de courber la tête devant ses prétentions. Cet âge d'or, où l'esprit de rapine d'un marchand investi du monopole, combiné avec l'esprit d'exaction d'un producteur mis, par le *cours naturel des choses,* en possession d'un privilége exclusif de fabrique, exploitait la nécessité sans défense du consommateur, tel est le régime que la théorie du libre-échange eût perpétué jusqu'à nos jours, si son esprit avait continué à prévaloir. Que le consommateur éclairé du xixe siècle compare sa liberté d'achat, telle que l'ont créée et telle que la maintiennent les douanes, avec l'horrible oppression qui pesait sur nos malheureux pères alors que le commerce des États, dénué de toute protection, était aussi voisin que possible du libre-échange, et qu'il juge!

Évidentes, s'il s'agit de la liberté de travail et d'échange des individus, toutes ces considérations ne le sont pas moins, appliquées à la liberté du commerce des États. Il est aisé de se rendre compte de ce que fût devenu le commerce de peuple à peuple sous l'empire du libre-échange. Les cinq ou six grands monopoles naturels entre lesquels à l'origine ce commerce aurait été distribué, sous l'action sans cesse croissante tant de l'inégalité de valeur de ces monopoles que des différences de génie et d'activité de leurs possesseurs, se fussent nécessairement un jour subordonnés au plus puissant d'entre eux, et l'univers serait tombé sous le joug d'une monarchie commerciale universelle. Quelque adepte du libre-échange va peut-être ici se récrier et dire : — Mais l'école a démontré qu'en définitive les produits ne s'échangent que contre des produits. Cet achat de la liberté générale du monde eût donc été impossible, car les différents monopoles naturels se seraient fait concurrence et équilibre. — Exception d'une grande innocence. Sans doute les produits, en définitive, ne s'échangent que contre des produits; et l'*école* en le faisant voir a pris la peine de démontrer une chose parfaitement claire. Mais, pour donner des produits en échange d'autres produits et ne pas finir par perdre sa liberté à un tel commerce, il faut deux choses : 1° avoir des deux côtés des produits à échanger contre des produits; 2° posséder chacun des produits de valeur égale ou équivalente. Eh bien, plaçons-nous dans ce chimérique état de nature, qui est l'idéal des libres-échangistes : les différents climats et partant les différents peuples ont-ils naturellement des produits à échanger contre des produits? Non; sans ses manufactures dont les matières premières encore avaient été la plupart tirées d'une autre latitude, qu'est-ce que l'Europe, par exemple, aurait jamais pu fournir à l'Asie? Mais, en outre, tout est inégal dans le monde, et il n'est pas de peuple dont les produits naturels soient équivalents à ceux d'un autre peuple. La valeur de la récolte du coton n'est pas égale à celle des céréales, celle du vin à celle de la houille, etc. : il y a toujours dans un vaste trafic un solde en numéraire à verser par le plus pauvre dans le trésor du plus riche. C'est ce que Colbert, Montesquieu et l'empereur Napoléon, qui n'étaient pas si habiles que d'être libres-échangistes, appelaient la balance du commerce. Dans le système du libre-échange, cette

balance eût été impossible, et voici ce qui en serait résulté : le peuple doté par la nature des productions les
plus précieuses aurait échangé avec son voisin moins fa-
vorisé une partie de sa récolte contre la récolte entière de
celui-ci, et en plus une somme d'argent déterminée.
D'année en année, le paiement de cette différence (car
vous avez raison, on ne paie en définitive des produits
qu'avec des produits), le paiement de cette différence
donc eût épuisé de plus en plus les épargnes du peuple
le plus pauvre; il se serait endetté avec le plus riche.
N'ayant ni produits ni argent comptant à lui donner
pour balancer les valeurs de leurs exportations réciproques, il en serait venu d'abord à ne payer que les
intérêts de sa dette. Les intérêts appellent les hypothè-
ques. Mais qu'est-ce qu'un peuple peut donner en gage,
quand il a épuisé son argent et ses produits? Son territoire. C'est là ce que le libre-échange eût amené et très-
rapidement entre les différents monopoleurs naturels du
globe. Le plus puissant eût bientôt pris hypothèque sur
le sol du moins riche, et, la créance hypothécaire grandissant, un jour ou l'autre eût nécessité l'expropriation
totale du fonds. Or, quand un peuple en vient jusqu'à
exproprier le sol d'un autre, que reste-t-il de la liberté
commerciale, pour ne rien dire de l'indépendance politique ni de la nationalité de celui-ci?

— Hypothèse! dira un libre-échangiste. — Nous ne
faisons point d'hypothèses; les vôtres guériraient le genre
humain de la manie d'en faire. L'histoire atteste ce que
nous venons de démontrer. Au commencement du

xviiie siècle, le Portugal, grâce aux sages règlements d'un ministre formé par les exemples de Colbert, le comte d'Ereceira, jouissait d'un commerce prospère et libre. Ereceira avait retiré son pays de la misère où l'avait jeté la découverte du Nouveau-Monde, en y acclimatant par des tarifs la fabrique des draps. Il mourut; un diplomate anglais habile, M. Methuen, parvint, en 1703, à persuader au gouvernement portugais de renoncer, pour le bonheur commun des deux nations, au système protecteur. On en revint de Portugais à Anglais et d'Anglais à Portugais aux douceurs de la loi naturelle. Vous savez le reste : les revenus publics et jusqu'au sol même du Portugal sont hypothéqués aujourd'hui à l'Angleterre. Voilà de quelle sorte le libre-échange profite au libre commerce des nations pauvres! Autre exemple : celui-là est d'hier; il a confirmé sous nos yeux l'éternelle vérité des principes, c'est l'exemple du Texas. Le Texas en 1835 se sépare du Mexique. Constitué en État indépendant, avec une dette considérable et dénué de ressources, il emprunte d'abord à ses citoyens les plus influents les sommes nécessaires à l'entretien de son administration. Mais ces sommes finissent par ne plus trouver qu'une garantie insuffisante dans la valeur du territoire national; les prêteurs, plus jaloux de percevoir l'intérêt de leur créance que de conserver leur nationalité, saisissent le gage dont ils étaient en possession et le mettent en vente. Ce gage était le Texas même; un acquéreur voisin et riche se présente, et c'est ainsi que le Texas, après quelques années seulement d'indépendance, a été annexé aux

États-Unis d'Amérique. Telle est partout la conséquence du libre-échange entre deux États : le plus fort finit non-seulement par étouffer la liberté commerciale du plus faible, mais même par l'obliger de lui céder son territoire, son revenu et jusqu'à sa nationalité.

Il est inutile d'insister davantage, on voit ce que fût devenue la liberté du commerce dans le premier cas de notre hypothèse, l'adoption originaire, universelle et perpétuelle du régime du libre-échange. Particuliers et États, tout le monde y eût été, soit comme producteur, soit comme consommateur, la victime obligée du monopole.

Un mot cependant encore, avant de passer outre. On a dit que dans ce système les commerçants, je veux dire les particuliers faisant profession d'exercer le commerce, auraient joui d'une liberté que les douanes ont extrêmement restreinte. Lors même que cette objection serait fondée, elle n'infirmerait pas la gravité des conclusions où nous sommes parvenus. Quand il serait vrai que le commerçant eût profité d'un système qui aurait ruiné, au profit du monopole d'un seul peuple, toute liberté de production, de consommation et de commerce dans le reste du monde, ce ne serait certes pas une raison de regretter le libre-échange. La liberté du commerce est quelque chose de plus précieux que le prétendu droit de tout faire que l'on revendique pour les commerçants. Mais il n'est même pas vrai que le libre-échange eût été favorable à la profession du commerce. Il y aurait eu moins de commerçants dans le système du libre-échange,

parce qu'il y aurait eu moins de commerce, et il y aurait eu moins de commerce, parce que, la production
étant opprimée dans tous les pays du monde par lé monopole d'un seul peuple, il y aurait eu moins de produits
et partant moins de choses commerçables. C'est ce que
l'histoire prouve encore sans réplique. Il est incontestable qu'il y a depuis l'institution des douanes plus de
commerçants qu'il n'y en a jamais eu dans le monde; et
pourquoi cela? C'est que les douanes, en multipliant les
manufactures, ont multiplié la quantité des produits,
c'est-à-dire des seules choses susceptibles de commerce.
D'ailleurs, si les facilités du commerçant ont pu recevoir
quelques atteintes des douanes, sa liberté proprement
dite n'en a pas souffert. La preuve irrécusable en est dans
les progrès de géant que n'a cessé de faire depuis deux
siècles la concurrence.

Venons à présent au second cas de notre hypothèse :
les douanes sont établies, et à une époque quelconque de
l'histoire on propose de les supprimer pour le plus grand
bien de la liberté du commerce. Je ne dirai qu'un mot
de ce second cas : il ne mérite pas, en effet, après ce
qu'on vient de lire, de considération plus longue. C'est
que, comme les nations sont toujours inégales entre elles,
et qu'à quelque moment des annales écoulées ou futures
du genre humain qu'on imagine, il est inévitable qu'il y
ait des peuples plus riches et plus puissants les uns que
les autres, une révolution qui supprimerait les douanes
dans toute l'étendue de l'univers, outre tous les autres
effets du libre échange, amènerait cette calamité de plus,

de ruiner dans chaque État toutes celles des industries qui ne s'y sont élevées et qui n'y prospèrent que sous la protection de tarifs. On laisse à juger ce qui en résulterait pour la liberté du travail et des échanges sur la surface du globe.

On pourrait terminer là ce qu'il est nécessaire de dire des effets du libre-échange sur la liberté du commerce, et peut-être même s'est-on plus étendu sur cette matière qu'elle ne le méritait. Voici une dernière considération cependant qu'il y a quelque intérêt à signaler encore au lecteur.

On a remarqué avec raison qu'un des grands caractères de la servitude était l'uniformité. Toute tyrannie, en effet, veut régner également dans tous les lieux de son empire, et pour cela il importe que nulle part aucune inégalité ou ne brise ou n'élude l'unité de l'obéissance commune. Le despotisme commercial, que réalise si bien le système du libre-échange, a la passion des autres despotismes, du despotisme religieux, politique, etc.; il aime l'uniformité. C'est ainsi qu'il prétend soumettre le monde entier, en dépit de la diversité infinie de ses passions, de ses mœurs, de ses nécessités même, à l'intolérable oppression d'un régime économique unique. Tel est au fond tout l'esprit de cette soi-disant république commerciale universelle qui, si pour le malheur du genre humain elle se réalisait, étendrait sur un même lit de Procuste, pour les y accourcir à la même taille, les conditions d'existence, le génie, les besoins et l'activité de tous les peuples. En vain le monde n'est ni un, ni immobile; en vain il est divisé en nations inégalement dotées, situées, civilisées, dont les intérêts rarement communs dépendent de mille causes diverses qui changent elles-mêmes sans cesse avec le temps. Peu importe à la tyrannie du libre-échange : elle étend l'unité de son joug immuable sur cette variété sans nombre et sur cette mobilité sans fin de la vie de l'univers. Peuples continentaux et peuples insulaires, agricoles et manufacturiers, arriérés ou parvenus à une civilisation extrême, habitants de la zone torride ou de la zone glaciale, possédant le plus vaste ou le plus petit territoire, entourés de voisins ou rélégués au fond des solitudes, doués du génie du commerce ou de celui des arts, le libre-échange a la même règle pour tous, règle unique qu'ils sont tenus de suivre, qu'elle les violente ou qu'elle les favorise, qu'elle les enrichisse ou qu'elle les ruine. Moyen admirable, en vérité, de garantir à chaque peuple la liberté de son travail et de l'emploi de ses produits! Comparez ce système inintelligent et étouffant avec les ressources sans nombre du régime protecteur. Celui-ci est aussi divers et aussi mobile que le monde même : il prend pour ainsi dire l'empreinte des nécessités de tous les lieux et de tous les temps. Ici et à telle époque, sous l'empire de tel ou tel besoin, les droits de douane peuvent s'élever jusqu'à devenir prohibitifs; que ce besoin se modifie ou cesse, les mêmes droits pourront finir par ne plus garder qu'un caractère purement fiscal. La liberté commerciale des nations trouve ainsi à tout âge un appui dans les douanes : à l'origine, elles sont la seule sauvegarde de son établissement, un peu plus tard de son maintien; plus tard encore de son développement. En effet, la barrière mobile dont elles couvrent l'industrie des peuples peut s'abaisser ou s'élever suivant que les moindres et les plus momentanés besoins de cette industrie l'exigent. Quelle arme dans la main d'hommes d'État habiles pour la défense et le développement de la liberté du monde ! Eh bien, c'est cette arme que les libres-échangistes brisent; ce sont ces traditions protectrices de l'indépendance du commerce de tous les peuples qu'ils prétendent abolir; et pourquoi ? Vous le voyez : pour y substituer, sous le nom, en vérité bien de mise ici, de république, un régime où pas une nation ne serait libre de diriger sa destinée, ni de disposer de son génie !

CHAPITRE V.

QUELLE INFLUENCE EXERCERAIT LE LIBRE-ÉCHANGE SUR LA PROSPÉRITÉ DE L'UNIVERS.

Il n'y a rien de plus perfide dans les sciences ou dans les affaires que l'emploi des métaphores. C'est une source de faux raisonnements dont ceux qui les emploient sont dupes les premiers : ils s'enchantent et s'étourdissent du bruit de leurs paroles et prennent l'habitude de ne plus en rechercher le sens. Ce style figuré, mortel aux intérêts de la raison, remplit les ouvrages des économistes de nos jours; il n'y est question que de république commerciale universelle, de société fraternelle des peuples, de prix courant du marché général, etc., toutes locutions poétiques qui n'expriment rien de réel, et qu'à la longue cependant les esprits inattentifs répètent comme les formules de la vérité même. La prospérité de l'univers est une de ces sonores et vagues façons de s'exprimer dont les libres-échangistes ont fait le plus d'abus. Quand une personne étrangère aux ruses d'école les interroge sur les difficultés les plus apparentes de leur système, ils répliquent gravement : prospérité de l'univers. Prospérité de l'univers! cela coupe court et répond à tout : semblable à ce philosophe d'un conte de Voltaire qui, interrogé sur ce que c'était que l'âme, répondait : C'est une entéléchie, sans parvenir à concevoir, ni ses auditeurs ni lui, ce que c'était qu'entéléchie.

Nous sommes plus indiscrets ou plus curieux. Nous cherchons autant que possible à comprendre ce que nous disons et ce que l'on nous dit.

Le libre-échange, assure-t-on, serait une source incomparable de prospérité pour l'univers. Qu'est-ce donc d'abord que la prospérité de l'univers ?

Ce n'est et ne peut être rien évidemment séparé de la richesse et du bien-être de chacun des États qui composent cet univers, ou du moins du plus grand nombre d'entre eux ; car l'opulence et le bonheur d'un tout ne sauraient se former du dénûment et de la misère de ses parties. La question de savoir si les libres-échangistes par leur système enrichiraient le monde se ramène donc à celle de savoir si un plus grand nombre de peuples dans ce système verraient croître leur travail, leur commerce, les ressources et produits de tout genre dont leur bien-être dépend. C'est ce que nous allons maintenant examiner.

Les nations, si le système du libre-échange eût prévalu, et si quelque jour à venir il prévalait, se seraient vues ou se verraient promptement réduites aux ressources naturelles de leur territoire et de leur climat, ressources, nous l'avons vingt fois fait remarquer, singulièrement inégales selon les latitudes, les situations, etc.; mais leur prospérité, loin de gagner à un pareil régime, y perdrait extrêmement au contraire. Le monde, et nous entendons par là, nous qui ne faisons pas de métaphores, la collection des peuples coexistant sur la surface du globe, le monde donc serait atteint dans les deux grands moyens de sa production et de sa subsistance, l'industrie et l'agriculture. L'une ne pourrait se développer chez les peuples doués même au plus haut degré du génie industriel; l'autre, sous les cieux les plus fortunés, languirait, dans les pays les moins favorisés serait abâtardie ou nulle. Quant au résultat final, il serait encore une fois justement opposé à celui qu'annoncent les libres-échangistes. Conclusion fâcheuse pour la doctrine, mais qui s'est trop souvent produite déjà dans le cours de cet ouvrage, pour que l'esprit du lecteur ne commence pas, au détriment de l'intérêt qui naît toujours de la surprise, à s'y accoutumer.

Si vous considérez les différents peuples de l'univers, vous verrez que ce sont ceux qui habitent la zone tempérée, c'est-à-dire ceux dont la dotation territoriale naturelle est la moins riche, qui ont fait les plus grands progrès dans l'industrie. L'Europe, si sévèrement traitée par la nature en comparaison avec l'Asie et l'Amérique, l'Europe, qui n'a originairement ni coton, ni soie, ni belles races de moutons, ni beaux chevaux, ni métaux précieux, ni bois rares, etc., l'Europe est la partie la plus fortunée du globe. Elle l'est devenue par son génie et son activité, en dépit de son territoire et de son ciel. Mais comment cela? En acclimatant sur son sol une richesse au moins égale, sinon supérieure, à la richesse naturelle, la richesse industrielle.

Cette dernière richesse, dis-je, est au moins égale à l'autre, car les manufactures, produits du génie de l'homme, ne sont pas seulement des valeurs échangeables, ce sont aussi, comme les forces de la nature elle-même, des instruments de production. Quand un gouvernement donc acclimate dans l'État qu'il administre tel ou tel genre d'industrie, ce n'est pas seulement une somme de biens et de valeurs déterminés qu'il y apporte, comme il ferait en tirant de l'étranger une masse quelconque de denrées ou de matières premières, c'est une source de richesse nouvelle qu'il y naturalise, comme on dit par une expression très-pittoresque et très-juste. Cette industrie une fois acclimatée s'ajoute, en effet, à la dotation naturelle de l'État et en augmente quelque chose d'infiniment plus intéressant que la richesse actuelle, c'est-à-dire la puissance constante de production.

Eh bien, le système du libre-échange eût empêché chez tous les peuples l'acclimatement des diverses industries qui y fleurissent de nos jours, et qui chez chacun d'eux sont les sources les plus fécondes de la prospérité publique. C'est ce qu'il est à peine nécessaire de démontrer.

Supposez le libre-échange : comment les divers peuples de l'Europe seraient-ils parvenus à établir également chez eux les industries les plus importantes, les industries de la laine, du coton, du fer, de la soie, du verre, des dentelles, etc. L'Angleterre, la France, l'Allemagne, la Russie, l'Amérique, possèdent simultanémeut aujourd'hui sur leur sol ces fabrications diverses, qui sont devenues

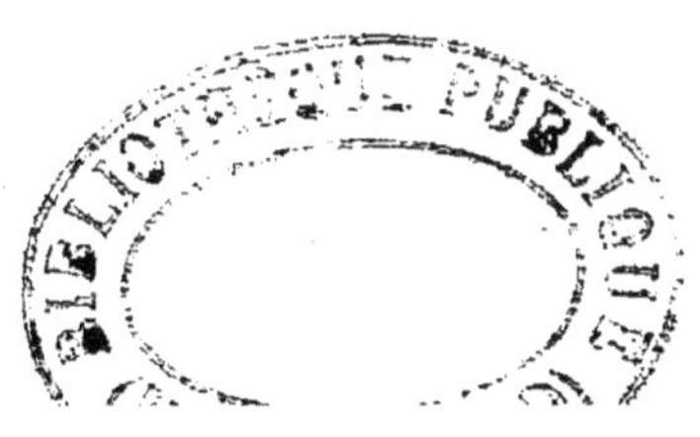

pour elles les sources les plus fécondes de leur commerce, de leurs épargnes et de leur bien-être. Sans les douanes, qui ont permis à l'Angleterre et à la France d'établir d'abord chez elles ces fabriques, sans ces mêmes douanes qui ont servi ensuite, qui servent encore aujourd'hui même sous nos yeux aux autres nations à les naturaliser à leur tour sur leur sol, tout se passait différemment : les industries différentes seraient restées éternellement là où la nature ou bien le hasard les auraient fait naître, et, une fois établies, la concurrence de leurs premiers possesseurs aurait à jamais empêché les autres nations du monde de se les approprier. On voit les conséquences. Au lieu d'être couverte dans toutes ses parties de manufactures de toute sorte, l'Europe aujourd'hui, sauf un ou deux points au plus, en serait à peu près vide. Ayant moins d'instruments de production, elle occuperait moins de bras, accumulerait moins de capitaux, recueillerait et distribuerait annuellement moins de produits. On demande ce qu'à ce système, qui est précisément le libre-échange, eût gagné, comme on dit, la prospérité de l'univers? A moins qu'on ne prouve que la diffusion de l'industrie et de toutes ses ressources de travail, de production et de commerce, chez tous les peuples du monde à la fois, a été pour ceux-ci une cause de ruine, il n'y a pas moyen de comprendre en quoi le libre-échange eût augmenté la richesse et l'aisance universelles; ce qui saute aux yeux, au contraire, c'est qu'il en aurait paralysé le plus énergique instrument.

Mettons maintenant que l'erreur où sont tombées les

nations de s'enrichir en se faisant industrielles par le moyen des douanes, mettons que cette erreur déplorable soit réparée et que le soleil du libre-échange luise sur la terre régénérée. Voici ce qui arrive. Au bout de très-peu de temps, les États chez lesquels l'industrie ne prospère et ne peut prospérer que sous la protection des tarifs, ces États voient leurs manufactures ruinées par la concurrence à outrance de celui d'entre eux dont la puissance manufacturière est la plus grande. Les nations, en effet, en matière de commerce, se conduisent absolument sur le théâtre du monde comme on voit des marchands sur une même foire ou dans une même rue. Si peu philanthropique et si peu noble que cela soit, elles n'ont, comme ces marchands, qu'une seule visée, c'est d'accaparer chacune la clientèle de leur rivale. Supprimez les douanes qui permettent aux plus faibles de ces nations la concurrence à armes égales avec la plus forte, celle-ci bientôt évidemment restera seule, et le résultat clair de ce triomphe du libre-échange sera la ruine de plus des trois quarts des établissements industriels existants. Il n'y a pas de nation qui à cette épreuve ne perdrait plusieurs de ses industries. L'Angleterre en verrait tomber quelques-unes; la France en garderait à peine deux ou trois; l'Allemagne, la Russie, l'Amérique n'auraient bientôt plus rien. Ce que la prospérité de l'univers gagnerait à cet immense désastre, c'est ce qu'il est impossible de concevoir.

Enfin, le libre-échange ne ruinerait pas seulement les manufactures existantes de la plupart des peuples; portant son esprit de ruine jusque dans le domaine de l'avenir, il empêcherait des industries nouvelles de s'élever et le capital manufacturier du globe de s'accroître. En effet, il est encore de nos jours des peuples qui ne font que naître à l'industrie; il en est aussi qui n'y sont pas nés : mais les uns et les autres, si la faculté de protéger au moment opportun leurs ouvriers indigènes par des tarifs leur est laissée, peuvent légitimement espérer de prendre un jour dans le commerce général la place due aux efforts de leur génie. C'est ainsi, par exemple, que la Russie parviendra peut-être à acclimater chez elle l'industrie de la soie et celle de quelques articles de goût; c'est ainsi encore que l'Amérique parviendra très-certainement à élever des filatures de coton dont les produits pourront rivaliser avec ceux du reste du monde. Quant aux nations qui n'ont pas encore paru sur la scène de l'industrie et qui y peuvent un jour jouer un grand rôle, on peut citer l'Espagne. Que cette noble nation se réveille, qu'elle se mette à exploiter ses incomparables mines de charbon et de métaux, et, pour ne pas voir ses usines écrasées par l'étranger à peine au sortir du sol, qu'elle les défende par des droits de douane; au bout de quelques années, l'Europe comptera un grand peuple producteur de plus. Avec le libre-échange, tout cela est impossible; c'est le contraire même qui arrive, et pour nous borner aux exemples que nous venons de citer, voici ce qui advient de la puissance industrielle naissante de l'Amérique et de la Russie, et de la même puissance à venir de l'Espagne : la première tombe devant la concurrence bientôt insoutenable de l'étranger; l'autre reste à jamais dans le domaine des rêves.

Voilà ce que le libre-échange eût fait de l'industrie de la plupart des peuples, et avec elle de la source la plus féconde de leur prospérité, s'il eût été le régime nécessaire du commerce du monde; voilà ce qu'il en ferait, si ces mêmes peuples, se payant de mots au lieu de regarder aux choses, étaient assez insensés pour l'adopter.

Mais voyons ce que devient l'autre grande source de la subsistance et du bien-être des hommes à l'épreuve du libre-échange. Ce système ruine l'industrie; que fait-il de l'agriculture? Il la paralyse, en la privant, dans les lieux même où elle pourrait prospérer le plus, de ses moyens les plus actifs et les plus certains de développement. C'est ce dont il est facile de se rendre raison.

S'il est un fait établi par une expérience générale et constante, c'est l'influence que la prospérité de l'industrie exerce sur celle de l'agriculture. Une contrée qui n'est qu'agricole n'arrive jamais à une aussi grande richesse de culture que la contrée qui est en même temps agricole et manufacturière. Les manufactures, en attirant dans un pays une population qui n'y eût jamais paru sans cela, rendent nécessaire autour de celle-ci l'existence de nombreuses exploitations agricoles. Des terres jusquelà incultes sont défrichées; des champs mal cultivés le sont mieux. La population industrielle qui s'est fixée dans le pays est la seule cause de cet heureux changement. Ses besoins exigent la production d'un grand nombre et d'une grande variété de biens ruraux qu'on n'eût jamais songé, n'en ayant pas la vente, à demander au sol. Voilà bientôt tout un territoire transformé. L'agriculteur tirant un meilleur parti de son champ et de son travail voit croître ensemble la valeur de ses produits, celle de son fonds et l'importance de son capital. Des bestiaux paissent maintenant sur une terre qui longtemps fut aride comme le roc ou noyée sous des eaux croupissantes : arrachés à la stérilité par les besoins de l'industrie, ces déserts et ces marais sont aujourd'hui des terres à blé, des vignobles, des champs de houblon, des prairies, etc. Voilà les miracles d'influence qu'opère partout l'industrie sur l'agriculture environnante.

S'il était nécessaire d'en donner des preuves, on n'aurait que l'embarras de les choisir. On se bornera entre mille à deux seulement, mais qui parleront. L'Angleterre était autrefois ce rocher à peine recouvert d'une faible couche de terre de bruyère ou de sol végétal, ce marais noyé d'eaux stagnantes dont, en thèse générale, nous parlions tout à l'heure. Des manufactures s'y sont établies; vous savez le reste : l'agriculture anglaise est devenue la plus habile et la plus féconde du globe. Le rendement des terres à blé aujourd'hui y est de vingt-deux hectolitres par hectare. Il n'y a que les grasses plaines de la Lombardie qui atteignent à ce chiffre. En France, nos terres ne rendent moyennement que douze hectolitres et demi. Voici en plus petit, mais sur notre sol national, et chacun pourra aisément le vérifier, le second exemple. Le Creuzot était, il y a soixante ans, un vallon aride et désert. L'exploitation des mines et le travail du fer s'établissent dans ce vallon et y fixent une population de sept à huit mille âmes. Vouée à de rudes occupations, cette population éprouve le besoin de réparer et d'entretenir ses forces comme elle les dépense, énergiquement. Aussitôt tous les cultivateurs environnants se mettent à l'œuvre, et tous s'enrichissent. Les seuls vignerons aujourd'hui trouvent au Creuzot un écoulement annuel de vingt-quatre mille hectolitres de leurs produits. On multiplierait sans fin ces exemples.

Sous l'empire du libre-échange cependant, il est visible que de tels changements dans la plus grande partie du monde au moins ne se seraient jamais vus ou cesseraient d'avoir lieu. Sans douanes, dans la plupart des États, point de manufactures; sans manufactures, point de population éprouvant et pouvant satisfaire de grands besoins; point de progrès dans la demande des produits ruraux, etc. En un mot, le coup qui frappe le manufacturier attaque fatalement le cultivateur, car, l'un ne consommant pas, l'autre n'a plus d'intérêt à produire.

Telle est l'action du libre-échange sur la seconde des deux grandes sources du bien-être universel.

En fait et en raison, tout cela est si établi et si clair qu'on éprouve quelque embarras et quelque honte d'avoir à le démontrer. Mais c'est partout le caractère de cette doctrine, si téméraire dans ses critiques, si affirmative dans ses promesses; elle fuit, pour ainsi parler, sous l'examen, et, quand on cherche à la saisir, on n'embrasse qu'une ombre.

Il faut pourtant, quelque inutile que cela semblera peut-être, après ce qu'on vient de voir, dire au moins un mot d'une exception particulière qu'élèvent ici les libres-échangistes. Cette exception est, dans cette partie du moins de notre sujet, leur dernier retranchement. Examinons-la, si vaine qu'elle soit : il ne faut jamais laisser à des systématiques le recours de dire qu'ils n'ont pas été entendus jusqu'au bout.

Faisant, comme on dit, flèche de tout bois, les partisans du libre-échange ont évoqué, en faveur de leur système, l'intérêt sacré de l'amélioration du sort des classes pauvres.

— Assurément, ont-ils dit, nul ne pourra nier l'avantage immense qui résulterait pour les populations ouvrières, tant des campagnes que des villes, de la libre circulation par tout le globe des denrées essentielles à leur subsistance, telles que le blé et la viande, ou des matières premières indispensables à l'exercice de leurs différentes industries, telles que la houille, le fer, le chanvre, le lin, etc. Si, à toute force, on veut persister à protéger les manufactures des nations les plus faibles, qu'on laisse du moins ces manufactures tirer, sans empêchement, de tout lieu, les matières premières sans lesquelles elles ne pourraient même pas fonctionner; qu'on laisse surtout les familles les moins partagées des faveurs de la fortune chercher sans entraves par tout le monde de quoi satisfaire à leurs indispensables besoins, etc. — Suivent là-dessus des discours où s'épanchent, des volumes durant, les flots de la philanthropie la plus verbeuse qui fut jamais.

Laissons les volumes et voyons l'argument.

Cet argument est spécieux, comme tous les raisonnements, même le plus mauvais, qui se prétendent dictés par la philanthropie; mais il est faux. Loin de gagner quelque chose au libre-échange, la subsistance et le travail des classes pauvres y perdraient les plus sûres garanties de la conquête, du maintien ou du progrès de l'abondance et du bas prix des objets qui leur sont nécessaires.

L'inégalité naturelle et accidentelle des nations n'est pas moins sensible en agriculture qu'en industrie. Tel territoire est richement doté en céréales et en troupeaux, tel autre trouve à peine sur son sol de quoi fournir aux besoins de ses habitants. Il s'ensuit que l'agriculture des nations pauvres, dans l'intérêt du bon marché de ses produits, a autant besoin d'être protégée que l'industrie, et par la même raison. Cette raison, c'est qu'à la faveur du libre-échange, ceux des peuples qui habitent les territoires les plus naturellement fertiles ruineraient bientôt, par une concurrence insoutenable, ceux dont le sol est plus ingrat. Il en résulterait deux conséquences, également mortelles à l'abondance et au bas prix des denrées : la première, c'est que, les nations pauvres étant mises hors d'état d'en produire, leur quantité générale sur le marché commun de tous les peuples diminuerait; la seconde, c'est que cette rareté relative, combinée avec les exactions inévitables du monopole, amènerait la cherté.

Faut-il donner un corps palpable à ces conclusions de bon sens? Qui ne voit de nos jours, par exemple, que si le libre-échange était admis par toutes les nations du globe, la Russie et les États-Unis accapareraient bientôt la production et la vente exclusive des grains? L'agriculture des autres pays serait ruinée. Partout on verrait la culture des céréales remplacée par celles de la vigne, du mûrier, des fourrages, des graines oléagineuses, des plantes tinctoriales, etc. Le résultat final, c'est qu'il y aurait, en définitive, moins de blé produit dans le monde, et qu'au lieu d'être dans les mains de vingt vendeurs, il serait dans les mains d'un ou deux seulement. La belle recette pour avoir le pain à bon marché! Il en serait de même de la viande : pour s'en convaincre, il suffit de réfléchir qu'on n'a nulle part de grands troupeaux sans grande culture, ni de grande culture sans céréales.

Quant aux matières premières, à la houille, au coton, etc., chercher l'augmentation de leur production et la diminution de leur prix de vente dans le libre-échange, c'est, comme pour les denrées, demander aux causes nécessaires de la rareté et de la cherté de donner le bon marché et l'abondance. Les matières premières sont toujours plus chères là où un seul producteur en a le monopole. Ouvrez aux peuples naturellement bien fournis de houille, de fer ou de lin, etc., les portes des nations qui ne récoltent les mêmes objets qu'en petite quantité, mais qui, à l'aide de cette petite quantité cependant, entretiennent la concurrence et maintiennent le niveau des prix : à l'instant, les nations pauvres seront ruinées et les nations riches auront le monopole. Les matières premières n'augmenteront pas alors en quantité, puisqu'elles auront moins de sources de production, et elles ne baisseront pas de prix, puisqu'elles seront plus rares et leurs détenteurs sans rivaux.

Arrêtons-nous; aussi bien la controverse n'est plus seulement inutile, elle est impossible.

On le voit, le libre-échange est aussi trompeur dans ses promesses de bien-être que dans ses promesses de liberté.

Adopté à l'origine, il aurait ruiné le monde, car il l'aurait abandonné à la paresse des nations du Midi et à l'impuissance des nations du Nord. Celles-là, énervées par leur climat, n'auraient demandé à leur sol que la quantité juste d'aliments nécessaires à leur subsistance : c'est ce dont l'exemple de l'Amérique du sud et de plusieurs contrées de l'Europe elle-même témoigne aujourd'hui encore à nos yeux; celles-ci, douées d'une plus grande énergie physique et morale, n'auraient pu cependant acclimater chacune sur leur sol les produits de contrées plus heureuses. Tout aurait langui dans une gêne éternelle et universelle. Tel est l'Eldorado dont ce système nous eût ouvert les portes.

Il propose de nous les ouvrir encore. Aujourd'hui seulement, il exige en plus la ruine préalable de presque toutes les nations arrivées, par le moyen des douanes, à se créer une grande agriculture et une grande industrie. Si, à l'aide de tels procédés et de telles perspectives, il parvient à les séduire, il faudra avouer qu'il possède quelque vertu de persuasion magique; mais le sens commun alors n'y peut rien.

CHAPITRE VI.

SI LE LIBRE-ÉCHANGE EST FAVORABLE A LA CIVILISATION.

Nous arrivons à l'examen de la dernière et de la plus étonnante des prétentions du libre-échange. Nous avons entendu les partisans de cette doctrine soutenir qu'elle ouvrirait une ère nouvelle à la liberté du commerce des peuples et des sources inconnues à leur prospérité; mais voici qui passe tout le reste : les libres-échangistes à présent proposent de renouveler l'esprit et d'agrandir le cours de la civilisation.

Nous avons exposé ailleurs d'une manière très-générale les vues singulières de l'école à cet égard; mais il convient ici, avant de les juger, d'en donner une idée plus précise.

—Le caractère distinctif de la race humaine est la sociabilité. L'homme, comme disait le père de la logique et de l'histoire naturelle, est un animal sociable. Les plus parfaites des autres espèces qui coexistent avec lui sur la surface de la terre ne s'élèvent pas au-dessus de la vie en troupes : l'humanité seule désire et connaît la vie sociale. C'est par obéissance à cet instinct, principe généreux de leur civilisation entière, que les hommes, dès qu'ils ont multiplié, ont formé des nations. Ce fut une grande conquête sur la barbarie primitive, un grand pas dans la voie du progrès, une satisfaction considérable donnée à cet esprit de société qui est comme l'âme de toute la vie humaine.

Mais ce pas devait-il être le dernier et cette satisfaction est-elle complète? Hélas! disent les libres-échangistes, c'est ce que le genre humain a cru durant des siècles. On sait ce qui s'en est suivi. Les hommes se sont répartis pour ainsi dire par lots dans les différents lieux du monde; ils se sont approprié certains domaines bornés ici par une colline, là par un ruisseau; ils se sont enclos dans ces terrains qu'ils ont appelés leur patrie et ont pris l'habitude de considérer le sol de leurs voisins comme un territoire ennemi. Ils sont devenus ainsi eux-mêmes, quoique tous enfants du même père, étrangers les uns aux autres. La terre enfin s'est couverte, comme nous la voyons aujourd'hui, de nations égoïstes, hostiles les unes aux autres, et dont la jalousie a perpétué jusque dans les siècles les plus polis la plus abominable des coutumes de l'état sauvage, la guerre.

Les libres-échangistes veulent arracher l'humanité à cet état imparfait et pour ainsi dire intermédiaire entre la civilisation et la barbarie. Utile à l'origine et par comparaison aux progrès des mœurs et des lumières, l'esprit de patriotisme n'y est plus aujourd'hui, suivant eux du moins, qu'un obstacle. Ils proposent de le briser, et, pour cela faire, de commencer par détruire la nationalité commerciale, principe et boulevard de la nationalité politique. Ils emporteront la civilisation dans une sphère sublime. A l'esprit de jalousie mercantile, qui a si longtemps divisé et ensanglanté l'univers, ils substitueront peu à peu, en supprimant les douanes, un esprit de fraternité qui finira par rapprocher et confondre tous les hommes dans le sein d'une seule société ou plutôt d'une seule famille. Tous les peuples seront frères et, liés entre eux désormais par la chaîne d'une paix universelle et perpétuelle, ils ne formeront plus d'un pôle à l'autre qu'une vaste société de nations. Plus de douanes! plus de territoires! plus de patries!

> Peuples, formez une sainte alliance,
> Et donnez-vous la main! —

Touchantes idées! doux et nobles sentiments! ils devaient charmer les âmes tendres et les imaginations généreuses. C'est ce qui est arrivé en effet; et le libre-échange a trouvé là, avec la source de sympathies ardentes, le plus pur de sa renommée.

Ces sympathies cependant sont-elles aussi fondées qu'elles sont vives? cette renommée est-elle aussi légitime qu'elle est aimable? C'est ce qu'il faut examiner.

Il ne suffit pas qu'une doctrine promette le parfait bonheur pour être raisonnable et praticable. Une cruelle expérience n'enseigne que trop le contraire. Que de systèmes aujourd'hui mis au rang des fables, ou bien dont le souvenir ne rappelle que d'amères déceptions qui, eux aussi, promettaient au genre humain les joies du siècle d'or! Il est si aisé de rêver le parfait bonheur; il est si difficile de réaliser le moindre bien! Les libres-échangistes, à bout d'arguments, viennent, pour nous éblouir, de nous tirer sans doute un brillant feu d'artifice d'idées. Mais, si l'imagination peut se distraire à ce spectacle, la raison est plus difficile, et la plus magnifique idéologie n'est rien, si elle défigure les traits de la vérité et se joue des lois de la nature.

Les libres-échangistes prétendent donner la fraternité des peuples pour ressort à la civilisation. L'entreprise est rare assurément; mais elle a contre elle d'abord un préjugé immense, le préjugé de toute l'histoire. Ce n'est pas la fraternité des peuples qui, depuis l'origine du genre humain, a été l'âme de ses progrès, c'est leur rivalité et leur jalousie.

Les libres-échangistes, nous le savons, ne s'effraient pas de l'objection. La hardiesse est la moindre de leurs vertus. — Qu'importe, répondent-ils, que le monde ait jusqu'ici marché d'Occident en Orient? De ce que le judaïsme et son esprit égoïste et jaloux a été trop long-temps la religion du commerce du monde, le beau motif pour qu'il en soit la religion immuable, comme si l'esprit plus doux d'une loi de grâce ne pouvait succéder aux impitoyables maximes d'une époque de sacrifice et d'initiation! — C'est ainsi que les comparaisons les plus augustes elles-mêmes ne coûtent pas à leur modestie.

Pour nous, que les lumières particulières du libre-échange n'éclairent point, nous sommes, nous l'avouerons, plus circonspect ou plus timide. Quarante siècles

non interrompus de lutte entre les nations nous étonnent.
Il y a dans un mouvement si constant dans le même
sens de la marche des peuples quelque chose qui n'est
pas de la main des hommes; la volonté éternelle seule
fatigue ainsi le temps. C'est quelque chose de très-hardi
sans nul doute que de rompre avec toutes les traditions
de l'humanité, mais il est quelque chose non-seulement
de plus modeste, mais de plus profond, c'est d'étudier
l'esprit de ces traditions et de tâcher de les comprendre.

Ces nations qu'on veut détruire en en attaquant l'existence avec un art incontestable, nous le reconnaissons,
dans le premier principe de leur durée, leur indépendance
commerciale, ces nations, qui depuis si longtemps se disputent l'empire du monde, à quelle raison doivent-elles
leur origine? A une raison inévitable dont la nécessité
d'abord est faite pour donner à réfléchir.

Cette raison si expressivement marquée dans les vieilles
et naïves légendes de Noé partageant la terre entre ses
fils, et du roi de Babel voyant Dieu même confondre son
insensé projet de réunir tous les hommes en une seule
société, cette raison, c'est l'impuissance du genre humain à vivre aggloméré dans une seule contrée du globe,
et la nécessité née pour lui de cette impuissance de se
répandre par tous les climats pour y fonder des sociétés
différentes. Ce motif originaire du partage de la race
humaine en nations contenait en outre en germe deux
grandes conséquences auxquelles les libres-échangistes,
dans leur amour peu éclairé du progrès de la civilisation,
ne prennent pas garde. La première de ces conséquences

a été la culture et l'habitation toujours croissantes d'une plus grande partie du globe; la seconde, bien plus importante encore, a été la diversité de développement de l'esprit, des mœurs et de la destinée de l'humanité.

Si les hommes, par impossible, n'eussent constitué qu'une seule société, ils n'auraient montré que les mêmes vertus et les mêmes défauts. En se dispersant sous toutes les latitudes, ils se sont teints, pour rappeler la belle expression de Buffon, de la couleur de tous les climats. Une variété immense de génie, de coutumes, d'habitudes, etc., extrêmement favorable au progrès de toute la race, est née de là. La civilisation a été tentée et envahie par toutes ses routes. Vingt peuples, différents de langues et d'esprit comme de territoires et de climats, se sont élancés à la fois dans la carrière. Une lutte douloureuse quelquefois, il est vrai, mais toujours féconde, s'est établie entre ces peuples : plus cette lutte a grandi, plus le théâtre s'en est étendu, plus la civilisation matérielle, intellectuelle et morale s'est affermie, améliorée, élevée.

Le commerce a été de tous les champs de bataille le plus fécond en progrès de tout genre. A mesure que la lutte commerciale a été plus active entre les peuples, le monde s'est de plus en plus enrichi et policé. Les annales universelles témoignent de ce que je dis là. Sans les parcourir tout entières, il suffit de considérer à quels pas de géant l'Europe a marché dans les voies de la civilisation générale depuis la ruine du monopole de la Hollande et depuis l'apparition successive

des diverses nations de l'Occident et du Nord, dans l'a-
rène de la rivalité, je dis plus, de la jalousie commerciale. Quand les libres-échangistes proposent d'éteindre
cette jalousie, de ruiner cette rivalité (car ils la rendent
impossible, nous l'avons surabondamment démontré, en
détruisant les douanes), que font-ils donc? Ils brisent le
ressort le plus énergique de l'activité humaine, l'instrument le plus puissant auquel l'humanité doive les progrès
de toute espèce, des plus humbles aux plus sublimes
qu'elle ait accompli jusqu'ici.

Ces considérations si simples eussent arrêté des esprits
réfléchis; mais l'aveuglement d'école éteint toute réflexion. Un homme qui a une fois livré son bon sens à la
tyrannie d'un système ne voit plus que ce système; l'histoire entière n'est rien pour lui; ce que l'humanité a fait
jusque-là est à son gré nul et non avenu; tout au plus
lui arracherez-vous cette concession que le passé a pu
avoir sa raison d'être. Mais aujourd'hui tout est changé;
il faut à nos poumons un air plus vivifiant, à nos yeux des
horizons plus larges, à notre intelligence des conceptions
plus sublimes, à notre amour un objet infini.

—Eh bien ! nous dira un libre-échangiste, il se peut
que la rivalité, la jalousie, la lutte et tout ce qu'elle
engendre de crimes et de désastres, il se peut que tout
cela ait été en effet le premier ressort nécessaire de la
civilisation; il se peut que l'humanité ait dû pendant
des siècles d'épreuves marcher à la civilisation et au
bonheur, le poignard et la torche à la main; mais, aujourd'hui, ne voyez-vous pas comme nous que cette

époque de fer à la fin est passée? N'entendez-vous pas,
vous aussi, résonner à votre oreille et retentir dans votre
cœur le chant prophétique du poëte de Mantoue :

Magnus ah integro sæclorum nascitur ordo,
Jam redit et Virgo, redeunt Saturnia regna...

Quand ce retour de l'âge d'or fut-il plus sensible? quand
plus de miracles l'annoncèrent-ils à l'univers étonné?
Jetez les yeux autour de vous : de toutes parts, dans les
deux mondes, idées, sentiments, intérêts, tout se met
à l'unisson ; non-seulement les connaissances et le goût,
mais les costumes eux-mêmes et le genre d'alimentation sont partout sensiblement les mêmes. La pratique
simultanée des langues devient vulgaire; les mêmes
mœurs se répandent par tout le globe. Un salon de Paris
ne se distingue plus d'un salon de Vienne, de Londres ou
de Saint-Pétersbourg. Deux agents merveilleux, incomparables, dont l'usage n'est encore que dans l'enfance,
secondent ce grand mouvement et l'emportent à des
conséquences inconnues. La vapeur et l'électricité ont
détruit le temps et la distance. Chaque jour ce sont des
miracles nouveaux d'industrie qui rapprochent et confondent les peuples, et qui, en dépit de l'antique préjugé
des nationalités, les jettent dans les bras les uns des autres. Aussi, en Europe déjà, commence-t-on à ne plus
considérer les nations que comme les provinces d'un seul
empire, d'un seul empire plus facile à constituer en un
seul corps social qu'il n'a été facile de fondre Lorrains et

Bourguignons, Picards et Normands, Bretons et Basques, en un seul corps politique. Enfin, signe des temps bien remarquable, nous voyons aujourd'hui des sages originaires de tous les climats se rassembler périodiquement dans telle ou telle ville du monde pour proclamer dans des congrès solennels que, si l'histoire appartient tout entière, hélas! à la guerre, l'avenir, lui, appartient tout entier à la paix. Ces signes ne vous frappent-ils pas comme nous, comme tout le monde? Resterez-vous seuls à méconnaître dans le monde l'infaillible établissement de la paix perpétuelle?—

Ainsi parlent, croyants fervents de la prochaine venue de l'âge d'or, les poétiques novateurs du libre-échange. Un mot seulement, un simple mot de bon sens vulgaire, en réponse à ces déclamations enchanteresses, qui ressemblent si fort, en vérité, à quelque chapitre inédit des *Mille et une Nuits*.

On nous demande d'abord si nous ne sommes pas frappés des progrès étonnants de la politesse générale. — Il est vrai, les mœurs s'adoucissent de plus en plus dans le monde; mais comment se fait-il que ces progrès si remarquables des relations des peuples s'accomplissent précisément sous l'empire de plus en plus jaloux, judaïque, comme vous dites, de l'institution des douanes? Voilà qui est très-extraordinaire et très-difficile à expliquer dans le système du libre-échange. Comment! les douanes isolent toutes les nations les unes des autres, et cet isolement commercial, qui est, dites-vous, une cause inévitable d'antipathie et de haine entre elles, ne les em-

pêche pas de confondre de plus en plus leurs mœurs,
leurs usages, leurs connaissances, leurs intérêts et jusqu'à leur costume! C'est fort singulier, et c'est incontestable; mais alors à quoi bon le libre-échange, et que deviennent vos déclamations contre les douanes? Si l'âge
d'or arrive à si grands pas que vous pensez, et cela dans
un temps où le système protecteur n'a jamais été si fort
en usage dans tous les États du monde, c'est une démonstration sans réplique, à laquelle nous n'eussions pas
pensé et que nous vous remercions de nous avoir fournie,
de la parfaite innocuité des douanes à l'encontre de la
venue de cet âge d'or.

— Ensuite, on nous demande si nous n'entendons
pas parler des découvertes merveilleuses, de l'électricité et de la vapeur, et des conséquences qui s'ensui-
vent pour la facilité et la rapidité des communications.
— Nous avons en effet entendu parler de la vapeur et
de l'électricité; quant aux effets que leurs découvertes
produisent sur l'esprit de nationalité commerciale et
politique, nous ne voyons pas le moins du monde
qu'ils soient tels que vous le supposez, nous voyons
même qu'ils sont tout contraires. L'électricité et la vapeur sont entre les mains des gouvernements des divers
États des armes nouvelles et redoutables de rivalité, de
lutte, d'influence, de suprématie, de conquête. La terre,
dites-vous, se couvre de chemins de fer et de télégraphes
électriques, la mer de bateaux à vapeur. Il est vrai; mais
le parti que les différents États existants comptent tirer de
l'emploi de ces nouveaux et puissants moyens d'action

est très-clair; le voici : la France y cherche deux choses qu'elle y trouvera vraisemblablement, la constitution plus redoutable que jamais de son unité nationale et de sa puissance militaire et l'annulation des traités qui lui ont enlevé ses frontières et ses colonies; l'Angleterre demande à la vapeur et à l'électricité le secret de conserver sa suprématie maritime et commerciale; la Russie s'en sert pour absorber la Pologne et étendre de plus en plus son protectorat sur le monde slave et sur la Confédération germanique; l'Autriche, par les chemins de fer et les télégraphes, consolide son empire en Italie et en Hongrie et sa suprématie à Francfort; la Prusse les emploie à son tour pour résister à l'Autriche, et ainsi du reste. Quant au progrès de l'esprit de fraternité entre ces gouvernements et ces peuples, personne ne serait en état de dire quelle impulsion nouvelle il a reçu de l'électricité et de la vapeur. Ils se jalousent exactement dans ce siècle comme ils ont fait durant tous ceux qui l'ont précédé. C'est l'éternel héritage d'Alexandre : succession toujours ouverte, dont l'usufruit n'a jamais appartenu et n'appartiendra jamais qu'au plus digne. Voilà, nous qui vivons au grand air du monde, ce que nous voyons des signes et ce que nous entendons des bruits de notre temps. Que dans le libre-échange, ou même dans l'intérieur de toutes les écoles où on vit portes et fenêtres closes, on ne voie ni n'entende rien de cela, cela n'est pas fait pour surprendre, mais cela non plus n'est fait pour persuader personne.

— Restent enfin les congrès des amis de la paix. —

L'objet de ces réunions assurément a l'air fort respectable ; mais, sans examiner encore, point essentiel auquel nous viendrons plus bas, si le libre-échange serait
une bonne manière d'établir la paix perpétuelle, quelle
conclusion sérieuse peut-on tirer en faveur de la prochaine venue de cette paix des congrès tenus en sa
faveur? Candide avait seize ans quand il entreprit de
parcourir le monde pour y chercher le parfait bonheur ; devenu vieux et sage avec le temps, il prit les
hommes le reste de sa vie tels que Dieu les avait faits.
Notre siècle, qui en toute chose a horreur de la mesure, nous a montré Candide incorrigible, prêchant en
barbe grise

L'impraticable paix de l'abbé de Saint-Pierre.

Mais quel triste spectacle, je vous prie, que celui de l'âge
mûr grimaçant l'innocence et les illusions de la jeu-
nesse !

Voilà ce que nous pourrions nous borner à dire sur les
progrès contemporains de l'esprit de fraternité des peuples et sur la prochaine venue de l'âge d'or. Mais, quelque chimériques que soient ces imaginations et quelque
vain appui qu'à défaut d'arguments y cherche le libre-
échange, il faut, puisqu'aussi bien nous l'avons commencé, en pousser l'examen jusqu'au bout.

La lutte, telle est depuis que le monde existe, telle est
sous nos yeux même encore la loi du genre humain ;
tradidit mundum disputationibus eorum. Dieu a fait de

tous les ordres de la connaissance et de l'activité de l'homme autant de champs de bataille où le progrès est le prix du combat. Voilà ce que le siècle présent, comme tous ceux qui l'ont précédé, nous enseigne. Le libre-échange, quand il prétend détourner ce cours constant des choses, quand il propose de substituer l'esprit de la fraternité à celui de la rivalité dans les relations commerciales des peuples, le libre-échange, disons-nous, s'attaque visiblement alors au principe séculaire de la civilisation même. Mais soit; oublions toute l'histoire, et fermons les oreilles et les yeux à tous les bruits et à tous les spectacles de notre époque. Entrons, pour mieux en sonder l'égarement, dans la folie du libre-échange. Il veut, en supprimant les douanes, faire régner la paix perpétuelle sur le globe et rendre tous les peuples frères : est-il possible, étant donnée la nature de l'homme, d'arriver à un tel but, et y arriverait-on, à supposer qu'il ne soit pas chimérique, par les moyens que propose le libre-échange ? enfin serait-il désirable, dans l'intérêt bien entendu de la civilisation, d'y atteindre? C'est en quelques mots, et pour conclure, car ce serait abuser de la patience du lecteur que de s'étendre sur de telles matières, ce que nous allons examiner.

Il est évident d'abord que le libre-échange ne saurait prospérer au milieu de la race humaine, telle que tous les siècles l'ont vue, telle que la nôtre la voit encore. Il a en effet besoin, pour se maintenir, de l'établissement préalable de la paix perpétuelle et du règne de la fraternité par toute la terre. Mais les peuples contemporains, pas plus qu'aucun de ceux de l'histoire, ne sont animés les uns envers les autres de sentiments pacifiques ni fraternels. Ce sont des frères, si vous voulez, en ce sens qu'ils appartiennent tous à la même race, mais en ce sens seulement; quant au reste, ce ne sont que des frères ennemis. Un révolutionnaire fameux de nos jours, montrant avec une grande force de dialectique le vide d'une doctrine avec laquelle le libre-échange a les plus étroits rapports, la doctrine communiste, disait avec verve et raison : « Nous sommes tous frères, mais à une condition, c'est que vous serez le frère cadet et moi l'aîné. » C'est le cri de la nature; et les peuples, moins encore que les individus, ne connaissent entre eux d'autre fraternité. La conséquence, c'est que, pour établir le libre-échange et avec lui la paix perpétuelle sur la terre, il faut commencer par en exterminer la race humaine, et la remplacer par une nouvelle espèce d'habitants. C'est la moindre des choses, et nous sommes persuadé que les libres-échangistes ont trop d'imagination et de confiance pour s'arrêter devant un aussi faible obstacle. A l'œuvre donc, ô Prométhées! pétrissez l'argile et faites-nous une nouvelle race d'hommes qui ne respire que la charité, la concorde et l'amour. Prenez bien garde qu'une seule goutte des esprits de mensonge, d'hypocrisie, de brigandage, de légèreté, de lâcheté, d'envie, d'avarice, de débauche, de fanatisme, de sottise, etc., dont les flots s'étaient répandus dans l'âme de l'ancienne race, vienne tacher la virginale candeur de celle-ci. A l'œuvre, dis-je, et, pour rendre votre système praticable, peuplez-nous ce pauvre monde de saints et d'anges !

Tout ceci, en vérité, n'est-il pas encore plus triste que risible ! Voilà des philosophes qui parlent gravement de supprimer les passions des hommes, parce que leur système n'a qu'un défaut, c'est de ne pouvoir vivre avec ces passions. Mais sont-ce encore des philosophes? et des rêveries conçues dans un aussi étrange mépris de l'histoire et de la nature méritent-elles d'usurper le nom de cette interprétation profonde des lois de la nature et des événements de l'histoire qu'on appelle la philosophie? Il semble plutôt lire l'incohérent récit ou d'un conte ou d'un songe. Et voilà les hochets d'enfant qu'on décore du nom de découvertes de la science !

Ils ne peuvent donc pas appliquer leur libre-échange sans établir la paix perpétuelle, et il se trouve que la paix perpétuelle n'est pas praticable, à moins de refaire le genre humain : le libre-échange se propose donc un but qu'il est tout simplement impossible d'atteindre.

— Mais, disent-ils, si l'on supprimait les douanes, la paix perpétuelle, dont elles sont le seul empêchement, s'ensuivrait d'elle-même : c'est un moyen infaillible, aussi admirable que notre but. — Il est vrai, l'un vaut l'autre. D'abord où prend-on que les douanes aient jamais été la cause principale de la guerre entre les nations? Il n'y a jamais eu tant de guerres au contraire dans le monde, ni de si acharnées ni de si cruelles, qu'avant que le système protecteur fût devenu le régime économique de la plupart des peuples. Et la raison en est facilement concevable : c'est que, avant l'adoption générale de ce système, le monde était, comme nous l'avons souvent dit, infailliblement livré au monopole commercial d'abord, au despotisme politique ensuite d'une seule nation. Une oppression épouvantable s'étendait sur toutes les autres, et c'était l'origine de ces longues et sanglantes guerres qui ont rempli l'histoire depuis les temps les plus anciens jusqu'à l'aurore de la civilisation moderne. Depuis cette époque qui a vu naître le système protecteur, les douanes ont-elles été pour quelque chose dans les ruptures de la paix des nations? Il est remarquable, au contraire, que des grandes guerres qui ont agité le monde depuis lors, guerre de trente ans, de Hollande, de succession au xviie siècle, de sept ans, d'Amérique et de la révolution au xviiie, de l'empire au xixe, pas une n'ait eu une difficulté douanière pour motif. L'ambition des peuples ou des princes, des divisions de dynastie ou de principes, voilà les grandes sources de la guerre depuis l'établissement du système protecteur. Supprimez donc ce système, aurez-vous pour cela la paix perpétuelle et l'âge d'or? Étrange illusion! Par le seul fait de l'abolition des douanes, il n'y aura donc plus ni prince remuant, ni peuple ambitieux, ni passions nationales et politiques d'aucun genre en ce monde? La plume tombe des mains.

Mais ne nous lassons pas; traversons bravement cette mer de contradictions et de paradoxes; transportons-nous d'un trait au bout du système. Soit; il n'y a plus de douanes dans le monde; le libre-échange étend d'un pôle à l'autre son bienfaisant empire. Quel profit en va-t-il résulter pour la civilisation ? — Elle sera étouffée.

Il est évident en effet que la première et inévitable conséquence du libre-échange est, par la force même des choses, de réduire chaque nation aux ressources exclusives de son territoire et de son climat, à ce qu'on appelle, comme nous l'avons vu ailleurs, les industries naturelles. Mais, les nations étant inégalement partagées en denrées et en matières premières, la plus riche, dans le système du libre-échange, aurait bientôt le monopole du marché de toutes les autres. La nationalité commerciale de celle-ci s'éteindrait sans nul doute; mais au profit de qui ce beau résultat serait-il atteint? Au profit de la prépondérance politique de la nation investie du monopole. On le sait, de reste, en effet ; la perte de la nationalité commerciale est pour un peuple le commencement de sa vassalité politique. Entre mille exemples, voyez notre France : comment a-t-elle fini par absorber tant de nations et même de races différentes que la décadence de l'empire romain avait poussées pêle-mêle sur son territoire, Bretons et Lorrains, Normands et Basques, Alsaciens et Bourguignons, etc.? En supprimant les douanes intérieures qui séparaient ces nations les unes des autres : tel a été le grand agent de la formation de notre unité nationale. A mesure que ces peuples ont perdu leur nationalité commerciale distincte, ils ont été se perdre dans une seule nationalité politique. C'est par le même procédé que M. de Methuen, en 1703, a fait du Portugal une province anglaise, que la Russie sous nos yeux absorbe la Pologne, que l'Autriche

s'efforce de s'incorporer la Hongrie, etc., etc. Mais supposez le libre-échange; à l'instant même, voici ce qui arrive : la domination universelle de la nation commercialement prépondérante au moment de son établissement
commence, et la monarchie réalisée par les Romains,
rêvée, tentée ou ébauchée après eux par Charlemagne,
Grégoire VII, Charles-Quint et leurs imitateurs s'appe-
santit sur l'humanité. Le beau succès pour la civilisation !
Toute activité et tout génie s'éteignent dans l'univers,
hormis le génie et l'activité d'un seul peuple; plus de liberté, plus de variété, plus de lutte, plus de progrès; un
joug de fer opprime, confond, écrase, paralyse tout. Voilà
ce que la civilisation gagne au libre-échange.

Le monde du moins, dans cette épouvantable ruine,
jouirait-il, pour se consoler, des douceurs de la paix perpétuelle? Oui, pendant un temps, tout le temps que la
monarchie universelle serait capable de se soutenir aux
mains du même peuple. On pourrait en effet donner pour
épigraphe alors à l'histoire du genre humain cette in-
scription des cimetières, comme l'appelle énergiquement
Leibnitz : *Pax perpetua*. Paix désolante, silence affreux
de la servitude et des tombeaux! Cela pourrait durer des
siècles, comme autrefois les vieux empires d'Asie et l'empire de Rome. Puis enfin, comme tout s'use, cette vaste
machine s'écroulerait : l'univers soulevé revendiquerait,
comme à la fin des Césars, un nouveau partage du monde;
et il faudrait encore une fois des siècles de barbarie pour
réparer la séve épuisée du genre humain et rendre possible la renaissance de la civilisation.

Voilà-t-il assez de chimères, d'erreurs, d'énormités! Est-il assez visible à présent que cette doctrine, si, par quelque châtiment céleste, elle passait des livres des utopistes dans le domaine de la réalité, ferait de la civilisation ce que nous lui avons vu faire déjà de la prospérité et de la liberté des peuples; n'est-il-pas visible qu'elle la tuerait? N'insistons donc pas davantage : c'est offenser et obscurcir l'évidence que de prendre trop de soin de la démontrer.

CHAPITRE VII.

DE L'IDÉAL DE LA VIE COMMERCIALE DES PEUPLES.

Le procès fait par les libres-échangistes à l'institution des douanes et celui intenté au libre-échange par le bon sens sont, au point où nous voilà, suffisamment instruits; il ne resterait plus qu'à rassembler les considérants du jugement et à laisser à chacun le soin de le prononcer, n'était une exception suprême et singulière, élevée en dernier ressort par l'intarissable fécondité de controverse et de procédure de l'imagination libre-échangiste.

Poursuivis et débusqués de poste en poste dans l'étendue entière du monde réel et possible, il semble que les partisans de cette doctrine n'auraient plus, quoique le mot soit dur, il faut bien l'articuler, qu'à se rendre; mais quel doctrinaire a jamais rendu les armes au bon sens? Les libres-échangistes avaient là un bel exemple à donner, et, pour des esprits si affolés du nouveau, la rareté du rôle était bien propre à les tenter. Ils n'y auront pas pensé sans doute. Toujours est-il qu'ils n'en ont rien fait. A bout d'arguments, d'objections, d'exceptions, de déclamations et le reste, sentant de toutes parts le ter-

rain de la nature et de l'histoire, du présent, du passé
et de l'avenir, leur manquer sous les pieds, ils se ré-
fugient en dernière ressource, savez-vous où?... Dans
l'idéal.

— Le libre-échange, disent-ils, est l'idéal de la vie
commerciale des nations. Les obstacles tirés de l'histoire et même de la nature qui s'opposent à la réalisation de cet idéal sont sans valeur aux yeux des âmes
élevées. Type éternel du plus beau des régimes économiques possibles, le libre-échange n'en demeure pas
moins aux yeux de la raison le but suprême vers lequel
tout économiste et tout homme d'État philosophes doivent sans cesse tourner les yeux. La destinée de l'humanité est d'aspirer à cet idéal, de conformer de plus en
plus sa conduite à ses principes, de s'en rapprocher autant que l'infirmité de nos passions le permet, de gagner
chaque jour quelque chose sur ces passions, et de parvenir ainsi peu à peu à en faire le complet sacrifice sur
les autels de la fraternité. Veut-on que l'institution des
douanes ait eu ses mérites en son temps, qu'elle ait jusqu'à un certain point sa raison d'être aujourd'hui, qu'il
faille même quelque temps encore à l'univers pour s'é-
tablir dans l'angélique état de relations marchandes dont
nous annonçons les merveilles? soit. La protection aura
été l'école du libre-échange, comme l'affranchissement
dans l'ancien monde était celle de la liberté, comme cette
vie terrestre avec son cortége d'épreuves est l'introduction à l'immortalité. Idéalistes inflexibles lorsqu'il s'agit
des principes, nous savons cependant accorder quelque

chose à la faiblesse humaine, à l'ignorance des hommes, à leurs vices même. Nous ne sommes pas de ces métaphysiciens intraitables qui ne pactisent ni avec la matière ni avec le temps. Que faut-il au monde pour que, d'un pôle à l'autre, l'esprit de charité remplace dans toutes ses transactions commerciales celui de jalousie et de rivalité? Dix ans? vingt ans? Nous lui en donnons trente. Qu'importe! l'idéal est patient; il a l'éternité derrière et devant lui! Mais pourtant qu'on se hâte! point de retards! et surtout plus d'objections! Il n'y a pas d'objections recevables contre une doctrine qui mène à l'idéal de la liberté, du bien-être et de la civilisation. —

Sans nul doute, pourvu que cette doctrine conduise en effet à cet idéal; nous disons mieux, nous ne sommes pas difficile, pour peu que les routes nouvelles qu'elle ouvre ou qu'elle indique soient dans la direction de cet idéal.

Mais ce n'est pas le cas du libre-échange; c'est tout l'opposé, au contraire, et il suffit d'ouvrir les yeux pour le voir. Pourquoi faut-il que les esprits se soient tellement corrompus de nos jours, qu'il soit devenu nécessaire de le démontrer!

On parle d'idéal; mais d'abord sait-on bien exactement ce que c'est que cet idéal, dont on fait l'inépuisable texte de si beaux et, hélas! de si longs discours? Il y a en vérité gravement lieu d'en douter.

L'homme en toute chose a une fin, un principe absolu d'inspiration et de direction. Être sensible, il tend par les arts à la conception et à la reproduction du beau; être intelligent, il s'élève par les sciences à la découverte et à la démonstration du vrai ; être actif enfin, il marche, dans toutes les carrières qui s'ouvrent devant lui, à la liberté. La liberté, voilà l'idéal de toutes les manifestations actives de la vie de l'homme, comme la beauté est l'idéal de sa puissance d'aimer, et la vérité celui de sa faculté de penser. Le commerce est un des grands modes de l'activité humaine ; son idéal à ce titre est de s'élever à l'état le plus parfait de tout acte humain, c'est-à-dire de devenir et de rester libre. Cela n'est pas moins vrai du commerce des nations que du commerce des particuliers ; l'idéal de la vie commerciale de l'univers, par conséquent, c'est la liberté.

Il n'est pas d'homme éclairé à coup sûr, qu'il ait puisé ses lumières dans l'étude ou dans la pratique des affaires, qui récuse les principes que nous venons de rappeler là. Si donc la liberté est, de l'accord unanime de tous les esprits dont l'opinion a une valeur, l'idéal du commerce des peuples, comment les libres-échangistes ont-ils la témérité d'affirmer que cet idéal est le libre-échange ?

Le libre-échange d'abord n'est pas un principe ; la liberté est un principe ; le libre-échange n'est qu'un régime, qu'un mode d'administration, qu'un système de police. Quand on dit que le libre-échange est l'idéal du commerce du monde, on emploie donc, avec un défaut de précision qui fait douter qu'on en entende bien la valeur, l'un des termes les plus élevés du langage philosophique. Le commerce peut tendre par tel ou tel régime, tel ou tel système, tel ou tel moyen, à la réalisation de son idéal, qui est la liberté; mais prendre ce moyen, quel qu'il soit, pour le but auquel on a, en l'employant, la prétention de parvenir, c'est tomber dans une confusion étrange; c'est, par exemple, comme si on disait que la démonstration ou l'induction sont l'idéal de la science, ou bien que le dessin ou la couleur, l'harmonie ou la mélodie sont l'idéal de la peinture et de la musique. Il est d'une bonne tactique sans doute, aux faiseurs de systèmes, de parsemer çà et là leur langage des plus beaux termes de la philosophie; cela réussit à merveille auprès du vulgaire, qui se laisse d'autant plus imposer par ces termes qu'ils sont plus sonores et qu'il ne les comprend pas; mais on ferait sagement de n'y avoir pas recours dans la controverse, où il finit toujours par se rencontrer des gens qui aiment à se rendre compte de ce qu'on leur dit, et qui, lorsqu'on ne prend pas la peine de le leur expliquer, s'en chargent.

Le libre-échange n'est donc pas un principe idéal, c'est un régime d'administration. L'erreur est forte assurément, de prendre de telles choses l'une pour l'autre. Mais passons; ce n'est pas sur de simples méprises, on le sait, que nous nous hâtons d'accuser d'erreur les libres-échangistes : notre règle est d'avancer jusqu'à ce que nous les ayons pris, leurs propres textes en main, en flagrant délit de contradiction. Nous n'irons pas, du reste, bien loin pour trouver cette pièce décisive dans tous les genres de procès de ce monde.

Les libres-échangistes, en disant que leur doctrine est

l'idéal de la vie commerciale des peuples, ont-ils voulu dire que cette doctrine découvre les procédés les plus sûrs de parvenir à cet idéal? Il n'y a, dans la méprise visible des termes où ils sont tombés, que ce moyen d'expliquer leur pensée. Mais alors c'est comme s'ils affirmaient une fois de plus, dans un langage seulement plus pompeux et plus obscur, le paradoxe qui est l'âme de leur système, à savoir : que l'abolition des douanes serait la mesure la plus favorable à la liberté du commerce. Nous nous tenons pour dispensé, après tout ce que nous avons dit, de revenir encore sur la réfutation d'une telle erreur. Nous nous bornerons à quelques mots seulement sur l'étrangeté qu'il y a à donner au commerce pour règle de conduite destinée à l'élever à l'état idéal où il aspire, c'est-à-dire l'état de liberté, une méthode dont l'usage le précipiterait infailliblement dans la servitude.

La liberté est un principe, mais l'état de liberté n'est qu'un fait. Aussi, tandis qu'il suffit de la raison pour concevoir et prononcer que toute manifestation honnête de l'activité humaine, par cela seul qu'elle est honnête, doit être libre, les conditions auxquelles elle peut le devenir ne sauraient être révélées que par l'histoire de l'humanité même, et découvertes que par l'observation de cette histoire. La liberté est une de ces étoiles fixes et pures qui brillent pour notre conduite au plus haut des cieux de la pensée; c'est un de ces points lumineux qui, comme la vérité, la beauté, la justice, éclairent sans cesse le firmament de l'intelligence de l'homme. L'observation abstraite d'un tel principe suffit bien à en constater l'immuable et nécessaire existence, mais rien de plus. Comment ensuite faire descendre et pénétrer ce pur rayon dans les ténèbres de la vie de ce monde? Comment s'y prendre pour que ces ténèbres en soient éclairées et qu'elles ne l'étouffent pas? Comment, ô Prométhée! soutirer ce feu du ciel et en animer les choses de la terre?

Le commerce est un des modes les plus féconds de l'activité de l'homme; il doit être libre, dit la raison; mais comment le deviendra-t-il? La raison à cela n'a rien à répondre, c'est à l'expérience à nous l'apprendre.

Eh bien! que nous apprend l'expérience?

Elle nous apprend d'abord que, dans aucun des ordres de l'activité humaine, la liberté ne s'est établie ni maintenue sans être protégée contre l'imprévoyance, les excès, les passions et les vices des hommes par de certaines garanties; elle nous démontre par les plus funèbres et les plus éclatants exemples que toute liberté dont l'exercice est sans limites aboutit à l'anarchie, et ne s'y débat un moment que pour être bientôt la proie de la dictature. Quand les libres-échangistes proposent de mener le commerce des peuples à la liberté en retirant avec les douanes les garanties et les soutiens de cette liberté même, où mènent-ils donc le monde? Au désordre et à la servitude, cette forme parfaite du désordre. Étrange erreur de route pour des idéalistes!

Ensuite, et si la liberté peut être envisagée par la raison comme un principe absolu, ce principe doit-il être appliqué avec la même rigueur qu'il peut être conçu? Oui, si le monde réel était, comme le ciel de la raison, un pur éther où les idées ne connaissent ni résistance ni éclipse; mais le monde réel n'a rien de pur : c'est une sphère livrée à l'éternel orage des intérêts et des passions. Pour que la liberté vive au sein d'un tel monde, il faut imaginer un régime qui la protége contre toutes les forces qui s'y heurtent, il faut la préserver à tout moment de mille contacts impurs dont un seul suffirait à la souiller, de mille chocs aveugles et violents dont un seul la briserait. Que font les libres-échangistes? Ils supposent, par une hypothèse inconcevable, que le monde n'a pas de passions ou n'en a plus, que ses intérêts, au lieu de le diviser, l'unissent; ils transfigurent la terre, par une imagination de roman, en une sorte de paradis où règnent éternellement la charité et la justice; et, pour arriver plus vite à résoudre le problème de réaliser la liberté dans le monde, ils inventent et ont la prétention de faire croire qu'au creuset de leur idéologie ce monde a perdu tout ce qu'il avait de réel !

Ces considérations, en se prolongeant, pourraient nous mener loin; mais elles nous feraient oublier notre sujet. Il suffira de les avoir indiquées aux esprits éclairés; ils trouveront bien le reste. « Il ne s'agit pas de faire lire, dit Montesquieu, il s'agit de faire penser. » Pour nous, renfermés dans notre matière, constatons seulement que, lorsque les libres-échangistes prétendent que leur doctrine est l'idéal de la vie commerciale du genre humain, ils ne tombent pas seulement dans une confusion de mots, mais dans une contradiction d'idées. Non-seulement le libre-échange n'est pas l'idéal du commerce des peuples; grammaticalement même parlant, cela n'a pas de sens : mais le libre-échange en outre, loin de conduire ce commerce à la réalisation de son idéal, qui est la liberté, le laisse dans l'indigence ou lui interdit l'usage de tout moyen d'y parvenir.

Reste le paradoxe qui donne la protection pour l'école du libre-échange, ou, en d'autres termes, le régime des douanes pour introduction au système de l'abolition des douanes. Celui-ci est si bizarre, qu'au premier abord la forme même en étonne; mais il est en grande renommée dans l'école, il a fait aussi plus de chemin qu'il n'aurait dû dans le monde, et enfin c'est, grâce à Dieu, le dernier; donnons-lui, pour terminer, quelques instants d'attention.

Les libres-échangistes ont fait ce raisonnement:—Si la protection a pour objet d'égaliser les forces commerciales naturellement ou accidentellement inégales des peuples, à moins qu'elle soit destinée à n'atteindre jamais son but, il faut convenir qu'il viendra un moment où elle y sera parvenue; c'est-à-dire qu'à une certaine époque, l'égalité parfaite étant rétablie entre toutes les nations, les douanes, qui protégent leurs industries respectives, seront inutiles. On peut prévoir dès aujourd'hui cette époque, et notre siècle ne terminera pas sa carrière sans que le jour en soit arrivé. Le régime protecteur, à supposer qu'il ait jamais eu sa raison d'être et qu'il n'ait pas encore fait son temps, est à la veille de l'accomplir, ou, à tout le moins, l'accomplira quelque jour; le libre-échange est donc le but suprême auquel la politique de tous les États doit tendre, comme il est la fin idéale du commerce du genre humain. —

Le paralogisme est sensible; quelques esprits distingués cependant ont eu l'indulgence de s'y laisser prendre : complaisance malheureuse, dont les libres-échangistes n'ont pas manqué de se prévaloir, et qui n'a servi en rien les intérêts de la vérité. Il n'y a pas de compromis possible entre les romans et l'histoire, entre les fantaisies d'école et la nature. C'est s'exposer à tout voir envahi, au moment où on y pensera le moins, par les conséquences les plus folles et les plus redoutables des systèmes,

> Que n'avoir pas pour eux ces haines vigoureuses
> Que doit donner le *faux* aux âmes *généreuses*.

Traiter avec l'utopie! dieux puissants! n'est-elle pas, comme l'anarchie, sa digne sœur, un gouffre qui dévore et qui engloutit tout?

Ce raisonnement suprême des libres-échangistes en faveur de leur doctrine est faux comme tous les autres.

L'inégalité des nations, ainsi que celle des individus, est éternelle; elle a ses sources toujours ouvertes dans la nature et dans le cours même des choses. Inégaux à l'origine par les ressources du climat et du génie, les peuples le sont restés pendant la durée entière de l'histoire.

Le sceptre de la suprématie a toujours passé et passera toujours de main en main, et il ne manquera jamais d'ambitieux pour se le disputer.

Mais les douanes finiront par égaliser toutes les forces, ou alors elles n'ont pas d'objet. — Les douanes ont un objet qu'elles remplissent à merveille : cet objet, qui ne le voit? c'est de prévenir à tout moment l'inévitable reconstitution du monopole.

Quant à l'égalisation future de la puissance commerciale des peuples, elle est chimérique.

Prenez le monde aujourd'hui tel qu'il est, rien de plus flagrant que l'inégalité des nations. Personne ne soutiendra sans doute que l'Espagne, par exemple, soit, commercialement parlant, l'égale de l'Angleterre, l'Autriche de la France, la Russie de l'Amérique. Pour que toutes ces nations devinssent égales, que faudrait-il? Des choses qui ne sont ni dans les mœurs de la nature ni dans la loi du temps; il faudrait ou bien que les peuples plus avancés attendissent ceux qui sont attardés, ou bien que ceux qui sont attardés s'égalassent aux autres sans que ceux-ci cessassent de grandir, ou bien enfin qu'il y eût un certain zénith commun de puissance commerciale à la hauteur duquel il serait dans la destinée de tous les peuples de s'élever et de se maintenir.

Hypothèses imaginaires! Le mouvement est la vie du monde, et il ne s'interrompt jamais. Les peuples les plus avancés ne s'arrêteront pas pour attendre les plus attardés; ils s'élèveront ou ils rétrograderont. Ceux qui sont attardés ne s'égaleront jamais aux autres, si ceux-ci continuent de grandir, et ils les dépasseront, s'ils commencent à décroître. Quant à un apogée final où tous les peuples doivent arriver et se maintenir, c'est une pure supposition d'école. Peu de puissances parviennent à l'apogée, et aucune ne s'y maintient; la suprême grandeur est le commencement de la décadence : la fortune est comme la mer; quand elle ne monte plus, elle descend.

Ajoutez les obstacles incessamment opposés par le génie des découvertes à l'établissement d'une égalité permanente et universelle. L'axe sur lequel le monde commercial se meut a changé bien souvent déjà dans l'histoire; plus nous irons vraisemblablement, plus il est exposé à changer encore. Vienne l'invention de quelque puissance motrice nouvelle, la découverte de quelque aliment ou de quelque plante textile inconnue, le climat qui jusqu'alors était le plus pauvre pourra soudain devenir le plus riche. Le régime protecteur, dans son intelligente souplesse, suivra ces variations du progrès des choses et de l'homme; boulevard mobile de l'indépendance de chaque peuple, il garantira sans cesse, en se déplaçant à propos, la franchise du commerce du globe. Que ferait à sa place l'inintelligent libre-échange? Ici comme toujours, il livrerait la liberté à toutes les révolutions de la force et du hasard.

Ceci achève l'examen des titres de cette doctrine à l'idéal. C'est une région, comme on voit, qui lui est aussi fermée, quoi qu'elle prétende, que celle du monde réel. Il n'y a qu'un pays qui lui reste ouvert, c'est celui d'où elle est venue et où il est temps enfin qu'elle retourne, le seul pays dont le climat lui ait jamais convenu et où elle puisse faire figure, — le pays des chimères.

CHAPITRE VIII.

CONCLUSION DE CE PREMIER LIVRE.

Nous voilà au terme de ce livre. Jetons maintenant un regard en arrière. Semblable au voyageur qui, parvenu sur quelque cime élevée, se détourne pour embrasser d'un coup d'œil le chemin qu'il a parcouru, arrêtons-nous et rassemblons ici les résultats de la longue controverse à laquelle nous venons de nous livrer.

Il s'agissait d'apprécier un système en possession d'une vaste et bruyante renommée, et que ses auteurs et ses partisans donnaient pour l'idéal de la liberté du commerce des peuples. Ce système demandait pour s'établir la ruine préalable d'une grande institution, doublement consacrée par le génie et par les siècles, l'institution des douanes. Pour juger la valeur d'une aussi hasardeuse nouveauté, il fallait commencer par remonter aux principes. C'est ce que nous avons fait. Nous avons examiné en quoi consistait la liberté du commerce. Quand nous l'avons eu exposé, nous avons rapproché tour à tour le régime protecteur et le libre-échange du type que l'un et l'autre se donnaient pour mission de réaliser. Les conclusions de cette double enquête se sont parallèlement déroulées devant nous; elles ont été décisives. Le bon sens, l'histoire et la logique se sont accordés en tout point à nous faire voir que les douanes sont par excellence une institution fondatrice et conservatrice de la liberté du commerce, et que le libre-échange au contraire en serait la ruine.

Les principes de la liberté du commerce peuvent se résumer en quelques mots. On peut la définir d'une manière très-générale, le droit commun de produire, de vendre et d'acheter tous objets naturels ou artificiels, susceptibles d'un échange. Ce droit commun est dérivé de la nature même de la liberté du travail, la plus respectable des libertés humaines. Mais, comme tous les droits de ce monde, celui-ci a besoin d'institutions positives pour être garanti. La force pure en toute matière est le fléau et la ruine du droit. Inégalement répartie entre les choses et les êtres, elle a partout besoin d'être réglée pour ne pas devenir oppressive. Le commerce, comme la religion, comme le gouvernement, comme tout le reste, est une région où des forces inégales se disputent à tout moment l'empire. La concurrence, c'est-à-dire la lutte à armes semblables ou équivalentes, n'est pas d'institution naturelle entre les peuples; ils sont tous antagonistes, mais tous inégaux. Les causes de cette inégalité sont éternelles, car elles ont une source qui coule toujours dans la nature et dans l'humanité même. Pour assurer le maintien du droit entre ces rivaux inégaux, pour sauver les principes, pour fonder la liberté, il faut donc que le législateur invente un régime de gouvernement commercial, qui contre-balance les forces par les forces, et les tempère chacune pour les égaliser toutes. Telle est la philosophie de la liberté du commerce; philosophie qui n'a rien d'hypothétique, car elle n'est que l'interprétation réfléchie des lois mêmes de cette liberté telles que les révèle l'observation de la nature et de l'histoire.

Nous avons interrogé d'abord l'institution des douanes, ce système de règlements éprouvé par l'expérience et sanctionné par les plus grands esprits, dont le libre-échange demande l'abolition, et, dès les premiers pas, nous avons reconnu que, s'il était un régime non-seulement favorable, mais nécessaire à la liberté de commerce des peuples, c'était celui-là. Il semble en effet calqué sur la philosophie naturelle des principes de cette liberté : il égalise les puissances commerciales naturellement inégales des nations; en les égalisant, il leur permet de soutenir la lutte; et, avec la possibilité de la lutte, il leur donne l'indépendance, âme, principe et source de toute liberté. Nous en avons conclu, après avoir du reste démontré la vanité des critiques dirigées contre les douanes, qu'elles étaient par excellence une institution de liberté.

C'était le tour du libre-échange. Nous l'avons entendu dans toutes ses prétentions et dans toutes ses explications. Il promettait au monde la liberté du commerce, une prospérité matérielle inconnue, une ère de civilisation merveilleuse. Nous avons vu qu'il ne le mènerait qu'au monopole, à la cherté, à la misère et à la barbarie. Incapable de se soutenir sur le terrain des faits, soit passés, soit présents, soit probables, il s'est donné au moins comme possible; nous avons démontré que ses principes étaient contradictoires à leur but; du possible enfin, il s'est envolé à nos yeux dans la sphère de l'idéal; nous l'y avons suivi, et nous avons trouvé que dans ce monde-là, comme dans les deux autres, il n'avait ni place ni sens; enfin, de même que nous avions reconnu dans le régime protecteur tous les caractères d'une institution de liberté, nous avons constaté pas à pas, dans le libre-échange, tous les signes, toutes les tendances, l'esprit entier enfin d'une doctrine révolutionnaire.

Tel est le résumé de cette longue controverse : telle est la lettre de ses résultats.

On ne s'arrêtera pas, après tout ce qu'on a dit, à en développer le sens. Il s'explique de lui-même. Le libre-échange est jugé, et son arrêt est rendu par un juge après lequel il n'y a plus de recours possible, la liberté. La liberté repousse le libre-échange, non pas seulement comme un système chimérique, mais, ce qui est autrement accablant, comme un instrument de monopole et d'oppression, de cherté et de misère, d'étouffement moral enfin aussi bien que de despotisme physique. Voilà le jugement, qu'assistée de la raison, de l'histoire et de la logique, la liberté elle-même, sous nos yeux, a porté de ce système.

Toute considération nouvelle gâterait le texte d'un tel arrêt. Il suffira aux esprits élevés et sensés. Pour nous, nous ne voulons plus que signaler, en terminant, la moralité qu'il renferme.

La sympathie d'origine, d'inspiration et de principes des doctrines conservatrices avec la liberté; l'opposition absolue du point de départ, de l'esprit et des tendances des doctrines révolutionnaires avec cette même liberté : telle est la plus grande des leçons de ce siècle, si fertile en grandes leçons. Le libre-échange l'a donnée en matière de commerce, comme le jacobinisme l'a donnée en matière de gouvernement, et la licence philosophique en matière de religion. Enfant, lui aussi, de cet esprit de déréglement qui nous a valu tant de prédications extravagantes et tant de journées néfastes, frère de tous ces systèmes de rénovation religieuse, sociale et politique, si pompeux de loin, si pauvres de près, dont la renommée nous a tant étourdis et nous coûte si cher, le libre-échange est, comme eux, le fléau de la liberté.

La vérité est immuable et une. Des maximes fausses dans l'un quelconque des ordres de la connaissance ou de l'activité humaine le sont dans tous les autres. Le radicalisme est la perte de la liberté en matière politique, comment en serait-il le salut en matière commerciale? Il n'y a pas deux manières d'être libéral ni deux manières d'être révolutionnaire : la manière d'être libéral en commerce, comme en religion, en gouvernement et le reste, c'est de donner à l'exercice de la liberté des règles et des limites; la manière d'être révolutionnaire, c'est de prétendre que la liberté n'a besoin ni de limites ni de règles. Si on avait pu croire que la liberté commerciale, par une exception étrange et inexplicable, n'avait pas besoin d'être tempérée pour se soutenir, les libres-échangistes, par la frappante analogie de leur doctrine avec toutes les rêveries révolutionnaires, l'auraient fait voir. Ce sont trait pour trait les mêmes chimères, le même langage et les mêmes déceptions.

Ainsi, cette doctrine poursuit en matière de commerce la réalisation des mêmes utopies qui ont causé de si grands désastres dans l'ordre religieux, social et politique : l'utopie de la renaissance du fabuleux âge d'or, celle du communisme au moyen de la destruction de toute personnalité et de toute initiative nationale, celle enfin de la paix perpétuelle procurée aux hommes par le déchaînement absolu des passions individuelles. Ses partisans tiennent vis-à-vis de leurs adversaires le même langage que les jacobins ou les sceptiques emploient envers les libéraux et les rationalistes. Ce sont des modérantistes à leur compte et des tenants attardés de l'ancien régime. Quant aux industries protégées par les douanes, ils les traitent comme les pires socialistes traitent la propriété : ce sont des fiefs, des monopoles et le reste. Enfin, et c'est ici le caractère décisif de cette triste analogie, les déceptions du libre-échange sont celles de toutes les doctrines qu'il imite et dont il transporte l'esprit dans l'ordre commercial : comme elles toutes, il promet la liberté, le bonheur et la civilisation, et, à l'épreuve, il donne la servitude, il amène la misère, et il brise avec la concurrence le ressort de tout progrès.

Considérez le régime de la protection, au contraire : c'est trait pour trait la reproduction fidèle des doctrines conservatrices et libérales; c'est un régime d'équilibre, où la liberté de tous repose sur l'indépendance de chacun. La franchise du commerce, dans ce régime, est assurée comme le sort de la liberté civile et politique, par la division et le contre-balancement des forces. C'est la théorie modérée, si célèbre en politique sous le nom des trois pouvoirs, dans l'ordre civil sous la devise liberté, ordre public, appliquée aux relations commerciales des peuples. Aussi qu'arrive-t-il? Que les protectionistes comme les libéraux de toutes les origines sont attaqués par les libres-échangistes dans la langue et avec les armes des révolutionnaires de tous les temps.

Ainsi, et c'est la conclusion où nous en voulions venir et par laquelle nous terminerons ce premier livre, ainsi, disons-nous, la controverse de la protection et du libre-échange n'est qu'un chapitre de l'histoire de cette guerre fatale que la liberté soutient depuis si longtemps contre la licence : protectionistes et libres-échangistes ne sont, sous des noms empruntés à la nature du grand domaine qu'ils se disputent, que des libéraux et des radicaux; les protectionistes, comme tous les libéraux, veulent modérer la liberté pour la préserver de ses ennemis et d'elle-même; les libres-échangistes, comme tous les radicaux, demandent la suppression pure et simple de toutes ces garanties. Ressemblance instructive et funèbre, qui aurait dû depuis longtemps inquiéter ceux des libres-échangistes que la passion de système seule égare. Elle mérite, en tout cas, d'être signalée à ceux qui seraient tentés de les suivre. La route des protectionistes est celle même des conservateurs libéraux; la route des libres-échangistes est celle des révolutionnaires. Voilà qui est avéré et constant; il n'y a ni méprise ni équivoque possible : c'est à chacun à se ranger du parti qu'il croit le plus capable d'assurer la liberté.

LIVRE II.

Conditions de la liberté du commerce au xix⁰ siècle.

CHAPITRE PREMIER.

CARACTÈRE CONTEMPORAIN DE LA CONTROVERSE DE LA PROTECTION ET DU LIBRE-ÉCHANGE.

Les systèmes naissent dans l'obscurité des écoles, mais il est rare de les y voir mourir. Les plus inoffensifs eux-mêmes en apparence finissent par jeter dans le monde un certain nombre d'idées fausses qui tôt ou tard y prennent leur place et y font leur chemin. Ce n'était d'abord qu'une dispute d'idéologues, à peine intelligible au vulgaire; un jour vient où cette dispute passionne et divise le genre humain. Qui eût dit que la querelle des nominaux et des réaux finirait par changer la face du gouvernement de l'Église? A la fin du xi° siècle, un pauvre chanoine s'avise de nier la réalité hors de l'esprit des idées générales. Cela n'avait, à ce qu'il semble, nul rapport avec la politique ecclésiastique. Le temps passe; la doctrine qu'on croyait étouffée couve et fermente dans les esprits; un jour enfin, sous une forme imprévue, elle fait explosion avec Luther, et le monde chrétien se partage.

L'économie politique, par la nature des objets dont elle s'occupe et des problèmes qu'elle soulève, est dans des conditions d'action et d'influence bien autrement rapides que la métaphysique. Aucune de ses théories, alors même qu'elle les qualifie d'idéales, n'est indifférente aux particuliers ni aux États. C'est toujours, en effet, du plus grand bien-être de ceux-ci et de ceux-là qu'elles disputent, et rien ne les touche les uns et les autres de plus près. A toute force, on pourra bien concevoir une philosophie transcendante du vrai et du beau, par exemple, qui n'intéressera qu'une aristocratie très-restreinte de beaux esprits; mais qu'est-ce qu'une philosophie contemplative de la plus grande liberté commerciale possible, de la plus grande prospérité matérielle et morale concevable, qui ne serait bonne qu'à charmer les loisirs d'un petit nombre de rêveurs? Le vrai et le beau, pour être glorifiés, peuvent attendre, car ils sont éternels, et d'ailleurs ils ne passionnent que l'esprit. Mais l'utile! l'utile a hâte d'être réalisé; car sa vie n'est point du domaine de l'éternité, mais du domaine du temps, s'il en fut.

Vous avez découvert, dites-vous, le moyen d'être plus

utiles aux hommes qu'aucun de vos devanciers? Hâtons-
nous, la vie passe, appliquons votre système: qui sait si nous
serions encore là pour en jouir demain? Les intérêts, toujours aux écoutes dès qu'ils ont compris que c'est de leur
sort qu'on dispute, les intérêts s'émeuvent, s'agitent, s'emportent; la doctrine qui languissait obscure dans l'illisible
fatras des écoles est adoptée par des hommes d'action;
ils la produisent au grand jour, et ce qui n'était d'abord
qu'une querelle de faiseurs de livres devient une lutte
politique qui divise les États.

La controverse de la protection et du libre-échange,
rien que par la nature des problèmes qu'elle soulevait,
était destinée à franchir rapidement les murs de l'école
où elle était née, pour venir agiter, sous une forme ou
sous une autre, ce monde, toujours si accessible aux nouveautés et si ouvert aux révolutions, qu'on appelle le
monde de l'intérêt. L'étonnement serait qu'après quelque soixante ans d'existence qu'elle compte déjà, à partir au moins de l'esprit enthousiaste, mais médiocre,
qui le premier l'alluma, l'utopiste Quesnay, l'étonnement, dis-je, serait qu'après bientôt trois quarts de
siècle de vie d'école, elle n'eût point par quelque endroit fait irruption dans le domaine de la réalité. C'est
ce qui est arrivé en effet, et, grâce à un concours de circonstances au moins inattendues, avec un éclat extraordinaire.

Un grand peuple qui, depuis deux siècles, possède la
première puissance maritime et économique du globe,
et qu'en matière de politique commerciale tous les autres

États sont habitués à considérer comme leur maître, le peuple anglais, s'est tout à coup, il y a six ans, à la face de l'univers, déclaré libre-échangiste. Que de vaines déclamations aient eu sur cette détermination du gouvernement et du peuple anglais une influence sérieuse, c'est ce qu'il serait ridicule de penser; mais, quant à l'autorité conférée aux prédications du libre-échange par les nouvelles maximes de commerce que l'Angleterre adopte, c'est ce qui n'est ignoré de personne.

Cependant, et par ce fait même, la controverse, jusque-là purement scolastique, de la protection et du libre-échange a pris un aspect et des proportions vraiment grandioses. Tandis que l'Angleterre se déclarait ainsi libre-échangiste, toutes les autres nations, la France à leur tête, témoignaient de plus en plus de leur attachement aux principes protectionistes par le maintien, si ce n'est par l'élévation de leurs tarifs. En vain l'Angleterre, exhortant et défiant le monde par la voix de M. Peel, l'a convié au libre-échange : nul État important n'a répondu à cet appel; plusieurs au contraire, et de premier ordre, ont pris ce temps-là même pour appliquer avec la plus rare intelligence les principes de la protection. De là un spectacle et comme un drame fait pour frapper les imaginations : d'une part, l'Angleterre seule arborant le drapeau du libre-échange et en pratiquant avec une hardiesse extrême les maximes, et, d'autre part, les deux continents repoussant ces maximes et ce drapeau, et continuant, comme par le passé, d'observer des préceptes consacrés par le génie et éprouvés par les

siècles. Tel est ce qu'on peut appeler le caractère contemporain de la lutte de la protection et du libre-échange :
révolution remarquable qui, d'une pure controverse
d'école, a fait la querelle du monde entier.

C'est sous cet aspect nouveau, ainsi que nous en avons
ailleurs averti, que nous allons, dans ce second livre,
envisager le libre-échange. Nous l'avons vu impuissant
à soutenir l'examen du bon sens et de l'histoire. Le
secours imprévu et considérable qu'il reçoit ici est-il
capable aux yeux d'un homme éclairé d'en sauver la
fortune, et l'exemple de l'Angleterre, bien compris,
prévaut-il contre les enseignements de la raison et
contre l'expérience des âges? Voilà dans sa généralité
notre nouveau thème. Complément nécessaire et heureux de notre premier livre, celui-ci, comme disait
expressivement Bacon, va *mener à la bataille de l'exemple*
les principes que, le flambeau de l'observation à la main,
nous avons reconnus. C'est dans le domaine de la science
que nous nous sommes renfermés jusqu'ici ; c'est dans le
domaine de l'art, de l'application, de l'administration des
États, de la politique en un mot, et de la politique la
plus vivante possible, la politique commerciale de notre
temps, que nous allons désormais suivre le libre-
échange.

Mais la carrière est vaste, et, pour ne pas nous y
égarer, il convient avant tout d'en bien définir les
limites.

L'Angleterre s'est déclarée libre-échangiste à la face
du monde entier, qui est, lui, imperturbablement resté

protectioniste; elle a fait plus : elle a annoncé que, trouvant le libre-échange bon pour elle, elle pratiquerait ses maximes envers les nations même qui ne l'adopteraient pas à son égard; aux paroles elle a joint les actes, et, sur deux points essentiels à la vie de toute puissance insulaire, l'agriculture et la navigation, elle a abandonné radicalement, et de façon peut-être à n'y pouvoir plus utilement revenir, les maximes protectionistes. Cette nouveauté étrange n'a ébranlé aucun des grands gouvernements d'Europe ni d'Amérique : ils ont profité des facilités nouvelles qu'accordait l'Angleterre à leur commerce, ils n'ont par réciprocité accordé rien au sien. Voilà l'état présent des choses, voilà les deux situations et les deux conduites.

Ce que cette lutte emprunte de dramatique à la grandeur des intérêts qui y sont engagés et à la puissance des adversaires qui y figurent frappe tous les yeux; mais il est une singularité que, pour se préparer à bien juger de quel côté sont la politique et la raison, il importe de relever.

L'Angleterre, en arborant le drapeau du libre-échange, a fait une chose extraordinaire non-seulement dans l'histoire générale des nations, mais dans son histoire propre. Elle a rompu avec tout un système auquel elle doit la colossale puissance industrielle, commerciale et maritime à laquelle elle est parvenue. C'est par le régime protecteur en effet, pratiqué chez elle depuis deux cents ans surtout avec une rigueur et un art admirables, qu'elle a acquis la suprématie que nous lui voyons exercer encore

aujourd'hui sur tous les marchés et sur toutes les mers.
Dès le xive et le xve siècle, les Anglais commencèrent à
lutter au moyen des douanes contre le monopole des
Anséates et des Flamands, et ils leur arrachèrent successivement ainsi l'indépendance de leur agriculture, de
leur élève du bétail, de leur fabrication de la laine et
de leurs pêcheries. En 1650 enfin parut le fameux bill
de protection maritime, manufacturière et marchande,
si célèbre sous le nom d'*acte de navigation*. C'est de cet
acte, dirigé à l'origine contre les Hollandais, alors les
entrepositaires des marchandises du monde, que date,
comme chacun sait, la puissance commerciale et politique de l'Angleterre. Pas un jour ne s'est écoulé depuis qui n'ait vu croître cette puissance, jusqu'à ce
qu'enfin, à la faveur des guerres de la révolution et de
l'empire, elle ait atteint au faîte d'où elle domine tout
aujourd'hui. Eh bien! c'est cet *acte de navigation*, auquel
son pays doit l'empire marchand de l'univers, que M. Peel
a déchiré; c'est ce système protecteur, qui a fait d'elle la
première puissance navale et industrielle de l'histoire,
que l'Angleterre vient d'abandonner : de sorte que le
libre-échange n'est pas seulement de la part du gouvernement britannique une désertion flagrante de tous les
principes de la science économique, mais un abandon
non moins flagrant des maximes de conduite à l'observation seule desquelles il doit d'être ce qu'il est.

L'adoption du libre-échange par les Anglais se présente
donc d'abord à l'esprit comme une mesure deux fois
inexplicable : elle ne heurte pas seulement en effet l'ex-

périence de tous les temps, elle contredit en plus les résultats de l'expérience anglaise elle-même.

Expliquera-t-on un tel changement de la part de nos
habiles et puissants voisins par quelque belle passion dont
ils se seraient soudain épris pour l'utopie de la fraternité
universelle? On l'a osé; que ne tentent pas des doctrinaires pour sauver leur doctrine! Mais l'explication a paru
aussi étrange à Paris qu'à Londres. Les Anglais utopistes! utopistes en marine et en commerce! La nation qui
a porté Bacon et Newton, Pitt et Wellington, un peuple
de rêveurs! C'est le cas de dire, avec un de leurs poëtes,
que voilà une explication qui aurait besoin d'être expliquée. Quant à la générosité britannique donnée avec une
innocence ou une intrépidité vraiment rare par quelques
partisans français du libre-échange pour l'une des plus
considérables raisons de la nouvelle politique commerciale de l'Angleterre, on avouera qu'il est une limite où
la nécessité de la discussion expire : c'est celle que la dé-
cence, à défaut d'autre sentiment, devrait, ce semble, en
certaines matières délicates, imposer à la manie du paradoxe.

Les Anglais, l'univers le sait, ne sont ni des chimériques
ni des philanthropes : ce sont les premiers hommes d'affaires des temps modernes. Depuis le sénat de Rome, on
n'avait rien vu de pareil à la politique commerciale des
lords pendant les deux derniers siècles. Si cette politique,
non-seulement protectioniste, mais prohibitioniste même
à l'égal des plus rigides exemples connus, a été abandonnée par le gouvernement anglais contemporain, si ce gou-

vernement a déserté ainsi du même coup tous ses principes et toutes ses traditions, c'est un changement de
conduite dont le caractère et la portée sont trop graves
pour en demander la cause à des prétextes puérils, quand
ils ne sont pas offensants.

Rien donc de plus extraordinaire que la gageure économique proposée par les Anglais à l'univers. Ils ont
contre eux dans cette gageure l'expérience entière de
leur propre histoire : ce qu'ils font aujourd'hui, et ce
qu'ils invitent les autres nations à faire à leur suite, est
condamné d'avance par tout ce qu'ils ont fait jusque-là.

Mais si la singularité du rôle joué par l'Angleterre dans
cette lutte est grande, la conduite tenue en revanche par
les deux continents n'est pas moins remarquable.

La politique commerciale abandonnée par l'Angleterre, après avoir été si long-temps le secret de sa prospérité et de sa puissance, est plus que jamais mise en
pratique par les gouvernements de l'Ancien et du Nouveau-Monde. Instruits par la France, qui, deux fois,
grâce au génie de Colbert et à celui de Napoléon, a su
faire voir, par l'irrésistible démonstration de l'exemple,
que le seul moyen de résister à l'ascendant maritime et
commercial des Anglais était de suivre leurs maximes de
commerce et de marine, tous les peuples du globe aujourd'hui, laissant l'Angleterre seule courir l'aventure du
libre-échange, persistent plus que jamais dans la voie
de la protection. La France qui, toute couverte de tarifs,
voit tous les ans le chiffre de ses exportations s'accroître,
n'a garde de toucher au boulevard de son industrie et à

l'instrument de sa renaissance comme puissance maritime et coloniale. En vain les gouvernements se succè-
dent sur cette terre incessamment labourée par le soc
des révolutions; l'importance du maintien des douanes
est si frappante, que les hommes les plus nouveaux et
les moins expérimentés, dès qu'ils arrivent au pouvoir,
voient qu'à moins de vouloir trahir tous les intérêts de
la grandeur de l'État, il n'y a qu'à continuer, et c'est un
assez beau rôle sans doute, les traditions de Louis XIV et
de Napoléon. Ce que la Restauration et la monarchie de
Juillet, rien qu'en persistant dans ces traditions, ont
ajouté à la prospérité commerciale et à la puissance
politique de la France est si visible, que l'esprit d'école
seul est assez aveugle et assez mal inspiré pour le nier.
L'Allemagne suit la même route. Le Zollverein a compris, à n'en plus douter, que c'en était fait de toute industrie germanique avec le système du libre-échange.
La Russie, qui arrive à cette époque où l'existence manufacturière, sous peine de recul et de barbarie, doit,
dans l'intérêt même de la puissance agricole, se ma-
rier à celle-ci, la Russie, trop fine et trop ambitieuse pour
attendre sa grandeur de la philanthropie anglaise, couvre
ses jeunes manufactures de tarifs de 50 et 60 pour 100.
L'Amérique enfin, après dix essais infructueux de libre-
échange, s'est élancée, pour n'en plus sortir de longtemps, dans cette voie de la protection que le bon sens
de Washington, dès 1789, lui avait signalée comme la
seule capable de la conduire à la grandeur industrielle
et maritime où elle aspire, et vers laquelle, grâce aux

douanes dont elle est couverte, elle marche à pas de géant.

Rapprochée de la nouveauté tentée par l'Angleterre, cette conduite des deux continents forme un contraste qui saisit l'esprit. On voit, vicissitude singulière des choses humaines, l'Angleterre en lutte, pour ainsi dire, avec son propre passé, que la politique commerciale des deux mondes fait revivre. Cette protection, si longtemps le secret de sa grandeur, est devenue aujourd'hui la clef de celle de ses rivaux. Ceux-ci, aux hasards d'une aventure condamnée par le bon sens et par l'histoire, préfèrent hautement les exemples confirmés par tant de succès de cette vieille politique des douanes qui a rendu puissants tous les peuples qui l'ont pratiquée. Ils se disent que si les tarifs contre lesquels l'éloquence libre-échangiste anglaise n'a pas assez de foudres ont donné à l'Angleterre le sceptre de la navigation et du commerce, ils sont certainement très-bons à défendre à tout le moins le commerce et la navigation du reste de la terre. On oppose, d'un bout du monde à l'autre, la conduite passée de la Grande-Bretagne à sa conduite présente; et, par l'effet d'une révolution bizarre, elle ne peut aujourd'hui s'élever contre les maximes commerciales des deux continents sans que ceux-ci la confondent à l'instant même, rien qu'en lui opposant le magnifique et écrasant témoignage de sa grandeur et de son histoire.

Telle est, décrite dans ses caractères les plus précis, la forme qu'a prise de nos jours la controverse de la protection et du libre-échange. Qui a raison dans cette querelle de l'Angleterre ou du reste du monde?

Après tous les développements dans lesquels nous sommes entré dans le premier livre, la question *à priori* est jugée. L'Angleterre déserte les principes, les deux continents continuent de les observer. L'Angleterre, si habile et si puissante qu'elle soit, n'a ni la puissance ni l'habileté de faire que les lois qui de tout temps ont assuré la prospérité commerciale des peuples, commencent, de nos jours, d'être entièrement contraires à ce qu'on les a jamais vues. Les principes sont éternels : les États, comme les individus, peuvent à leur gré les suivre ou les enfreindre; mais les uns pas plus que les autres ne les sauraient changer. Forme toujours nouvelle d'un fond toujours le même, l'histoire n'est qu'une draperie légère tour à tour jetée par les générations qui passent sur l'immuable charpente de la nature. Tant qu'il y aura des nations sur la surface du globe, il demeurera certain que la liberté du commerce de ce globe reposera uniquement sur l'équilibre de la puissance d'échange de ces nations. Les conditions de l'équilibre pourront varier, elles le devront même : l'un des plateaux de la balance universelle penchera tantôt du côté d'un peuple, tantôt du côté d'un autre, mais ces oscillations purement historiques n'enlèveront rien à l'immutabilité des principes. L'Angleterre a pu jeter à la mer ses tarifs, elle n'a pu y jeter la loi de liberté en vertu de laquelle il y a deux siècles elle les avait établis. Le monde a bien changé durant ces deux siècles, mais cette loi est restée constante; et si, pour équilibrer la puissance commerciale des nations, il ne faut plus porter aujourd'hui les poids différentiels dans le même plateau de la balance qu'aux temps d'Élisabeth ou de Cromwell, de Walpole ou des Pitt, il ne s'ensuit pas qu'il faille les faire disparaître. S'ils ne sont plus utiles au peuple anglais, ils le sont à d'autres peuples; car de nos jours, comme à toutes les époques de l'histoire, l'inégalité de force productive ou commerciale des États est un fait d'observation vulgaire.

Mais, s'il est inutile de rentrer dans une discussion de principes désormais épuisée, il est intéressant de se rendre compte du grand débat contemporain dont ces principes sont le sujet entre l'Angleterre et le reste du monde. Pourquoi l'Angleterre, si longtemps et si heureusement protectioniste, a-t-elle ainsi, contrairement à des lois que ses hommes d'État connaissent mieux que personne, au mépris de traditions qu'elle regardait il y a trente ans encore comme sacrées, arboré le drapeau du libre-échange? qu'espère-t-elle d'une pareille nouveauté? Elle invite les autres nations à la suivre dans cette voie inconnue; que gagneraient ces nations à écouter son conseil? La France surtout est vivement sollicitée par les libres-échangistes d'outre-Manche d'abolir ses tarifs, et cela se conçoit : une telle révolution dans notre régime commercial entraînerait peut-être le reste du monde. Mais que nous reviendrait-il de cet abandon sans motifs d'un système sous lequel notre industrie prospère, nos exportations augmentent, et notre marine se relève? Enfin, si le libre-échange l'emportait dans ce siècle, quelles en seraient les conséquences pour la liberté du commerce et la prospérité matérielle et morale des nations? Telles sont les questions de fait, tout actuelles, que nous allons successivement examiner : vérification contemporaine de la certitude de principes attestés par le corps entier de l'histoire, qui n'ajoutera rien sans doute à cette certitude en elle-même, mais qui, la rapprochant pour ainsi dire de tous les yeux, va la rendre indubitable.

CHAPITRE II.

MOTIFS ET ESPRIT DE LA RÉFORME DE LA LÉGISLATION DES DOUANES EN ANGLETERRE.

« L'Angleterre, a dit Montesquieu qui la connaissait si bien, l'Angleterre est la nation du monde qui a le mieux su se prévaloir à la fois de ces trois grandes choses : la religion, le commerce et la liberté. » Le continent depuis Montesquieu n'a pas manqué d'occasion de vérifier la justesse de cette maxime, et les Anglais sont encore de nos jours ce qu'ils étaient au dernier siècle, le premier peuple de la terre pour savoir employer à propos la liberté, le commerce et la religion dans l'intérêt de leur puissance. Aussi, lorsque cette nation adopte telles ou telles règles de conduite, n'est-ce jamais pour un autre motif que la considération de son plus grand avantage, En chercher ou en donner des raisons différentes ne peut être la marque ou que d'une grande crédulité ou que d'une grande confiance dans la crédulité d'autrui.

Les Anglais viennent, sous nos yeux, d'opérer dans leur régime commercial un des changements les plus extraordinaires dont l'histoire fasse mention. La protection depuis des siècles était chez eux le principe constant de tout commerce extérieur. Ils n'avaient certes pas à se repentir d'avoir observé ce principe; ils lui devaient d'être tout ce qu'ils sont, les premiers agriculteurs, les premiers manufacturiers, les premiers commerçants, les premiers financiers, les premiers facteurs et les premiers marins du globe. Tout à coup cependant ils abandonnent la politique protectioniste, et, embrassant le libre-échange, ils adjurent solennellement tous les peuples de le pratiquer avec eux. En vain ceux-ci restent-ils sourds à cette prière, l'Angleterre passe outre, et elle applique seule, avec une hardiesse extrême, les maximes nouvelles qu'elle a adoptées. Depuis 1816, la valeur des taxes d'entrée et de sortie que le gouvernement britannique a supprimées ou réduites dépasse un milliard de francs. Ces dégrèvements énormes n'ont pas porté seulement sur l'impôt et sur l'industrie, mais, ce qui est autrement grave pour un peuple insulaire, sur l'agriculture et la navigation. Bien plus, le revenu et les manufactures ont trouvé des compensations de divers genres dans cette réforme, si radicale qu'elle fût, de la législation douanière; l'agriculture et la marine n'en ont trouvé aucune. Les denrées alimentaires et le pavillon marchand national ont été complétement livrés par les Anglais aux chances du libre-échange. Et tout cela, non-seulement, comme nous l'avons déjà dit, sans réciprocité de la part des autres puissances, mais tandis même que les plus considérables d'entre elles augmentaient l'étendue ou la rigueur de leurs tarifs. De sorte que rien ne manque à la grandeur non plus qu'à l'étrangeté de cette révolution. Traditions, principes, règles même de prudence ordinaire, elle bouleverse, méprise et défie tout.

C'est cependant une conduite aussi extraordinaire que l'on donne pour modèle aux puissances continentales. Imitez-la, disent et redisent les hommes d'État, les économistes, tous les orateurs et tous les écrivains anglais; imitez-la, répètent leurs échos du continent; et ceux-ci ajoutent : Quelle est la nation la plus expérimentée en matière de commerce, sinon l'Angleterre; et quel meilleur exemple pouvez-vous suivre que le sien?

Imiter l'Angleterre! le modèle à coup sûr est bien digne d'être reproduit. Mais de quelle Angleterre s'agit-il? car il en est deux en présence aujourd'hui.

Est-ce l'Angleterre des quatre derniers siècles que l'on nous propose d'imiter, cette Angleterre qui a dû à la constance de sa politique protectioniste la suprématie où elle est parvenue? Certes l'exemple parle. L'Angleterre commerciale d'Édouard III et de Henri VIII, d'Élisabeth et de Cromwell, de Walpole et des Pitt a des titres incomparables à l'imitation des nations étrangères. L'éclat de sa fortune témoigne suffisamment de la sûreté de ses maximes. Oh! si c'était de cette Angleterre-là qu'il s'agît, il n'y aurait ni difficulté ni question. Mais c'est d'une autre Angleterre qu'il est cas; c'est d'une Angleterre, pour ainsi parler, d'hier, qui, avec une audace dont les conséquences sont encore inconnues, vient de rompre avec les principes d'une grandeur séculaire. Voilà, sans se donner même la peine d'attendre que le temps ait prononcé sur la valeur d'une innovation aussi hasardeuse, la conduite que l'on propose aux deux continents d'imiter.

Eh bien, soit! mais du moins, on l'avouera, l'Angleterre libre-échangiste qui vient de se lever dans l'histoire, n'est pas, comme l'Angleterre protectioniste qui y est désormais ensevelie, un de ces types éprouvés de sagesse et de fortune qu'il suffit de montrer aux peuples pour qu'ils y reconnaissent la règle de toute bonne politique. L'Angleterre qu'a faite M. Peel n'a nulle autorité encore dans le monde, car elle vient d'y entrer; et plus sa conduite est extraordinaire, nouvelle, contraire à celle qu'avait suivie l'ancienne et si glorieuse Angleterre, plus l'imitation qu'on en propose demande réflexion.

Pour savoir si la révolution économique anglaise est bonne à répéter sur la surface entière du globe, il est, ce semble, avant tout, d'une prudence vulgaire de commencer par se rendre compte des motifs qui ont porté les Anglais à réaliser chez eux une telle réforme, de l'esprit dans lequel ils l'ont accomplie, du profit qu'ils en ont recueilli et de celui qu'ils en espèrent. On nous dit d'imiter l'Angleterre. A la bonne heure. Mais, pour avoir intérêt à imiter en fait d'administration et de politique, ne faut-il pas d'abord se trouver dans les conditions de conduite qui ont décidé ceux que l'on veut imiter? Sans nul doute, car il n'y aurait rien de plus ridicule que de répéter ce que font les Anglais par cela seul qu'ils le font. Quels motifs ont-ils donc eus, eux si attachés à leurs vieilles maximes, de renoncer tout à coup à une

politique aussi éprouvée que celle de la protection pour
une nouveauté aussi singulière que celle du libre-
échange? Ces motifs, bons ou mauvais, quels qu'ils
soient, existent-ils pour le reste des États du monde?
Voilà une première question. Ensuite, un peuple apparemment n'imite la politique d'un autre peuple que pour
transporter chez soi les avantages que cette politique a
procurés à celui qui l'a le premier pratiquée. Quels
avantages ont jusqu'ici retirés les Anglais de leur adoption du libre-échange? La situation, quelle qu'elle soit,
dans laquelle cette étonnante révolution les a mis, est-
elle réellement aussi enviable qu'on le dit? Second problème, non moins essentiel et non moins intéressant à
résoudre que le premier. Enfin les Anglais, par eux-
mêmes ou par leurs amis du continent, ne cessent de
prêcher par toute la terre, avec une véhémence de discours qui frappe tout le monde, l'imitation universelle
de leur nouvelle politique. Mais quoi? ils ont donc un
bien grand intérêt à ce qu'on les imite! Certes, en effet,
on persuadera difficilement que MM. Canning et Huskisson, Poulett Thomson et Robert Peel, non plus que leurs
grands devanciers, les Walpole et les Pitt, aient été,
comme on dit aujourd'hui, des humanitaires. C'étaient,
dans la forte acception du terme, des hommes publics;
et ils étaient beaucoup plus sensibles à la grandeur de
leur patrie qu'au bonheur de l'humanité. Si leurs successeurs et leurs disciples s'en vont évangélisant par
toute la terre les maximes du libre-échange, il n'y a
qu'une explication qui ait quelque bon sens à en donner;

c'est que l'Angleterre a un intérêt profond à ce que le libre-échange devienne la politique économique de tous les peuples. Quelle est la nature de cet intérêt? Troisième et dernier mystère, qu'il n'importe pas moins d'éclaircir que les deux autres. Ce n'est en effet qu'à la lumière de ces explications préalables qu'il nous sera permis de juger avec quelque certitude la controverse engagée entre l'Angleterre et le reste du monde, et de dire de quel côté sont la prudence et la raison, du côté des Anglais, qui désertent les principes, ou du côté des continents, qui leur demeurent fidèles.

Et d'abord, commençons dans ce chapitre, car c'est évidemment la clef du reste, par expliquer pour quels motifs et dans quel esprit les Anglais ont, à l'étonnement général, réformé une législation économique qui leur avait donné l'empire du commerce et des mers.

Trois raisons, chacune très-apparente, ont déterminé la vaste révolution dont l'Angleterre vient d'être le théâtre : l'embarras de ses finances, les nécessités de son industrie et l'insuffisance de son agriculture à pourvoir aux besoins de sa population. L'ordre où on énumère ces raisons est à la fois celui des temps où elles se sont produites et de l'influence comparative qu'elles ont exercée. Ce sont les difficultés financières qui ont tout commencé et, si l'on peut dire ainsi, tout engendré. Les souffrances industrielles qui, à certains égards, en étaient la conséquence s'y sont jointes ensuite. Enfin a éclaté une crise agricole et alimentaire qui, s'ajoutant aux misères du trésor, des manufactures et du peuple, a tout emporté.

Il est facile, en retraçant à grands traits le tableau de la malheureuse condition faite par les événements du dernier siècle et de celui-ci aux finances, à l'industrie et à l'agriculture anglaises, de démontrer que les seuls périls de cette condition ont jeté la Grande-Bretagne hors des voies du régime protecteur et lui ont dicté l'esprit de la réforme qu'elle a tentée. Le bon sens du lecteur fera le reste; il décidera aisément de lui-même si, dans la situation correspondante de l'agriculture, de l'industrie et des finances des états continentaux, il y a rien d'analogue qui puisse et doive provoquer l'imitation d'une semblable réforme.

Ce sont les embarras financiers de l'Angleterre, venons-nous de dire, qui, dans l'ordre et des temps et de l'importance, ont été la première cause de son changement de régime commercial. Le fait d'abord étonne; mais l'histoire aisément le prouve et l'explique.

Depuis le xiv⁰ siècle où le dernier et le plus glorieux des Plantagenets, Édouard III, établit en Angleterre le système protecteur, en frappant de tarifs l'entrée sur le sol britannique des draps des Anséates jusqu'à la fin du xviie siècle où, grâce à la persévérance avec laquelle ce système avait été maintenu par les maisons de Lancastre et d'York, par les Tudors et par les Stuarts, les Anglais étaient parvenus déjà à acclimater dans leur île toutes les industries du continent, les douanes avaient été en Angleterre ce que, dans tout État bien ordonné, elles doivent être : essentiellement et exclusivement protectrices de l'agriculture, de l'industrie et de la navigation. Le trésor public, sans doute, durant ces trois siècles, tirait déjà un revenu considérable de la perception des droits imposés à l'entrée ou à la sortie des produits étrangers ou indigènes; mais ce revenu n'était pas la plus importante de ses ressources. La preuve authentique en est facile à donner. Les historiens nous ont conservé les budgets de Cromwell. Année commune, les recettes ordinaires de ce temps montaient à un peu plus de deux millions de livres sterling. L'impôt foncier et personnel en rendait la moitié, et on sait précisément qu'en 1657, Cromwell afferma pour l'autre moitié, taux qu'ils n'avaient jamais atteint, les revenus réunis de l'accise et des douanes. L'accise, dès lors très-onéreuse, produisait plus que les douanes. La conséquence, c'est que, sur un budget de cinquante et quelques millions de francs, les douanes anglaises, après trois cents ans d'établissement, contribuaient pour moins du quart du revenu. Comme l'impôt direct y contribuait dans le même temps pour la moitié, la proportion, eu égard surtout à la constitution insulaire du pays, était normale. Mais bientôt cette salutaire balance se dérangea, jusqu'à ce qu'enfin, sous l'effort d'un siècle et demi d'abus, l'équilibre s'en renversa complétement.

Un grand ministre, Robert Walpole, qui réunissait, alliance rare, les qualités très-diverses de l'administrateur et du politique, commença, vers 1721, sous l'empire de nécessités qu'il ne put éluder, cette grave révolution. Walpole, en arrivant au pouvoir, se trouva en présence de deux difficultés, une dynastie nouvelle à établir et un déficit considérable à combler. Cromwell était mort endetté de plus de deux millions de livres sterling; après lui, l'incapacité de Richard, les prodigalités de Charles II, la révolution de 1688, les guerres enfin soutenues par Guillaume III et par la reine Anne avaient épuisé le trésor. La maison de Hanovre, en montant sur le trône, se voyait dans une nécessité toujours fâcheuse pour une dynastie nouvelle, la nécessité d'augmenter le revenu. D'autant que l'origine étrangère de cette maison la rendait odieuse à l'aristocratie à qui la mémoire des Stuarts était chère. Walpole imagina de demander aux douanes la solution de cette double difficulté. L'aristocratie, exclusive propriétaire du sol, se plaignait de ses charges qui n'avaient fait qu'augmenter sous les règnes précédents; le commerce, au contraire, ne cessait de s'étendre, et les douanes, chaque année, rapportaient davantage. Walpole, en politique habile et en financier hardi, dégreva de moitié l'impôt foncier, ce qui lui concilia la sympathie des grands propriétaires, et pesa plus que personne n'avait fait avant lui sur l'accise et surtout sur les douanes, impôts de consommation acquittés principalement par les classes commerçantes et par les masses. Il ouvrit ainsi la porte à un grave abus, l'abus de considérer les douanes non plus comme un instrument de commerce, mais comme une mine d'impôt. Sa rare perspicacité avait aperçu ce péril, et il proposa aux communes de sages mesures qui l'auraient diminué; mais les communes ne les comprirent pas et les repoussèrent, et il ne resta de l'administration financière de Walpole qu'un exemple fatal qui passa en tradition, l'exemple de considérer le commerce extérieur de la Grande-Bretagne comme la principale source de son revenu.

Le siècle s'écoula; M. Pitt parut. Ce grand homme vit très-bien le danger de l'héritage de Walpole et il jugea avec génie le vrai moyen de le détourner. La France était gouvernée alors par un cabinet d'une légèreté sans égale; il surprit à ce cabinet le fameux traité de 1786 qui, en moins de sept ans, ruina nos manufactures et notre marine marchande et procura au commerce anglais un tel débouché que, quelque lourds qu'ils fussent, il put du moins supporter ses impôts. Mais la révolution française éclata; la Convention brisa à coups de canon le honteux traité de Versailles, et alors commença une guerre qui devait durer vingt-trois ans. Cette guerre qui finit, après tant de victoires, par une bataille perdue pour la France, se termina par quelque chose d'infiniment plus grave pour la Grande-Bretagne, par une catastrophe financière. En 1815, à la paix générale, il se trouva que l'Angleterre, depuis 1792, avait triplé sa dette et quintuplé ses dépenses. M. Pitt depuis longtemps était mort; mais ses successeurs recueillaient de lui, avec un héritage autrement lourd que celui que lui avait légué Walpole, bien moins de moyens d'y faire honneur. C'était encore et toujours l'impôt indirect et principalement les douanes qui, de 1792 à 1815, avaient porté le faix de l'augmentation sans cesse croissante des charges; aussi, toute riche qu'elle fût, se trouva-t-il qu'à la paix la mine était épuisée.

On en va juger par quelques chiffres qui ont encore toute leur valeur aujourd'hui, car la révolution consommée par M. Peel, tout en remaniant l'assiette de cet impôt, n'en a point diminué l'importance.

Le budget des recettes annuelles de l'Angleterre est en moyenne de 1,300 millions de francs. Il se décompose en impôt direct, impôts indirects et produits accessoires. L'impôt direct, formé de l'impôt foncier (*land-tax*) proprement dit et sous le nom d'*assessed-taxes*, de l'impôt des portes et fenêtres, et de quelques taxes de luxe, ne rapporte que 100 millions. Les revenus indirects au contraire, formés des douanes (*customs*) et de l'accise ou contributions indirectes (*excise*), donnent 900 millions, dont encore 350 seulement pour l'accise et 550 pour les douanes. Le reste est supporté par l'impôt sur le revenu (*income-tax*), le timbre, les postes, les terres de la couronne, etc., de sorte que les douanes à elles seules rendent en Angleterre les deux tiers de l'impôt indirect, près de la moitié de l'impôt total et huit fois plus que l'impôt direct !

Si l'on réfléchit que cette nation tire une partie considérable de ses matières premières et de ses denrées de l'étranger, on concevra aisément qu'une répartition aussi inique des charges publiques ait fini par s'y traduire en une misère épouvantable pour le peuple. Demander en Angleterre la moitié de l'impôt aux douanes et le treizième seulement à la propriété foncière, c'est sacrifier au luxe et à la politique de l'aristocratie jusqu'aux premiers besoins des classes nécessiteuses. Un tel état de choses était destiné tôt ou tard à provoquer un soulèvement populaire. C'est dès 1816, à la paix générale, ce que des symptômes menaçants faisaient déjà pressentir, et c'est, il y a dix ans, ce qui est arrivé. Malgré les impôts dont le peuple était accablé, le déficit pour l'exercice clos en avril 1842 montait à plus de 64 millions de francs. La taxe des pauvres avait triplé dans certains districts manufacturiers. Un cri formidable de douleur et de colère s'éleva alors du sein des masses anglaises, et de toutes parts elles réclamèrent une distribution plus équitable des charges de l'État entre elles et les propriétaires du sol.

Comment le régime protecteur fut-il impliqué si avant dans cette question de remaniement d'impôt, chacun sans doute l'aperçoit à présent de la manière la plus distincte : c'est que le gouvernement anglais, depuis plus d'un siècle, dénaturant l'esprit de l'institution des douanes, avait cessé d'y voir un instrument de protection commerciale pour en faire une source immodérée de revenus; c'est qu'en 1842, quand la malheureuse population du royaume-uni s'est soulevée au cri de : A bas les douanes! ce cri ne signifiait pas : Vive le libre-échange! comme les habiles (il s'en trouve toujours dans les mouvements populaires) l'ont traduit, mais bien : A bas l'abus fiscal d'une institution qui était faite pour protéger le travail des classes laborieuses, et non pour procurer à l'aristocratie et à ses cadets les moyens de se soutenir!

Ainsi, le besoin de mettre dans les finances un ordre qu'à peine de faire banqueroute il était devenu indispensable d'y rétablir, et la nécessité de modifier l'assiette de l'impôt, telle a été chez nos voisins la première et, comme on voit, très-accidentelle raison de la chute du système protecteur.

Venons maintenant aux deux autres causes de cette révolution, et d'abord à la cause industrielle. L'explication de cette cause nouvelle est, comme celle de la première, écrite en caractères bien lisibles dans l'histoire. Un simple exposé de la situation faite par le cours des choses et des temps aux manufactures anglaises va la mettre en pleine lumière.

Ce sont les manufacturiers de Londres qui, il y a trente-deux ans, dans une pétition aux communes devenue depuis célèbre, ont pour la première fois, au nom des nécessités de l'industrie anglaise, proposé à leur pays l'abandon du régime protecteur.

Le fait en lui-même est remarquable, car le dernier lieu, ce semble, où le libre-échange aurait dû venir au monde était une manufacture anglaise. On était en 1820. L'industrie britannique alors était parvenue à une puissance de production sans rivale dans l'univers; mais à quoi le devait-elle? A près de cinq siècles de protection non interrompus.

Les preuves en sont patentes et faciles à ressembler.

Parcourez l'histoire commerciale de l'Angleterre depuis Édouard III, qui le premier, ainsi qu'on l'a déjà dit, établit vers 1350 le système protecteur dans ses États, jusqu'à ce fameux traité d'avril 1805, par lequel M. Pitt livrait l'Europe à la Russie, à la condition qu'elle lui abandonnerait en retour le monopole des mers et des marchés des deux mondes; cela fait bien près de cinq cents ans continus : eh bien! pendant ce long espace de temps, quelle est la politique économique de la Grande-Bretagne? La protection, encore la protection, toujours la protection.

Je ne crois pas qu'il se soit écoulé, depuis le xive siè-cle, un seul règne dans les annales de l'Angleterre qui n'ait aggravé d'anciens tarifs, ou qui n'en ait créé de nouveaux.

Considérez, par exemple, les deux industries origi-naires qui ont chez nos voisins suscité toutes les autres : l'élève du bétail et la fabrication de la laine. Édouard III, jaloux du commerce des Anséates, s'avise d'imposer l'entrée sur le sol britannique de leur bétail et de leurs draps. A un siècle de là, draps et bétail sont déjà accli-matés en Angleterre. Cependant Édouard IV, impatient de voir la concurrence étrangère ralentir les progrès du commerce national, substitue des prohibitions aux tarifs. Ses successeurs recueillent rapidement les fruits de sa politique. A l'ombre des prohibitions, les Anglais élèvent sur leur sol de grands troupeaux de mou-tons, qui, leur donnant en abondance de l'engrais et de la laine, les aident à créer du même coup leur agriculture, leur industrie et leur commerce. Leur production rurale augmente et se perfectionne; ils améliorent leur fabrication des draps à ce point d'en fournir à la cour elle-même du premier des Tudors, Henri VII. Enfin, au commencement du xvie siècle, on les voit déjà, à un siècle et demi à peine de l'origine des droits protecteurs, en possession d'un vaste commerce

de laine brute avec les Brabançons et les Florentins.
C'était beaucoup ; Henri VIII cependant s'indigne que ce
ne soit pas davantage. Il prohibe la sortie des laines
brutes et l'importation des laines tissées et colorées ; il
attire sous main des ouvriers italiens et flamands, qui
enseignent à ses sujets la teinture et le tissage, et les
Anglais deviennent tisserands et teinturiers, comme ils
étaient devenus drapiers et éleveurs, — par la protection.
Élisabeth, Jacques I⁰ʳ et Charles I⁰ʳ enchérissent encore
sur Henri VIII, si bien que, sous Cromwell, la fabrication
de la laine, qui était autrefois la richesse de la Hanse, de
la Flandre et de l'Italie, se trouve être le premier article
d'exportation de l'Angleterre et l'un des plus fructueux,
sinon le premier des objets de commerce du temps. Voilà
l'histoire de la laine ; mais prenez maintenant telle autre
industrie que vous voudrez : construction navale, pêcheries ; production de la houille, fabrication du fer, de
l'acier, du coton, de la soie ; chapellerie, poterie, pape-
terie, horlogerie ; travail de luxe, depuis le cristal de
Venise jusqu'au tapis de la Perse, il n'est rien en manufacture dont cette île n'ait, par le régime protecteur,
enlevé ou disputé le commerce à l'Europe, à l'Asie ou
à l'Amérique. La protection est un secret d'État que
tout ministre anglais a conservé et perpétué avec une
constance admirable durant cinq cents ans, au milieu
des vicissitudes les plus terribles et les plus imprévues.
Tout change en Angleterre et ne cesse de changer,
d'Édouard III à M. Pitt ; une seule chose ne change pas,
— la politique protectioniste.

. Comment donc le haut commerce et la grande industrie de Londres avaient-ils été amenés en 1820, à quelques
années seulement de la mort de M. Pitt, à demander la
destruction d'un régime auquel l'Angleterre avait dû si
longtemps sa richesse et sa puissance? C'est que, — et ici
on va voir à nu le grand motif industriel de la révolution
économique anglaise, — c'est, dis-je, que, depuis le
ministère de M. Pitt, il s'était passé dans le monde politique et commercial des événements extraordinaires,
et qu'il y avait paru un homme plus extraordinaire
encore.

Pendant la première et la plus longue partie des guerres
de la révolution et de l'empire, l'Angleterre s'était em-
parée du commerce de l'univers. Toutes les tentatives
d'invasion de son territoire ayant échoué, elle s'était
trouvée seule à l'abri des perturbations violentes qui dé-
solaient le continent; son capital national s'était immen-
sément accru; les capitaux étrangers, fuyant les désastres
de la guerre, y avaient afflué; sa puissance navale, manufacturière et marchande avait pris un élan sans exemple.
Mais la fortune enivre; princes et peuples, on croit toujours
que ses faveurs dureront toujours. La bataille de Trafal-
gar porta au comble l'orgueil de la Grande-Bretagne. Elle
se crut tout permis, et elle signifia aux neutres d'avoir à
s'abstenir de tout commerce avec la France continentale
ou coloniale et à ne porter désormais leurs chargements,
sous peine de les voir dénationalisés ou détruits, que dans
les ports anglais.

Les successeurs de M. Pitt, en passant à cette extrémité,

avaient mal calculé la puissance et le génie du terrible
adversaire qu'ils bravaient.

Napoléon, à la déclaration anglaise, répondit sur-le-
champ par l'un des actes les plus étonnants de l'histoire :
le blocus continental. Les Anglais fermaient la France
au monde, il ferma le monde à l'Angleterre. Une coalition maritime, comprenant toutes les puissances euro-
péennes, frappa d'interdit le territoire et le commerce
britanniques. Les Anglais se trouvèrent seuls sur leurs
vaisseaux, maîtres de l'Océan, mais proscrits de toutes les
côtes.

Le coup était terrible. « C'est la plus profonde machi-
nation qui ait jamais été inventée, dit un orateur des communes, pour amener graduellement la ruine de notre
puissance manufacturière, commerciale et maritime. »
Tout le monde en Angleterre pensa, et avec raison, comme
cet orateur, et le cabinet de Londres mit tout en œuvre
pour déjouer la gigantesque combinaison de l'empereur.
Il eut recours à deux moyens : la contrebande, et,
arme séculaire de la politique britannique dans ses démêlés avec la France, une diversion; mais ni l'un ni
l'autre de ces moyens n'atteignit son véritable but. La
contrebande et la maltôte, développées sur une échelle
immense, luttèrent avec succès contre les conséquences
secondaires du blocus, mais elles n'en conjurèrent pas
le principal effet. Quant à la diversion, elle réussit sans
doute; mais, lorsqu'en 1810 l'ukase fameux d'Alexandre
rompit la digue, le but industriel et commercial que
s'était proposé Napoléon était rempli; et si l'empire

tomba, la politique du blocus continental lui survécut.

Il avait duré quatre ans. C'était moins que Napoléon n'espérait, mais c'en avait été assez pour que le champ de bataille lui restât. Les Anglais pendant la guerre, ayant accaparé le monopole, avaient mis leur industrie sur le pied d'y suffire. Maîtres du marché du monde, ils avaient donné à leurs manufactures une puissance de production proportionnelle aux besoins de ce marché. Mais un tel régime n'était tenable qu'à une condition : c'est que le monde entier fût livré à jamais et sans concurrent au commerce britannique. Le blocus continental avait, dès 1810, rendu cette condition impossible. A la faveur de la protection violente qu'il avait exercée en effet, le génie industriel et mécanique de l'Europe s'était éveillé, et elle s'était couverte de manufactures. La France, l'Espagne, l'Allemagne, la Russie même avaient appris à se passer de l'Angleterre, tandis que les Anglais au contraire, dans leur puissance exagérée de production, n'avaient fait qu'accroître de plus en plus le besoin qu'ils avaient du continent. La paix se fit; il semblait qu'elle dût confondre la politique commerciale de Napoléon aussi bien que ses autres projets. Les Anglais un moment l'espérèrent; ils se trompaient.

C'était beaucoup moins au présent qu'à l'avenir de la puissance financière, industrielle et maritime de la Grande-Bretagne que le décret de Berlin s'était adressé; aussi est-ce dans l'avenir qu'il devait surtout porter. Quand, en 1815, l'échafaudage militaire et politique qui masquait la vaste création industrielle de l'empereur s'écroula, l'Angleterre vit avec stupeur que la domination du marché des deux mondes lui allait échapper. Elle fit, mais en vain, auprès de tous les gouvernements de l'Europe et de l'Amérique des efforts désespérés pour conjurer une conséquence aussi mortelle aux habitudes de fourniture universelle que, durant un quart de siècle, elle avait contractées. Instruits par Napoléon, les souverains alliés eux-mêmes qui l'avaient renversé adoptèrent ses maximes commerciales. Un régime qui, en quelques années, avait retiré la France des ruines du traité de 1786, qui avait rendu aux manufactures françaises les plus beaux jours de Colbert, qui enfin, sorte de vengeance bizarre de la perte de nos colonies, avait doté jusqu'aux glaces du nord de la production du sucre, un tel système frappait par la rapide grandeur de ses conséquences. Successivement, les États des deux mondes l'adoptèrent. Imitant l'Angleterre, non-seulement dans son génie industriel, mais dans la règle de sa séculaire législation économique, les gouvernements de l'Europe et des États-Unis réservèrent partout à leurs nationaux le marché de leur territoire; le blocus continental, qui n'avait d'abord semblé qu'une arme de guerre, devint ainsi le système de la paix: la passion l'avait fait naître, l'intérêt le perpétua.

Dès 1820, cette marche des continents dans la voie du système protecteur était déjà si décidée et si féconde, que l'Angleterre, épouvantée de la surabondance sans cesse croissante et de plus en plus stérile de sa production manufacturière, commença à se demander si, en présence de l'adoption générale par toutes les nations d'un régime

dont mieux que personne elle connaissait les ressources,
puisqu'elle lui devait sa puissance, il ne lui convenait pas
d'arborer une politique entièrement nouvelle. Organisée
comme elle était, en vue d'un monde entier vide de manufactures à fournir, et voyant au lieu de cela ses débouchés disparaître ou se retirer à mesure qu'elle avait plus
besoin de les voir multiplier et croître, elle se dit que,
pour sauver sa suprématie commerciale si compromise
par l'indépendance de jour en jour plus solide des États
du continent, il fallait inventer quelque artifice extraordinaire.

Vicissitude singulière des révolutions et du temps! Le
système protecteur, transporté par l'incomparable tactique
administrative et politique de Napoléon, d'Angleterre en
Europe et en Amérique, se trouvait, le lendemain de l'empire, le fléau de la prospérité anglaise. L'Angleterre dès
lors, ne pouvant plus vivre sans écraser l'indépendance
manufacturière et commerciale du reste du globe, voyait
se dresser devant elle, fantôme vengeur de ses exactions
séculaires, l'instrument même de sa propre fortune! Le
cabinet britannique l'avoua lui-même, dès 1823, par la
bouche de M. Huskisson, dans des termes bien souvent
cités, mais qui ne sauraient trop l'être : « L'état du monde
« a changé. Chaque jour toutes les nations, l'une après
« l'autre, arrachent un feuillet à notre code maritime.
« Le système protecteur a été longtemps le secret de la
« grandeur de l'Angleterre; mais le brevet en vertu du-
« quel nous l'exploitions est expiré. Le temps n'est-il pas
« venu de prendre d'autres maximes? Nous nous sommes

« trop vantés de nos lois de navigation : le monde entier
« les adopte; nous n'avons plus rien à en attendre. »

Tous les esprits, journellement surexcités d'ailleurs par
les souffrances sans cesse plus douloureuses de l'industrie
nationale, fermentèrent dès lors en Angleterre, et bientôt
ce fut un cri, d'un bout du royaume-uni à l'autre, que
« les vents ayant changé, comme disent les Hollandais, il
« fallait changer aussi les balises. » Et tel est le second
des motifs de la révolution économique qui a fini avec
M. Peel par bouleverser le vieux système économique de
la Grande-Bretagne.

Jointe aux embarras financiers que les abus séculaires
du fisc en matière de douanes avaient comme à plaisir
accumulés, cette situation formidable des manufactures
anglaises aurait certainement suffi à provoquer dans la
législation commerciale de nos voisins des changements
considérables; mais une troisième cause concourut encore à décider et à précipiter ces changements : c'est,
ainsi que nous l'avons dit, l'insuffisance de l'agriculture
de l'Angleterre à suffire aux besoins de sa population.

Il faudrait remonter loin si l'on devait énumérer
toutes les raisons qui ont mis l'Angleterre dans l'impossibilité de nourrir la population qui la couvre; mais une
telle recherche est étrangère à notre sujet. On se bornera à constater, ce qui est sous les yeux de tout le
monde, que la disproportion du nombre et des besoins
du peuple avec la production rurale du royaume-uni est
un fléau qui, depuis le commencement de ce siècle, n'a
fait que s'accroître. Le traité de 1786, si habilement

imaginé par M. Pitt, détournait ce péril en donnant à l'Angleterre la France pour ferme, pour cave et pour marché; mais ce traité, qui ruinait notre industrie et notre marine, n'ayant pas tenu, la détresse agricole de nos voisins a continué depuis lors de grandir. A la fin de 1846, le manque total de la récolte en Irlande, son insuffisance dans le reste du pays, furent à la veille de livrer l'Angleterre aux horreurs de la faim. L'abolition des droits imposés à l'importation du blé étranger devint alors le vœu général et passionné des masses. Les manufacturiers avaient là une occasion admirable de populariser leurs idées de réforme économique; ils n'y manquèrent pas. Ils ameutèrent le peuple contre les propriétaires et les fermiers de leur pays : une agitation terrible s'ensuivit, on toucha à une guerre sociale : pour l'éviter, pressé d'ailleurs par les nécessités financières et industrielles que l'on a vues, le gouvernement anglais, paraissant céder plutôt à l'inexorable loi du destin qu'à son propre mouvement, sacrifia ses tarifs.

Telles sont, expliquées aussi fidèlement que possible, les raisons de la révolution économique anglaise. Elle est née, comme on voit, de trois fléaux, l'exagération des impôts de consommation et le déficit du trésor, la surexcitation sans limites de la production manufacturière et la famine : telles sont les origines, tels sont les auspices de son entrée en ce monde.

Maintenant quel en a été l'esprit? Fille de nécessités terribles, comment a-t-elle entrepris de conjurer le malheur de sa naissance? Quel a été le calcul des Anglais en réformant leur législation douanière, et quelle sorte de remède ont-ils attendu de cette réforme à l'embarras de leurs finances, aux souffrances de leur industrie et à la détresse de leur agriculture? Après tout ce qu'on a vu, il est, en quelques mots, facile de l'expliquer.

C'est une opinion, quelquefois vraie, quelquefois fausse, mais aujourd'hui très-répandue en Angleterre, que plus les impôts et les impôts de consommation surtout sont modérés, plus ils produisent. Partant de cette maxime, le gouvernement anglais n'a pas hésité à dégrever, dans une proportion immense, les droits de ses douanes, persuadé qu'à la faveur de ce dégrévement la consommation des objets imposés croîtrait, et que l'augmentation en nombre des contributions compenserait la diminution de leur quotité. Voilà, en deux mots, l'esprit de la réforme douanière anglaise au point de vue financier. Au point de vue industriel, les Anglais ont fait un autre raisonnement. Ils se sont dit que, le régime protecteur étant répandu depuis Napoléon dans les deux mondes, le seul moyen qu'ils eussent de faire une concurrence ruineuse aux industries étrangères protégées par ce régime, était de produire à si bas prix que, même en acquittant à la frontière des États continentaux le montant des droits à l'abri desquels les manufactures de ceux-ci vivent, ils fussent encore en état d'offrir leurs marchandises à meilleur marché que personne. Pour parvenir à cet excès de bas prix, ils ont imaginé de supprimer ou de diminuer, d'une manière extraordinaire, les droits à l'importation des matières premières de leur industrie, laine, lin, coton, bois, etc., et d'abolir tout droit à l'exportation des produits de leurs manufactures. On conçoit que, dans ce système, la suppression ou la diminution des droits de douane agit en faveur du manufacturier anglais, comme engin de guerre destiné à annuler ou à rendre moins dangereux pour lui les tarifs qui protégent l'industrie des étrangers ses rivaux. Le montant de la différence des droits que le gouvernement abandonne à ce manufacturier est une sorte de prime qu'il lui met dans la main, à l'effet de lutter, sans qu'il lui en coûte rien, contre les manufactures protégées du continent; sorte de rachat organisé avec une audace inouïe, par le gouvernement britannique, des tarifs qui protégent les ouvriers et les industriels de tous les pays du globe. Enfin, l'esprit de la révolution économique anglaise, au point de vue alimentaire, n'a pas besoin d'explication. Il est certain qu'en ouvrant ses ports au blé et à toutes les denrées alimentaires de l'univers, la Grande-Bretagne a diminué, dans une proportion incomparable avec ce qui existait chez elle jusqu'alors, le prix de ses denrées. Quand un État convoque tous les peuples à faire concurrence à sa propriété rurale, il est inévitable que les produits de cette propriété tombent à bas prix sur son marché.

Au triple point de vue des finances, de l'industrie et de l'alimentation du peuple, l'esprit de la réforme économique anglaise est donc, comme on voit, parfaitement conforme aux motifs qui l'ont inspirée : les impôts de consommation étaient excessifs; la réforme, en en remaniant l'assiette, en a adouci le poids; l'industrie, étouffant de production, avait à tout prix besoin de débouchés, la réforme a tout osé, jusqu'au libre-échange, pour lui en créer; le peuple criait famine, la réforme a appelé l'univers à lui donner du pain. On ne pouvait certes appliquer un pansement plus héroïque à des blessures plus enflammées ni plus profondes.

Les motifs et l'esprit de la réforme anglaise étant complétement éclaircis, nous pouvons à présent en venir à l'examen direct du problème dont nous poursuivons la solution : Les Anglais ont-ils eu raison d'abandonner les principes du régime protecteur pour la nouveauté du libre-échange? Le reste du monde a-t-il tort de repousser le libre-échange et de s'en tenir à la protection? A la lumière de ce qui précède, nous sommes dès maintenant en état de porter en connaissance de cause un premier jugement sur ce sujet. Ce jugement ressort de lui-même du chapitre qu'on vient de lire; il en sera la conclusion.

La question de savoir si les Anglais, en adoptant les maximes du libre-échange, ont tracé aux autres peuples la seule conduite qu'ils aient à suivre, serait dès à présent résolue si les motifs qui ont déterminé nos voisins étaient des motifs de principe, c'est-à-dire de ces motifs tirés, abstraction faite de tout intérêt privé, de la pure considération de l'intérêt universel. Les Anglais, en proclamant le libre-échange, auraient émis quelque éternelle vérité, comme l'une de celles de notre révolution de 89; le libre-échange importerait à la dignité et au bien-être du monde entier, comme l'égalité civile, par exemple : oh! alors, il ne devrait y avoir, pour le reste du monde, ni relâche ni répit qu'il ne l'eût réalisé. Mais loin de là; les Anglais, en se déclarant libres-échangistes, ne se sont nullement préoccupés, nous venons de le voir de la façon la plus claire, d'émettre un principe; ils se sont souciés de faire leurs affaires, d'arranger leurs finances, de dégrever leurs impôts, de développer leur industrie, de faire baisser les prix de leurs subsistances; c'est leur intérêt propre et uniquement cet intérêt qu'ils ont eu en vue, et qu'à tort ou à raison ils ont cru mieux servir en abandonnant le régime protecteur qu'en y demeurant fidèle. Le plus grand avantage des autres nations ne les a pas en cela un moment préoccupés; ils n'ont puisé les éléments de leur résolution que dans la considération exclusive de leurs nécessités intérieures et de leur avantage national.

Mais une double conséquence, très-importante à constater, résulte, dès le point où nous en sommes, de la mise en lumière d'un tel état de choses.

C'est d'abord qu'en renonçant au régime protecteur, les Anglais n'ont infirmé en rien pour cela la valeur des principes de ce régime. La protection a pour but d'assurer l'indépendance commerciale du monde, en équilibrant les forces industrielles des divers États qui le composent. L'Angleterre, après avoir employé, cinq siècles durant, les maximes de ce système à élever l'édifice de sa grandeur, se trouve, sous l'empire de difficultés tout intérieures, obligée de l'abandonner. Elle se voit forcée, par suite de longs abus financiers, de diminuer ses tarifs pour soulager ses impôts; son industrie, à la faveur d'événements extraordinaires, a pris un tel développement, que, pour prospérer, il faut qu'elle écrase toutes les manufactures du monde; son agriculture enfin est devenue si insuffisante, qu'elle a besoin de l'univers pour se nourrir. Les mesures économiques que, pour faire face à ces embarras tout nationaux, le gouvernement britannique juge à propos d'adopter, peuvent bien violer toutes les lois d'une saine administration commerciale; mais en quoi les réfutent-elles? Un peuple tombe dans la nécessité d'appeler chez lui l'étranger pour se défendre de l'anarchie, quelle conclusion en peut-on tirer contre le principe de l'indépendance nationale? De même, les Anglais, pour des raisons et dans des vues qui leur sont spéciales, désertent ou méprisent des maximes qui assurent la prospérité et la liberté commerciale de tous les peuples, des maximes sans le respect séculaire desquelles ils ne seraient eux-mêmes absolument rien de ce qu'ils sont : ces maximes n'en restent pas moins intactes, et, de ce qu'une nation n'a plus rien à en attendre ou est forcée de les abandonner, il ne s'ensuit d'aucune sorte qu'elles aient perdu leur autorité pour toutes les autres.

Enfin le caractère exclusivement accidentel et national des motifs qui ont déterminé les Anglais à pratiquer le libre-échange ne recommande en rien l'imitation de leur conduite. Nous l'avons déjà dit, il n'y aurait rien de plus ridicule que d'imiter la politique commerciale d'un peuple étranger par cela seul que ce peuple a cru trouver son intérêt à embrasser cette politique. Pour imiter avec fruit, en administration et en politique, il faut évidemment se rencontrer dans les mêmes conditions d'action qui ont déterminé ceux que l'on imite. Mais quoi! quelqu'un soutiendra-t-il que la crise financière, industrielle et agricole, qui a jeté le peuple anglais hors des voies du système protecteur existe dans tous les autres États du monde? Est-ce par hasard que les États continentaux ont fait l'abus fiscal des douanes qui en a si gravement compromis le système chez nos voisins? Ensuite, si la nation anglaise en est venue à ce point d'opulence, ou plutôt de pléthore industrielle, d'avoir besoin pour vivre d'inonder le monde de ses produits manufacturés, tous les peuples de la terre sont-ils dans le même cas? L'hypothèse même est inconcevable : le libre-échange, au point de vue britannique, suppose un univers constamment vide à fournir; mais, si toutes les nations étaient par impossible encombrées de richesses, l'univers serait plein. Enfin il est bien clair de même que tous les peuples du globe ne sont pas davantage dans la détresse alimentaire où nous voyons le royaume-uni. Cette détresse lui est toute particulière, puisque, pour la conjurer, il fait appel aux récoltes de l'étranger. Au point de vue agricole donc, pas plus qu'au point de vue industriel ou financier, les motifs qui ont déterminé les Anglais à adopter le libre-échange n'existent pour le reste du monde. Ces motifs sont tout spéciaux à la Grande-Bretagne; ils n'ont ni semblables ni analogues hors de son territoire ; ils ne sont donc pas par eux-mêmes, ni en principe ni en fait, conclusion finale où j'en voulais venir, et qui résume et clôt ce chapitre, des raisons d'abandonner le système protecteur.

Ici certains libres-échangistes vont dire : —Qu'importe la question de principes, qu'importe même celle des motifs ! Si l'Angleterre, sous l'empire de telles nécessités et dans telles ou telles vues que l'on voudra, a en définitive adopté une législation économique qui lui est profitable et aux avantages de laquelle elle offre gratuitement à tout le monde de participer, il y a là une raison et une utilité pratiques d'imitation qui peuvent tenir lieu du reste. Le libre-échange a paru avantageux à l'Angleterre évidemment, puisque, sans attendre même qu'aucune autre nation y entrât avec elle, elle en a donné l'exemple, et il faut qu'elle en espère beaucoup encore pour exhorter avec une telle ardeur tous les peuples à l'imiter. Imitons donc les Anglais, nous recueillerons de cette imitation tous les profits qu'ils ont retirés du libre-échange et tous ceux qu'ils en attendent. —

Admirable logique en vérité ! Mais nous avons, dans le cours de cet ouvrage, discuté très-gravement de plus étranges propositions encore. Ne traitons pas celle-ci avec plus de sévérité. Voyons d'abord quels avantages les Anglais ont retirés jusqu'ici du bouleversement de leur législation économique ; examinons ensuite ce qu'ils espèrent recueillir et ce qui leur reviendrait en effet de la répétition sur toute la surface du globe de ce bouleversement; chacun verra sans peine ensuite ce que la prospérité et la liberté du commerce, à l'époque où nous sommes, gagneraient au libre-échange.

CHAPITRE III.

SI L'ANGLETERRE A TROUVÉ JUSQU'ICI DE GRANDS AVANTAGES A LA RÉFORME DE SES TARIFS.

L'utilité est la chose la plus relative du monde; tout change dans ce mobile et presque insaisissable domaine; c'est là que le mot du sophiste ancien est vrai jusqu'à sa lettre, et que « l'homme est la mesure de toutes choses, » car toutes choses s'y mesurent sur la valeur qu'il leur attribue, et la valeur qu'il leur attribue varie comme ce qu'il y a de plus divers et de plus changeant sur la terre, les lieux, les temps, les besoins, la passion, et le reste. Et cela est plus vrai encore, s'il se peut faire, des sociétés que des individus. L'intérêt des nations, s'il est possible, est plus soumis encore que celui des particuliers aux accidents sans nombre de la nature et aux vicissitudes sans fin de la fortune. La misanthropique éloquence de Pascal pourrait ici en toute raison se donner carrière : trois degrés d'élévation du pôle renversent tout : intérêt au delà de la Manche, intérêt contraire en deçà; ce qui peut être nécessaire à Londres serait mortel à Paris, et réciproquement; tel peuple enfin, car les choses vont jusque-là, peut chercher son salut là où tout autre trouverait sa ruine.

Lors donc que les Anglais, sous l'empire de nécessités qui leur sont, ainsi que nous avons vu, toutes particulières, auraient aujourd'hui plus d'intérêt à violer les principes d'une saine politique commerciale qu'à continuer de les observer, il ne s'ensuivrait pas que les autres nations fissent bien de les imiter. Il faudrait que ces nations, au préalable, examinassent si elles sont dans les mêmes conditions que l'Angleterre pour tenter à sa suite une pareille aventure; il faudrait qu'elles se rendissent compte de leurs besoins et de leurs ressources, qu'elles vissent enfin, non-seulement si le libre-échange leur est favorable, mais même si elles sont en état de le supporter. L'avantage extraordinaire trouvé par les Anglais à déserter les principes de la protection, à supposer qu'il existât, prouverait en faveur de leur politique et de leur puissance, il ne prouverait pas que quelque peuple que ce soit pût et dût marcher sur leurs traces.

Mais cet avantage même existe-t-il? Le libre-échange, tel que l'ont pratiqué les Anglais, les a-t-il mis en possession de secrets merveilleux de richesse ou de bien-être qu'il soit désirable et possible de transporter de leur île en terre ferme?

— Non, cela même n'est pas. La nouvelle politique commerciale de la Grande-Bretagne lui a procuré des avantages tout spéciaux qu'elle ne procurerait à aucune autre nation. Ces avantages en eux-mêmes sont ou médiocres, ou précaires, et, en tout cas, ne supportent pas la comparaison avec ceux qui résultent, chez les peuples du continent, du maintien du régime protecteur. Enfin, les principes ne sont jamais vains, et, quelque puissant qu'on soit, ce n'est pas impunément qu'on les viole : la révolution économique anglaise, après tant d'autres exemples, le prouve. Ce que l'Angleterre elle-même a pu gagner au libre-échange n'est rien auprès de ce qu'elle y a exposé, compromis ou perdu.

Nous avons vu que la révolution économique anglaise, expliquée dans ses motifs et dans son esprit, avait affecté un triple caractère, financier, industriel et agricole. Le bilan des profits et des pertes qu'à chacun de ces points de vue la puissance intérieure et extérieure de la Grande-Bretagne a recueilli de cette révolution est facile à établir. Trente ans et plus de controverse et dix ans bientôt d'expérience en ont rendu pièces et chiffres incontestables et publics. Ce bilan, le voici :

Les douanes, ainsi que nous l'avons raconté, étant devenues en Angleterre, par suite d'abus dont l'origine remonte à plus d'un siècle, la principale source des revenus de l'État, et les droits à l'importation ou à l'exportation des denrées, matières premières et produits manufacturés, ayant atteint un taux disproportionné avec les ressources de l'immense majorité du peuple, le gouvernement britannique s'est vu un jour dans la nécessité d'abaisser ces droits pour soulager la classe marchande et ouvrière, sur les premiers besoins de laquelle ils pesaient avec une exagération odieuse. Cette opération toute financière et politique ayant réussi en ce sens que le dégrèvement des tarifs pratiqué successivement par M. Wallace en 1822, par M. Huskisson en 1825 et enfin par

M. Peel en 1842, n'avait causé aucune perte au trésor, les libres-échangistes anglais et leurs amis du continent ont crié aussitôt au miracle et à l'infaillibilité du libre-échange. Il n'y avait là cependant ni merveille ni argument contre les douanes, ni exemple surtout pour le reste du monde.

Les ministres anglais, en diminuant certains droits de douane imposés à l'entrée des denrées, des matières premières nécessaires à l'industrie et de différents objets de première nécessité, n'ont causé aucune diminution dans les recettes de leur trésor, parce que la consommation ou l'emploi de ces denrées, de ces matières et de ces objets, qui était jusque-là restreints par des impôts excessifs, sous l'influence d'une législation fiscale plus modérée se sont considérablement accrus. A cela d'abord nul étonnement. L'univers savait avant l'expérience anglaise que, lorsque des impôts de consommation sont excessifs, ils écrasent le peuple sans profit pour l'État. Les Anglais en cela n'ont rien appris aux autres nations; ils ont seulement, non pas supprimé, on le verra tout à l'heure, mais adouci un des nombreux abus de leur système financier : résultat louable sans doute, mais tout relatif, et qui ne conclut à rien pour personne.

Il ne conclut pas d'abord, cela est trop clair, contre l'institution des douanes. Il avait plu aux gouvernements qui se sont succédé durant un siècle dans le royaume-uni de transformer les douanes en une ferme de finance, à l'usage et pour le soutien du rang d'une aristocratie territoriale; il avait plu à ces gouvernements de dénaturer à ce point et l'esprit et le but du régime protecteur que d'en faire une charge pour le commerce et le travail, d'instrument de défense qu'à l'origine il en était et aurait toujours dû en être, et enfin ces abus un jour étaient devenus tels qu'il a fallu à tout prix y remédier. A merveille; mais en quoi cela contribue-t-il à la gloire du libre-échange? En rien absolument. Les douanes ne sont pas faites pour supporter la plus grande partie des charges d'un pays, pour grever d'une manière exorbitante et inique le prix de revient des objets de consommation ou de première utilité d'un peuple; elles sont faites pour protéger l'agriculture, l'industrie, le commerce, la navigation de ce peuple. Cela est bien différent. Le gouvernement anglais l'avait oublié, et oublié au delà de toute humanité et de toute prudence; la misère publique l'a contraint enfin de s'en souvenir. Loin d'ébranler les principes du régime protecteur, la révolution anglaise, en ce point du moins, serait plutôt propre à les confirmer.

Mais, comme mesure financière même, le dégrèvement des tarifs a-t-il été en Angleterre une opération si féconde en résultats extraordinaires que le génie économique du monde entier doive se prosterner devant elle? Au fond, quoi qu'on en ait dit, elle n'a été qu'un expédient. MM. Wallace, Huskisson et Peel, en politiques habiles, ont rendu moins pressante la grave difficulté qu'ils avaient à résoudre, mais ils n'en ont délivré ni leurs successeurs ni leur pays. Ils ont eu l'art et le bonheur de rendre aux classes laborieuses anglaises les charges disproportionnées qu'elles paient un peu moins lourdes à supporter. Mais le problème de la réduction proportionnelle de ces charges au taux que dans tout budget bien ordonné elles ne doivent pas dépasser, ce problème qu'il faudra bien un jour ou l'autre, et ce jour peut-être n'est pas loin, résoudre en Angleterre, M. Peel lui-même ne l'a pas abordé. Ce déplorable abus d'un revenu de 1,300 millions de francs dont les douanes fournissent près de la moitié, tandis que l'impôt de la terre n'y contribue que pour un treizième, cet abus qui met à la charge de la partie la plus nécessiteuse de la nation le fardeau presque entier des dépenses, l'opération financière si vantée des ministres anglais l'a intégralement respecté. Aujourd'hui comme avant M. Peel, comme avant M. Huskisson, les douanes donnent en Angleterre 550 millions de francs, l'accise, ou contributions indirectes, 350, ensemble 900 millions, c'est-à-dire les trois quarts de tout le revenu. L'impôt foncier, au contraire, ne figure toujours dans le budget de la Grande-Bretagne qu'à titre en vérité de chapitre accessoire. La réforme à accomplir en cette matière, quelle était-elle cependant? C'était la réforme de l'inique et désastreuse disproportion qui existe entre l'impôt direct et les impôts de consommation. Et qu'ont fait les ministres anglais en présence d'un tel abus? L'ont-ils corrigé? Non; ils l'ont pallié et transmis à leurs successeurs. Conduite habile si vous voulez, et qui n'a pas été sans doute, il serait injuste de le nier, sans influence sur le maintien de la tranquillité provisoire de l'Angleterre, mais que l'ignorance des faits où la passion ont pu seules donner pour modèle à tous les peuples.

On croit rêver que d'avoir à discuter de telles choses. Le système financier de l'Angleterre, ce système déplorable et inique qui, en fait d'exactions et d'abus, n'a de rivaux que dans les États les plus mal administrés du continent, ce système transformé en école de finances à l'usage de l'univers, cela, en vérité, quelques paradoxes que l'on permette aux faiseurs de nouveautés, passe tout précédent et toute espérance.

Entre tant de termes de comparaison, prenons la France, puisque aussi bien c'est la France surtout, et pour cause, qu'on désire si ardemment précipiter dans le libre-échange : quelle leçon de finances, par hasard, la France démocratique de 1789 a-t-elle à recevoir de l'Angleterre seigneuriale, toujours vivante, en matière d'impôts, de Walpole et des Pitt? Notre budget annuel des recettes monte à 1,300 millions environ, comme celui de la Grande-Bretagne; mais voyez de quelle manière très-différente il se décompose. En France, les impôts directs et indirects se partagent par moitié égale la charge des deux tiers environ du revenu; en Angleterre, l'impôt direct en supporte le douzième seulement et l'impôt indirect près de la moitié, ou encore neuf fois plus que l'impôt direct. Les douanes enfin, en Angleterre, rendent, nous l'avons vu, 550 millions de francs, c'est-à-dire les deux tiers de l'impôt indirect et presque la moitié de l'impôt total; en France, elles ne donnent que 150 millions, c'est-à-dire le douzième des recettes et le tiers seulement de l'impôt indirect. Ces chiffres sont authentiques; les comptes-rendus officiels des deux nations les ont depuis trente ans mis sous les yeux de tout le monde. On demande comment des écrivains, qui devraient à tout le moins y avoir jeté les yeux, ont pu, dans un tel état de cause, pousser la prévention jusqu'à donner l'Angleterre, en matière de finances, pour modèle à notre pays! Certes, l'Angleterre a beaucoup à faire avant de devenir, je ne dirai pas l'exemple de la France en une telle matière, mais avant de pouvoir même lui être comparée; elle a à faire une révolution vers laquelle elle marche à grands pas et que l'expédient financier de MM. Huskisson et Peel n'a fait qu'ajourner, — sa révolution de 89.

On voit ce qu'au point de vue financier il faut penser de la réforme économique anglaise. Passons maintenant au deuxième des grands résultats de cette réforme, le résultat industriel et commercial.

On a imprimé bien des volumes sur les merveilles de ce résultat. Le vocabulaire de l'admiration a été épuisé par les libres-échangistes de tous les pays et de toutes les langues pour célébrer les miracles produits dans le commerce et dans l'industrie de la Grande-Bretagne par la vertu des maximes nouvelles. Laissons les déclamations et allons aux faits.

— L'Angleterre, dit-on, en supprimant les droits à l'importation sur son territoire des principales matières premières nécessaires à son industrie, tels que bois de construction, laine, cotons en laine, lins, etc., a donné de

plus grandes facilités de travail à sa population manufacturière et ouvrière. La somme annuelle du travail
des manufactures, quelque considérable qu'elle fût déjà,
ayant encore augmenté dans le royaume-uni, les capitaux anglais, qui, sous toutes les formes, émigraient dans
les deux continents, ont été retenus sur le sol britannique
par une offre plus considérable de placement. Le bas
prix des matières premières et l'augmentation du capital
ont permis aux manufacturiers anglais de pousser la
production à bon marché au delà de toutes les limites
jusque-là atteintes et presque même imaginables. Il est
résulté de cette faculté extraordinaire de fabrication à
bas prix une augmentation dans le chiffre des exportations de la Grande-Bretagne d'autant plus digne d'être
remarquée, que cette augmentation a eu lieu en dépit
de la protection jalouse dont les États des deux continents
n'ont cessé de couvrir leurs manufacturiers et leurs
marchés nationaux. L'industrie britannique, à la faveur
de cette réforme, a tellement prospéré, qu'elle a pu
s'exposer sans réciprocité à toutes les conséquences du
libre-échange avec les États même les plus protégés des
deux mondes. Enfin, travail, industrie, commerce, tout,
grâce au libre-échange, pratiqué même sans réciprocité,
prenant en Angleterre un élan inconnu, il en est résulté
pour la puissance de ce pays en général, pour la conso-
lidation et l'accroissement de sa grandeur dans l'univers,
un effet impossible à méconnaître. Quel exemple pour le
reste des nations, pour la France, l'Amérique, la Russie,
l'Allemagne, l'Espagne, etc.! et par quelle sorte d'inex-

plicable vertige, à mesure que l'Angleterre leur fait plus d'avances, et de plus désintéressées, à proportion même qu'elle leur démontre, par la force irrésistible de l'exemple, la merveilleuse vertu du libre-échange, les voit-on s'en écarter davantage? —

Tel est le précis des conclusions industrielles et commerciales tirées par les partisans du libre-échange des résultats, suivant eux, acquis de l'expérience anglaise.

Ces conclusions, si dogmatiques, soutenues avec une intrépidité ou une bonne foi inouïe, ont étonné le public, qui est toujours porté à croire ce qu'on lui affirme avec force sur des matières à l'étude desquelles il n'a pas le temps de se livrer, et cependant on va voir, pièces en main, qu'il n'en est pas une seule, ou bien qui ne prouve rien de ce qui est en question, ou bien, ce qui est plus singulier encore, qui ne démontre le contraire de ce qu'elle a pour but d'établir, ou bien enfin qui ne repose sur une erreur matérielle.

La réforme des tarifs, dit-on d'abord, a augmenté en Angleterre le travail des manufactures. — En aucune manière. La faculté pour tout sujet anglais de vivre en travaillant sur le sol de son pays a si peu augmenté, grâce au libre-échange, que l'émigration n'a jamais été aussi considérable en Angleterre que depuis la réforme des tarifs. Le nombre des émigrants anglais, dont la presque totalité va chercher fortune non pas même dans les colonies de la Grande-Bretagne, mais aux États-Unis, n'a cessé de s'accroître depuis 1847. Il fut cette année même, au lendemain de la réforme, de cent trente-quatre mille personnes; il a atteint en 1849 le chiffre de cent cinquante-trois mille, et en 1850 celui, hors de toute prévision, de cent soixante-quatorze mille. Il faut avouer que cela s'accorde assez mal avec les merveilleuses facilités d'existence créées, dit-on, par le libre-échange à la population ouvrière anglaise!

Les capitaux anglais, assure-t-on ensuite, ont été retenus sur leur sol national par une offre considérable de placements nouveaux. — L'assertion serait difficile à justifier par des chiffres. Au contraire, il est une chose certaine, dont chacun est témoin et dont il est fort aisé de se rendre compte, c'est que la plupart des grandes entreprises industrielles qui se forment aujourd'hui en Europe et en Amérique sont soutenues par des capitaux anglais. Je dis des capitaux dans le sens économique le plus large. Ce n'est pas seulement l'argent de la Grande-Bretagne qui émigre ainsi journellement sous nos yeux à l'étranger, ce sont ses secrets mécaniques, ses ouvriers, ses ingénieurs, tout ce qui constitue en effet le capital créateur de sa richesse. Et pourquoi cette émigration constante et irrécusable? Oh! l'explication en est bien simple, mais elle n'est pas à la gloire du libre-échange : c'est que les capitaux anglais, en venant se naturaliser sur le sol de l'un des deux continents, trouvent, grâce à la protection qui couvre l'industrie continentale, une rémunération de leurs services infiniment plus facile qu'en Angleterre. Quand on dit que les capitaux anglais ont été retenus sur le sol de la Grande-Bretagne par la réforme des tarifs, c'est une af-

firmation gratuite dont il serait impossible d'apporter
une preuve directe de quelque valeur, et que le spectacle
de l'affluence de ces capitaux sur les marchés des deux
mondes, à la première nouvelle de quelque vaste entreprise de travaux publics ou privés que ce soit, dément.

Vient maintenant l'influence exercée par la réforme
des tarifs sur l'accroissement des exportations de la Grande-
Bretagne. Voyez! disent les libres-échangistes; grâce au
bas prix de sa production manufacturière, bas prix causé
par l'entrée en franchise sur le sol britannique des matières premières nécessaires à l'industrie, le chiffre des
exportations de l'Angleterre ne cesse de s'accroître. Cet
accroissement, depuis 1842, dans le court espace de neuf
années, a été de 50 pour 100. En 1851, les exportations
anglaises se sont élevées au chiffre énorme de 1 milliard
868 millions! Quelle leçon! quelle démonstration de la
vertu du libre-échange !—

Admirable en vérité; c'est dommage seulement que le
régime protecteur ait produit en France des résultats
beaucoup plus extraordinaires encore en matière d'exportation que ceux qu'on impute en Angleterre au libre-
échange. La valeur de nos exportations qui était de 758
millions en 1837 s'est élevée, en 1851, par un accroissement annuel, continu, au chiffre de 1,629 millions.
Notre exportation autrefois était à 5 et 600 millions de
distance en arrière de l'exportation anglaise. Les Anglais ont pratiqué le libre-échange, et nous, nous sommes restés fidèles au système protecteur. Qu'en est-il

résulté? Que, malgré la différence considérable de puissance financière, manufacturière, commerciale et navale qui nous sépare des Anglais, nous exportons maintenant, à 250 millions près, autant qu'eux. Sur ce terrain bien choisi en vérité par les libres-échangistes, rien ne manque, comme on voit, à la confusion de la protection et au triomphe du libre-échange.

Mais ce n'est pas tout. Comment les libres-échangistes ne voient-ils pas qu'en faisant remarquer que le chiffre des exportations anglaises s'est considérablement accru depuis les réformes de M. Peel, bien que les États continentaux n'aient cessé de maintenir, quand ce n'est d'élever leurs tarifs; comment, dis-je, les libres-échangistes ne voient-ils pas qu'en raisonnant d'une telle sorte, ils démontrent par une argumentation topique, s'il en fut, que le plus grand intérêt des deux continents est de demeurer plus fermement attachés que jamais au régime protecteur?

Comment! malgré les barrières de douanes qui enceignent l'Europe et l'Amérique, les Anglais sont parvenus à fabriquer à si bas prix qu'en acquittant même à la frontière des territoires protégés le montant des droits protecteurs, ils peuvent encore offrir leurs marchandises sur nos propres marchés à meilleur compte que nos nationaux! Mais que feraient-ils donc s'ils n'avaient pas de droits de douane à acquitter à la frontière de ces nationaux! S'il fallait diminuer le prix de vente de leurs produits du montant de la valeur de ces droits, quelle concurrence serait soutenable contre eux et que deviendraient l'industrie et le commerce du reste du monde ? Que les libres-échangistes en décident, et, en tout cas, qu'ils ne s'en prennent qu'à eux-mêmes des embarras de l'argument : il est leur œuvre.

Ensuite on fait valoir la magnanimité et la hardiesse avec laquelle nos voisins ont pratiqué le libre-échange, pour l'honneur même de la doctrine, *sans réciprocité!* Et cependant, dit-on, malgré toutes les chances périlleuses d'une telle aventure, ils s'en sont tirés à leur gloire : leurs manufactures ont supporté le choc de cette absolue concurrence comme leurs exportations. —

Nous expliquerons ailleurs la politique certainement très-magnanime, comme on dit, de ce *sans réciprocité,* digne pendant qu'eût envié Molière du *sans dot* de sa comédie. Mais ici, et du point de vue où nous nous restreignons, nous nous bornerons à ce sujet à une remarque seulement. C'est une erreur de fait relevée depuis longtemps d'ailleurs par la voix publique dans les deux mondes, que les Anglais, en essayant du libre-échange, *sans réciprocité,* y aient exposé toutes leurs manufactures sans exception ni distinction. Les Anglais ont accepté le libre-échange, *sans réciprocité,* sur le fer, la houille et le coton fabriqué, et ils n'ont eu à cela nulle hardiesse ; car il est certain que personne ne peut, sans droits différentiels, aujourd'hui, ni en Europe ni en Amérique, lutter à armes égales contre eux sur ces trois articles-là. Mais ils n'ont été ni aussi hardis ni aussi magnanimes dans l'étendue entière du champ de bataille. Ils ont couvert le reste de leur industrie par des droits protecteurs de 10, de 15, quelquefois même, à l'aide d'artifices d'administration très-légitimes du reste, de 20 pour 100. On peut recourir à leur tarif. Plus de deux cents articles y figurent; on y verra que, si leurs boissons et leurs soies ont bravé si héroïquement par exemple les soies et les vins de la France, c'est que le régime de la protection leur a été suffisamment continué. Les Anglais ont été très-hardis en effet, nous l'allons voir bientôt, dans la réforme économique qu'ils ont osée; mais ce n'est certainement pas dans la partie industrielle de cette réforme que cette hardiesse a paru. Sur ce terrain, ils n'ont tout exposé que lorsqu'ils n'avaient rien à perdre. Il n'y a donc rien à conclure ni pour eux, ni pour personne, des résultats que cette partie de l'expérience leur a donnés : ces résultats, à l'époque où nous sommes, sous quelque régime que ce fût, étaient inévitables.

Reste le soi-disant progrès de grandeur politique procuré jusqu'ici par le libre-échange à l'Angleterre. Cette conclusion qui, si elle était vraie, serait le meilleur argument qu'on pût produire, non pas en faveur de la généralisation du libre-échange, mais du moins en faveur de son opportunité et de sa raison d'être chez nos voisins, cette conclusion, disons-nous, qui serait grave si elle était juste, est entièrement fabuleuse. Non-seulement le libre-échange n'a pas accru la puissance politique anglaise, mais il l'a diminuée dans le présent et il en a compromis l'avenir.

Le blé, le vin, le sucre, la houille, le fer, le coton, la laine, etc., ne sont pas seulement les objets du commerce des nations, ils sont aussi les éléments de leur puissance. Le commerce est la source la plus féconde peut-être de la grandeur politique des peuples. Avoir un grand commerce, l'histoire le prouve, c'est, pour un État, disposer de riches capitaux et par là de vastes moyens d'action et d'influence; c'est être, à l'aide de ces moyens, en mesure de disputer et d'acquérir l'empire de la terre ou des mers. Une puissance surtout qui, comme l'Angleterre, doit tout au négoce et ne serait rien sans lui, doit tout faire pour conserver et étendre sa richesse commerciale; elle doit tout oser pour assurer en sa faveur ce qu'on appelle la balance du commerce, c'est-à-dire pour que son crédit sur la place de l'univers soit toujours plus considérable que son débit. Les éléments de la grandeur et de la décadence d'une nation maritime s'inscrivent en actif et en passif au grand-livre de ses exportations et de ses importations. Tant que les autres peuples ont plus besoin d'elle qu'elle n'a besoin d'eux, non-seulement elle s'enrichit, mais elle règne; le jour, au contraire, où les rôles s'intervertissent et où plusieurs États considérables se trouvent avoir moins besoin de la nation maritime qu'elle n'a besoin d'eux, alors, non-seulement la fortune de cette nation cesse de croître, mais elle est en voie de décliner.

L'ancienne Angleterre, l'Angleterre de Henri VIII et d'Elisabeth, de Cromwell et de Guillaume III, de Walpole, de Chatam et de Pitt, connaissait et pratiquait ces maximes à merveille. Courbés sur le grand-livre du commerce de leur pays, les politiques anglais de ce temps-là s'inquiétaient médiocrement que la dette britannique montât plus haut que celle d'aucun autre peuple, si en même temps les exportations britanniques montaient aussi, non-seulement en somme totale, mais au débit de chaque grand État étranger, plus haut que celles de ces États au débit de la Grande-Bretagne; et c'est ainsi qu'ils avaient élevé leur pays au faîte de la puissance manufacturière et maritime.

Mais les libres-échangistes sont venus, et ils ont changé tout cela. Ils ont bafoué la balance du commerce. On croyait autrefois que, plus le crédit d'un peuple surpassait son débit, plus il était riche et puissant : éclairés de lumières supérieures, les libres-échangistes ont découvert que c'était tout le contraire, et qu'une nation gagnait d'autant plus que la somme des produits qu'elle importe surpasse la somme des produits qu'elle exporte, ou, en d'autres termes, que, plus un État dépend d'un autre pour la fourniture de ses denrées, matières premières, etc., plus il est supérieur à cet autre en richesse et en puissance; «car, a dit innocemment l'école, les produits ne s'échangent, en dernière analyse, que contre des produits, et il ne peut y avoir importation pendant une certaine période de temps sans une exportation correspondante directe ou indirecte. »

Un jour est venu où, sous l'empire des nécessités terribles que nous avons vues, l'Angleterre a été ou s'est crue forcée d'adopter ces belles maximes. Les pétitionnaires de 1820, tout imbus de la lecture de Ricardo, les ont mises les premiers en vogue. Les communes en ont été envahies. Des orateurs influents leur ont adressé

ces étranges paroles : « Prenez soin de nos importa-
« tions, nos exportations auront soin d'elles-mêmes! »
Elles ont cédé. On a essayé à Londres du libre-échange.
Malgré l'avance considérable qu'on avait en capital, en
manufactures et en navigation sur tous les autres peuples, qu'est-il résulté de l'expérience? Qu'a rapporté à
la puissance britannique en considération et en grandeur la pratique de la rare maxime : Toute importation
appelle une exportation équivalente directe ou indirecte?

Le voici : la balance générale du commerce de l'Angleterre avec les deux continents pris ensemble a tourné en
faveur de ces deux continents, c'est-à-dire que le chiffre
des importations de la Grande-Bretagne a surpassé d'une
manière considérable celui de ses exportations.

C'est peu de chose, dira-t-on; l'Angleterre est si industrieuse et si riche! Et puis quel rapport cela peut-il
avoir avec le maintien ou l'accroissement de sa puissance
politique? — Un très-proche, que deux exemples authentiques, vivans, placés aujourd'hui sous les yeux du
monde entier, démontrent de la façon la plus irrésistible.

Deux grands États rivaux de l'Angleterre, les États-
Unis et la France, ont profité à son détriment de l'avantage de la balance du commerce, et cet avantage a accru
dans une proportion considérable leur puissance relative vis-à-vis du royaume-uni.

On évalue que le huitième environ de la population
des Iles Britanniques vit de la fabrication des fils et des
tissus de coton. Les manufactures anglaises sont forcées
de tirer des États-Unis les quatre cinquièmes de l'énorme

quantité de coton qu'elles emploient annuellement à cette fabrication. Mais, chaque année aussi, les États-Unis devenant plus et mieux manufacturiers, l'immense approvisionnement de l'Angleterre devient plus coûteux et plus difficile sans cesser d'être moins nécessaire. Quel est pour nos voisins le résultat de cet accroissement de leur dépendance des États-Unis? Une perte annuelle toujours croissante d'influence politique en Amérique. Les Américains agitent le Canada, envahissent le Mexique, annexent à leur territoire le Texas et la Californie, pénètrent sur le territoire de l'Orégon, exigent le partage de l'isthme de Panama, etc. L'Angleterre, si hautaine et si irritable ailleurs, se tait ici et détourne les yeux : c'est que, si elle parlait, ce serait la guerre; mais, au premier boulet échangé entre un commodore anglais et la marine américaine, les arrivages de coton cesseraient à Londres, à Liverpool et à Glasgow; la colossale industrie fondée par le génie d'Arkwright tomberait faute de matière première; une misère d'Irlande s'étendrait sur les plus riches districts manufacturiers de la Grande-Bretagne, et sa dette monterait on ne sait où. De là la paix obséquieuse entretenue par le cabinet de Londres avec celui de Washington.

Cette paix si riante à la surface, voulez-vous savoir ce qu'elle coûte à l'orgueil et au patriotisme des successeurs de Walpole et de Pitt? Voulez-vous savoir à quel degré les Anglais ont confiance pour l'avenir de leurs rapports avec l'Amérique, dans la fameuse maxime : Les produits s'échangent toujours contre des produits? Ouvrez les documents statistiques de tout genre publiés par les chambres de commerce, par les gouverneurs des colonies du royaume-uni ou par les agents d'affaires que le cabinet de Londres entretient sur la surface entière du globe, ouvrez ces archives uniques écrites de tous les points du monde, à Manchester et à Bombay, au Caire et à la Barbade, à Sidney et au Cap, qu'y voyez-vous? La trace incessante des efforts de l'Angleterre pour échapper à cette domination économique des États-Unis. Ces libres-échangistes, si hardis avec les nations qu'ils croient pouvoir écraser, sont épouvantés des effets politiques du système avec les États-Unis, et ils s'en vont par tout l'univers, aux Indes orientales, en Afrique, en Australie, au Brésil, aux Antilles, demander, sans les pouvoir trouver, à toutes les latitudes, à tous les climats, à tous les sols, des concurrents à l'Amérique!

Certes nous n'en sommes pas vis-à-vis de l'Angleterre, en ce qui concerne les rapports d'échange, sur un pied aussi avantageux que les États-Unis; cependant il est sensible que le bénéfice qu'a valu à notre commerce d'exportation en Angleterre la réforme de M. Peel a augmenté vis-à-vis d'elle notre influence politique.

Je n'en donnerai qu'une seule preuve, mais que chacun peut vérifier.

Il est notoire que la popularité du maintien de la paix avec la France est très-grande dans toutes les classes de la société anglaise aujourd'hui. Ce sentiment si nouveau dans les relations des deux peuples est venu au monde en 1842, et, depuis, il n'a fait que croître. Les raisons en sont diverses. Mais la première et la plus décisive, c'est que, depuis lors, le besoin éprouvé par la Grande-Bretagne de recourir à notre production n'a fait que s'aggraver.

Jetez un regard sur le tableau comparé du mouvement de notre commerce spécial avec nos voisins depuis 1844 jusqu'en 1851, vous serez frappé de la coïncidence extraordinaire du progrès de la popularité de l'alliance française en Angleterre, avec la décroissance des importations d'Angleterre en France d'une part, et l'augmentation au contraire des exportations de France à destination d'Angleterre. En 1844, l'Angleterre importait en France, à titre de commerce spécial, c'est-à-dire de commerce destiné à alimenter la consommation nationale du peuple importateur, pour 90 ou 100 millions de francs de marchandises de toute sorte; en 1851, ce chiffre est graduellement descendu à celui de 60 à 70 millions. En 1844, la France n'exportait à destination du commerce spécial de l'Angleterre que pour une valeur de 90 à 100 millions. Importations et exportations se faisaient alors à peu près équilibre. Depuis lors jusqu'en 1851, ce chiffre s'est successivement et sans arrêt élevé à celui de 278 millions, c'est-à-dire que, tandis que les exportations d'Angleterre en France ont diminué en six ans de 30 pour 100, les exportations de France en Angleterre ont presque triplé. La bienveillance anglaise vis-à-vis de la France a suivi dans ses progrès la même proportion.

Et voilà ce que la maxime : Les exportations d'une manière ou d'une autre récompensent toujours les importations, fait de la puissance politique des États!

Mais ces considérations vont prendre une bien autre force si, de l'examen des soi-disant bénéfices que le libre-échange a jusqu'ici procurés à l'industrie et au commerce de l'Angleterre, nous passons pour conclure à celui des avantages qu'y ont trouvés son alimentation et son agriculture.

Les libres-échangistes n'ont guère été moins affirmatifs sur ce chapitre-là que sur celui de l'industrie. Que n'ont-ils pas dit du progrès de la vie à bon marché en Angleterre! du prix du blé tombé de 30 pour 100, de la diminution de valeur et de l'augmentation de consommation sur le territoire anglais, des denrées alimentaires d'Europe, d'Asie et d'Amérique, et généralement de tous les objets de première nécessité! Le libre-échange avait soudain transformé les populations de 1847 écrasées d'impôts et criant famine en un peuple de sybarites, vivant presque pour rien dans l'abondance et dans la joie!

Hélas! la malheureuse population ouvrière anglaise sourirait tristement, si elle pouvait lire les beaux romans que l'école a bâtis sur son bonheur et comparer ces chimères à la solide aisance des ouvriers du continent! Mais laissons ce triste côté du problème. Aussi bien n'entendons-nous pas nier qu'un certain bien-être relatif n'ait résulté pour la population anglaise de l'avilissement sur ses marchés du prix du blé et des autres aliments. Mais la question est de savoir à quel prix le gouvernement et la nation britannique ont acheté ce bien-être; s'il est bien assuré; s'il vaut ce qu'il a coûté, et, en tout cas, s'il est résulté de là, en faveur de l'Angleterre, une situation agricole et alimentaire digne de faire envie au reste du monde.

Les Anglais, dit-on, en convoquant la terre entière à les nourrir, ont fait baisser chez eux, dans une proportion considérable, la valeur des denrées alimentaires. — Il est vrai; mais cette baisse est précaire, et ils l'ont payée d'un prix qu'à peine elle eût valu, si, en la leur vendant, on avait pu la leur garantir constante.

En diminuant chez eux la valeur du pain de 30 pour 100, ils ont diminué aussi de ces 30 pour 100 le prix de vente de leur blé national. Ces 30 pour 100 étaient indispensables à l'agriculteur anglais pour produire ses récoltes; en les lui retirant, ils l'ont ruiné, et au profit de qui? Au profit de l'agriculteur étranger, russe, américain, français, qui a encombré par importation les marchés britanniques de denrées alimentaires. Il en est résulté une double conséquence, également grave pour la Grande-Bretagne : la culture des céréales, cette base de toute richesse agricole, a été sur son sol restreinte et compromise, et son alimentation est tombée à la merci de l'étranger.

C'est d'abord un événement intérieur d'une portée redoutable que ce coup porté par le libre-échange à l'agriculture anglaise. Il n'est prudent à aucun État de sacrifier son agriculture à son industrie; mais avoir osé un tel sacrifice dans un État insulaire et aristocratique, c'est un coup d'audace que la postérité un jour n'excusera que s'il lui est démontré, chose que nous n'apercevons pas aujourd'hui, qu'il était impossible au parti libre-échangiste

anglais d'avoir recours à aucune autre mesure. Ce qu'il
y a de certain jusqu'à présent, c'est que la production
agricole et l'aristocratie territoriale britanniques ont fait
les plus grands frais de l'adoption du libre-échange en
Angleterre, et qu'ils en ont reçu un choc dont il est impossible que les conséquences n'affectent pas profondément quelque jour la constitution de la propriété du sol
en ce pays. Le peuple anglais, dans un jour de famine,
s'est lassé d'attendre son pain de son aristocratie et de le
payer au prix que cette aristocratie le taxait : il a mieux
aimé tirer sa nourriture des bords du Mississipi, du Volga
et de la Seine, que de continuer à la demander à son agriculture nationale. Soit; mais il a étrangement ébranlé
par là et la richesse de cette agriculture et celle des lords
qui en vivaient, et il paraît difficile qu'une telle réforme
ne soit pas un jour féconde en grands changements dans
la séculaire constitution civile et politique du royaume-
uni.

_ Qu'importe! diront d'accord libres-échangistes et radicaux, l'essentiel était d'assurer à bas prix l'alimentation
du peuple, et le libre-échange en Angleterre y est parvenu. —

Illusion en vérité singulière! voilà un peuple qui af-
ferme à l'étranger la fourniture des éléments essentiels
de sa vie, et on dit que ce peuple a assuré à perpé-
tuité par là l'abondance et le bas prix de son alimentation! L'Angleterre, grâce au libre-échange, est tombée
en cet état où fut l'Italie ancienne à la chute de la république; *externæ opis indiget*, comme Tacite le disait avec

douleur de sa patrie, elle a besoin de l'étranger pour vivre; *vita populi per incerta maris et tempestatum quotidie volvitur*, la vie du peuple y dépend chaque matin de la liberté et des caprices de l'océan, et on dit : Voilà une nation à qui le libre-échange a assuré, son existence durant, le pain à bon marché !

Oui, à une condition, à la condition que l'océan sera toujours libre et que, pas plus que l'étranger, il n'aura de caprices; à la condition que, ni la France, ni l'Amérique, ni la Russie ne cesseront de fournir à l'entretien de l'Angleterre, ne lui fermeront jamais leurs greniers et n'intercepteront jamais ses convois; à condition enfin que la paix perpétuelle régnera désormais sur terre et sur mer. Voilà à quels hasards le libre-échange a exposé le pain quotidien du peuple anglais !

Quelques-uns ont objecté ici la puissance de la marine britannique : elle suffirait en temps de guerre, pensent-ils, pour assurer dans les ports anglais l'arrivée libre des céréales et autres denrés élémentaires. —

A supposer que cela fût, cela empêcherait-il, au premier coup de canon tiré sur l'océan, la seule incertitude des arrivages, de faire monter le prix de ces denrées et de ces céréales à des prix de famine? Mais cela même n'est pas. La marine militaire britannique, si puissante qu'elle soit, et elle l'est extrêmement, est incapable, dans une guerre avec la France, par exemple, de préserver l'Angleterre de la famine. Supposez la guerre déclarée entre le gouvernement français et le cabinet de Londres; à l'instant, tandis que la flotte de cent vapeurs que la France peut aujourd'hui réunir dans l'Océan menacerait les rivages britanniques, tandis que, d'un autre côté, une escadre de vingt-cinq à trente vaisseaux inquiéterait la flotte anglaise, une nuée de corsaires croisant dans les mers lointaines ferait aux convois marchands anglais une guerre dont chaque épisode aurait un contre-coup épouvantable à Londres. Si nombreuse et si vaillante que soit la marine militaire de nos voisins, avec la double perspective à envisager par leurs amiraux d'une descente à tout le moins très-praticable d'une armée française en Angleterre et d'une guerre d'escadre à soutenir contre vingt-cinq à trente vaisseaux de haut bord, il serait matériellement impossible à cette marine de garantir la vie alimentaire du peuple anglais. Il en serait de même, à d'autres égards et dans des conditions différentes, si la guerre venait aux Anglais de l'Amérique ou de la Russie. Et voilà comment le libre-échange, considéré au point de vue agricole, a ouvert à la Grande-Bretagne les sources de l'abondance et les routes de la grandeur!

Concluons, car aussi bien la lumière est faite, concluons, dis-je, en demandant aux libres-échangistes ou de quelle méprise ils sont les jouets ou de quelle crédulité ils supposent leurs lecteurs capables que de donner la situation financière, industrielle et agricole faite par le libre-échange à l'Angleterre pour ce qu'il y a de plus enviable au reste du genre humain.

Certes, nous n'entendons pas accuser les ministres libres-échangistes anglais, et M. Peel moins que tout autre, du danger immense né pour l'Angleterre de cette situation. La mémoire de M. Peel est respectable à tout cœur bien placé, car il a fait ce qu'il a cru le plus avantageux à sa patrie. Ses connaissances politiques, administratives et financières étaient vastes, et si, après de longues hésitations, il a abandonné les maximes commerciales qui avaient fait tant de siècles la fortune et la puissance de l'Angleterre pour embrasser une politique qui a grandement exposé et cette puissance et cette fortune, c'est que sans doute d'impérieuses nécessités l'y ont contraint. La postérité, à qui seule il appartient de le juger, n'oubliera pas dans quelles circonstances terribles il fut appelé à porter la main sur la vieille législation économique de son pays. Il avait à conjurer tout ensemble le déficit, l'encombrement, le chômage et la famine. Ce sont là, s'il s'est trompé, si en voulant sauver la suprématie commerciale de l'Angleterre il en a au contraire commencé le déclin, ce sont là, dis-je, les légitimes excuses de sa conduite. Mais proposer aux États des deux continents, dans le temps même où on les voit tous prospérer à l'abri du régime protecteur, de courir gratuitement, sans y être obligés, une aventure qui, pour la Grande-Bretagne elle-même, avec la colossale puissance manufacturière et maritime dont elle dispose, est déjà un sujet de soucis cruels et sera peut-être un jour l'occasion des plus grands périls, c'est sacrifier en vérité à l'esprit de système jusqu'aux plus vulgaires considérations de bon sens.

— Mais les Anglais, si excellents juges de ce qui leur

convient, et partant sans doute de ce qui convient au reste du monde, mais les Anglais ne cessent pourtant, vous les entendez, de recommander à tous les peuples l'adoption de leurs nouvelles maximes. Quel avantage abominable auraient-ils, si le libre-échange était un gouffre de ruine, à y entraîner l'univers avec eux? N'est-ce pas plutôt la marque la plus sensible de leur générosité que d'avoir appelé le genre humain à participer aux bénéfices d'un système qu'ils auraient pu se réserver?—

Ainsi parle, tenu jusqu'au bout sous le charme, un néophyte du libre-échange. Dissipons cette illusion suprême en montrant ce que rapporterait à l'Angleterre et ce que coûterait à la liberté l'abandon par les peuples continentaux du régime protecteur. Nous achèverons ainsi d'ailleurs de pénétrer et de juger l'esprit qui, dans la lutte économique engagée entre eux et les deux mondes, dirige la conduite et dicte le langage du gouvernement, des orateurs et des publicistes anglais.

CHAPITRE IV.

QUEL AVANTAGE AURAIT L'ANGLETERRE A FAIRE ADOPTER LE LIBRE-ÉCHANGE AUX AUTRES NATIONS.

Lorsqu'on lit les discours, opinions, livres, pamphlets et ouvrages de tout genre où depuis quarante ans bientôt les doctrines du libre-échange se sont produites en Angleterre, on est frappé du caractère commun de l'esprit qui s'y révèle. Ministres, hommes publics, orateurs, écrivains présentent tous le libre-échange à leurs compatriotes, les lecteurs de la Grande-Bretagne, sous l'unique aspect que voici : comme un expédient héroïque, capable seul désormais de sauver la suprématie manufacturière et maritime anglaise des dangers que lui fait courir l'adoption de plus en plus générale dans les États continentaux du régime protecteur de la liberté du commerce.

Le philosophe et historien Hume disait, à la fin du dernier siècle : « Le seul État commerçant qui doive « redouter les progrès et l'industrie de ses voisins est « la Hollande, qui, ne possédant point un territoire con- « sidérable ni une grande abondance de denrées natu- « relles, ne peut être florissante qu'en servant de courtier,

« de facteur et de commissionnaire aux autres États. Un
« tel peuple doit naturellement redouter que les États
« voisins, dès qu'ils arriveront à connaître leurs intérêts
« et à s'en occuper, ne prennent en mains eux-mêmes
« la direction de leurs affaires, et ne privent leurs cour-
« tiers des bénéfices que ceux-ci retireraient de leurs
« services. » Telle est, à peu de choses près, la situation
de l'Angleterre vis-à-vis des deux mondes, depuis le
blocus continental et la chute de Napoléon. Elle en est
venue à redouter, comme autant de fléaux pour elle, tous
les progrès de l'industrie et de la liberté du commerce
de l'univers. Comme la Hollande d'il y a cinquante ans,
dépourvue des denrées les plus indispensables, elle a
besoin de régner sur tous les marchés et sur toutes les
mers pour garantir son existence et sa sécurité.

M. Poulett Thompson, en mars 1830, le disait aux communes dans des termes qui, chose remarquable, revien-
nent presque à ceux de Hume : « Tous nos avantages ont
« disparu avec la paix; et nous nous trouvons dans cet état
« de langueur que les corps politiques, comme les indi-
« vidus, éprouvent après des efforts excessifs. *Nous ne
« jouissons plus de l'usage exclusif des machines, le mo-
« nopole du commerce n'est plus entre nos mains...* Le
« monde entier nous offre des compétiteurs dans tous les
« genres... En outre, non-seulement les capitaux étran-
« gers ne viennent plus se placer chez nous, mais nos
« propres fonds trouvent au dehors un placement non
« moins sûr et plus avantageux. Il y a plus encore, nous
« ne perdons pas uniquement nos capitaux : mais le ta-

« lent et l'intelligence qui se sont développés parmi nous
« passent en d'autres contrées : nous avons à redouter
« maintenant avec l'industrie étrangère celle de nos pro-
« pres compatriotes, attirés sous des climats où l'essor
« du travail est moins gêné... Ainsi toute notre fortune
« est exposée aujourd'hui : notre position insulaire, nos
« mines de houille et de fer, nos immenses capitaux,
« notre supériorité industrielle et mécanique, tout cela
« menace de ne nous servir de rien... *Là est le danger*
« *qui nous presse : il faut l'éviter* ou consentir dès au-
« jourd'hui à *descendre dans l'échelle des nations.* Ce n'est
« pas là une vaine spéculation. L'histoire nous offre un
« enseignement qui n'est point à dédaigner. Quiconque
« l'aura lue, même superficiellement, *sera frappé de la*
« *similitude des circonstances dans lesquelles nous sommes*
« *placés et de celles où la Hollande s'est trouvée au siècle*
« *précédent...* »

Paroles bien remarquables dans la bouche surtout de
l'homme public éminent qui les prononçait. Elles dévoi-
lent l'esprit entier du grand changement qui s'est opéré
dans les maximes commerciales de l'empire britannique.
Ne plus jouir de l'usage exclusif des machines, n'avoir
plus le monopole du commerce, c'est, pour cet empire,
un *danger pressant* qu'il faut éviter, sous peine de *des-*
cendre dans l'échelle des nations et d'être menacé du sort
de la Hollande. Voilà l'unique but de la réforme économique anglaise : sauver la suprématie manufacturière
et maritime de la Grande-Bretagne du péril de mort où
l'expose la liberté commerciale des autres peuples.

Mais comment l'adoption du libre-échange par le gouvernement britannique peut-il être un moyen de détourner ce péril? Les hommes d'État et publicistes anglais eux-mêmes vont nous l'apprendre encore.

« La politique des traités de commerce est à bout, » disait un lord à la chambre haute, dix ans après M. Poulett Thompson. « En vain les hommes les plus habiles de « nos deux grands partis viennent d'être longuement « employés à des négociations avec les nations étran-« gères. La jalousie avec laquelle ces nations voient « notre prééminence commerciale nous empêchera à « jamais d'en rien obtenir. » Dans cette impossibilité visible de déterminer les nations continentales instruites par l'expérience à sacrifier par des traités les lois protectrices de leur liberté aux besoins de la grandeur de l'Angleterre, comment s'y prendre donc pour arriver a les séduire? « Il n'y a plus qu'un remède, dit le premier « M. Huskisson. Abandonnons le régime protecteur. « L'effet d'une telle révolution sera de détourner de ce « régime les nations sur lesquelles nous avons l'avan-« tage. Elles n'auront plus le prétexte de notre exemple « pour s'y engager... Tant qu'il n'y a pas eu hors de « l'Europe de nation commerçante indépendante, et tant « que les vieux gouvernements européens, soit indiffé-« rence, soit impéritie, se sont abstenus de combattre « notre système par notre système, c'eût été de notre « part une faute de le modifier. Mais aujourd'hui tout a « changé. Peut-être comprendrez-vous qu'il serait d'une « bonne politique, en entrant dans d'autres routes, d'y

« entraîner derrière nous les autres peuples... » Ce langage assurément était clair; mais, s'il était resté encore quelques ombres sur l'esprit de la nouvelle politique commerciale de l'Angleterre, M. Peel, dans son fameux discours du 28 janvier 1846, les eût levés. « J'avoue « franchement, dit-il, que, quant aux réductions de « droits que j'ai proposé de faire sur l'admission des « produits étrangers sur notre territoire, je n'ai aucune « garantie que ces pays agiront envers nous comme je « vous ai proposé d'agir envers eux. Vous tirerez de cet « aveu tout l'avantage que vous voudrez... Mais permet- « tez-moi d'envisager la question sous un point de vue « différent. J'aime à croire que notre exemple aura au- « tant de succès que de retentissement, et que la voie « dans laquelle nous allons entrer sera suivie par les « nations étrangères... Comptez-y, le peuple finira tou- « jours par prévaloir contre les tarifs. Un abaissement « universel des droits protecteurs, oui, c'est là ma ferme « croyance, *naîtra du mouvement des esprits...* »

Rien, comme on voit, de plus explicite : l'adoption du libre-échange dans les conseils de la politique commerciale de la Grande-Bretagne, n'a été, en désespoir de cause, qu'un moyen de tenter d'entraîner dans la même voie, pour les y perdre, l'industrie, le commerce et la marine du reste du monde. Ceci n'est point une hypothèse, une conjecture, une induction : c'est un fait; les textes qu'on vient de lire le mettent hors de doute, et il serait aisé d'en produire une multitude d'autres, tous respirant le même esprit et démontrant la même vérité.

Une preuve éclatante d'ailleurs de cet esprit de la nouvelle politique commerciale de nos voisins n'a pas tardé d'être donnée par eux-mêmes jusqu'au sein des nations qu'ils voulaient et espéraient, par la vertu fascinatrice de l'exemple, précipiter dans le libre-échange. A peine les premières lois antiprotectrices de M. Peel eurent-elles été votées par le parlement anglais, qu'aussitôt une propagande libre-échangiste d'une étendue, d'une puissance et d'une habileté admirables se trouva, on ne sait comment, organisée dans les deux mondes. Nous avons vu depuis dix ans, nous voyons encore de nos jours l'Europe et l'Amérique inondées de livres, revues, journaux, discours, pamphlets de toute sorte où, sous toutes les formes et dans toutes les langues, le libre-échange est présenté aux différents peuples avec un art miraculeux, comme la seule et unique politique qu'ils aient à suivre pour atteindre chacun au but, quelque opposé qu'il soit, qu'ils poursuivent.

Les Anglais, on le sait, sont les premiers hommes du monde pour susciter et diriger ces *mouvements des esprits*, comme disait discrètement M. Peel en 1846. Quand tel ou tel *mouvement des esprits* leur est utile quelque part, ils mettent tout en œuvre pour le faire naître. Les moyens pour eux ne sont rien : ils tentent et osent tout, attentifs, et je ne les en blâme pas, tout grand patriotisme est respectable, au seul salut de leur pays. Ils avaient déjà donné au monde bien des exemples de leur audace, de leur activité et de leur adresse en ce genre ; mais je crois qu'ils se sont surpassés encore dans l'or-

ganisation de la propagande du libre-échange. Rien
n'égale la diplomatie oratoire, littéraire, etc., à l'aide de
laquelle depuis dix ans, d'un bout du monde à l'autre,
ils ont entrepris de persuader au genre humain que son
intérêt suprême est de sacrifier ses manufactures, sa
navigation et son commerce pour aider la Grande-Bretagne à conserver le sceptre des mers et l'empire de près
de la moitié du monde.

Mais la qualité dominante qu'ils ont révélée surtout
dans cette singulière entreprise est la connaissance des
passions et des préjugés des divers peuples auxquels ils
se sont ainsi simultanément adressés. En France, pour
que le système le plus paradoxal réussisse, il suffit de
le mettre sous la protection du drapeau de 1789. Les
Anglais, qui nous connaissent bien, n'ont pas manqué
de flatter en cela notre manie. — Qu'est-ce, nous a-t-on
dit, que votre régime protecteur? Cela était bon pour
Colbert et pour Napoléon; mais qu'y a-t-il de plus contraire à l'esprit de 89 que la politique commerciale de
Napoléon et de Colbert? On vous a dit que, sous ce Colbert et ce Napoléon seuls, vos manufactures avaient
prospéré, votre commerce avait grandi, votre marine
s'était relevée, et qu'au contraire, lorsqu'en 1786 vous
pratiquâtes le libre-échange à l'instigation de M. Pitt, en
moins de trois ans vous fûtes ruinés. Il est possible;
mais combien tout est changé depuis lors, et combien,
dans la sublime demeure où elles reposent, les grandes
ombres de 1789 seraient ravies d'apprendre qu'éclairés
enfin par nos leçons, vous vous livrez sans défense aux

coups de notre toute-puissance commerciale! — Aux
Américains, autre discours. Les Américains, parce qu'ils
produisent le coton, des bois admirables, du fer, etc.,
prétendent fabriquer des cotonnades, des vaisseaux, des
machines, et devenir un peuple manufacturier, marchand et maritime. Quelle folie! et combien notre grand
lord Chatham avait raison quand il disait qu'il faudrait
interdire aux États-Unis de fabriquer seulement une tête
de clou! Que l'Amérique reste ce que la nature l'a faite,
une puissance agricole. L'Angleterre se charge de la
fournir d'autant de cotonnades et produits manufacturés qu'il lui sera nécessaire. L'une et l'autre gagneront
extrêmement à ce marché, mais l'Amérique surtout,
qui sera débarrassée du tracas et des périls que traînent
toujours après soi une grande industrie et une grande
marine. — En Italie, les libres-échangistes anglais assurent que l'indépendance de la péninsule est assurée si
elle adopte le libre-échange; en Allemagne, ils affirment
que l'industrie créée par le Zollverein n'a qu'une existence factice, ruineuse à l'agriculture et désastreuse aux
affaires de l'unité allemande. Et ainsi du reste, changeant
d'arguments selon les lieux, ne s'inquiétant pas de mettre
les discours de cette immense propagande d'accord les
uns avec les autres, soucieux seulement qu'ils trouvent
chacun le chemin des passions des auditoires divers auxquels ils s'adressent.

Puis ils ont rencontré partout des auxiliaires incomparables qui pullulent dans le siècle malade où nous
sommes, — les utopistes. Tous les reconstructeurs de

société, tous les rêveurs de paix perpétuelle et de république universelle, tous les romanesques et tous les révolutionnaires de nos jours en un mot, se sont trouvés d'abord, et dès que la chose a paru, partisans du libre-échange. Et comment en eût-il été autrement, je vous prie? Quand des révolutionnaires résisteront-ils une seule fois à la tentation de détruire, au nom de la liberté même, toutes les garanties protectrices de cette liberté? Une grande institution à renverser, une institution consacrée par des siècles d'expérience et par l'autorité des plus grands génies de l'administration et de la politique, par Cromwell et par Colbert, par Frédéric et par Napoléon, à mettre en poussière et à remplacer par une nouveauté des plus chimériques et des plus dangereuses du monde, quelle occasion! quel coup de fortune! Ajoutez à cela quelques honnêtes gens sincères, mais n'ayant pas approfondi la matière et s'étant décidés par des considérations générales qui y étaient étrangères, ou encore des amateurs distingués de liberté et de perfectibilité humaine, qui sont toujours indulgents, je devrais dire faibles pour les utopies elles-mêmes, pourvu qu'elles parlent encore de cette perfectibilité et de cette liberté; ajoutez, dis-je, dans chaque pays, cette petite légion de libres-échangistes de système ou de prévention à la foule des rêveurs et des radicaux de l'univers, et alors vous comprendrez que la propagande économique anglaise, menée d'ailleurs avec le génie, l'obstination et l'ardeur de conduite que nos voisins mettent à tout, ait fini par faire un grand chemin dans l'opinion.

Et ainsi s'est trouvé atteint le premier but de la nouvelle politique commerciale de l'Angleterre, but si nettement indiqué par M. Peel, lorsqu'il a dit : « Il faut provoquer d'abord, par notre exemple, *un mouvement des esprits.* »

Le résultat de la propagande libre-échangiste, grâce au bon sens des gouvernements continentaux, s'est jusqu'ici borné là; mais qu'arriverait-il si ce bon sens, sous l'effort de la diplomatie britannique, fléchissait? qu'arriverait-il si *le mouvement des esprits* passait à un degré sensible dans les faits? Et quel est donc enfin le secret de ce prix immense attaché par l'Angleterre à voir la politique protectioniste ébranlée d'un pôle à l'autre, et les deux continents se précipiter à sa suite dans la route où seule encore nous la voyons s'aventurer aujourd'hui?

Ce secret est simple : il se peut expliquer en deux mots.

Si l'Angleterre reste seule dans le monde à pratiquer le libre-échange, oh! alors, le libre-échange a de grands dangers pour elle; nous les avons fait voir dans un précédent chapitre. M. Poulett Thompson les a énergiquement résumés d'un seul mot, quand il a dit : « Si le monopole du commerce nous échappe, il nous faudra descendre dans l'échelle des nations. » Voilà le péril que court l'Angleterre, si personne, à son exemple, ne déserte les principes de la protection : elle n'écrasera plus de sa suprématie ni les marchés ni les mers; mais, si le libre-échange devient le régime commercial des deux

continents, quel triomphe au contraire pour la puissance
manufacturière, commerciale, maritime et politique de
nos voisins! Ce qui n'était qu'un coup de désespoir devient un coup de génie : la fortune de la vieille Angleterre recommence, et sur les débris de la liberté commerciale des deux mondes elle marche, sans que rien
soit capable de l'arrêter un moment, à la domination
universelle.

La conclusion paraîtra extrême peut-être à quelques
personnes; quand tout à l'heure elles en auront vu les
preuves, elles reconnaîtront qu'elle n'est que juste. Oui,
c'est bien à la domination universelle, à cet empire souverain sur le commerce et sur la politique du monde,
qu'à la faveur des guerres de la révolution et de l'empire,
l'Angleterre, de 1792 à 1806, avait acquis et que le blocus
continental d'abord, la paix générale ensuite, ont ébranlé,
c'est bien à ce faîte de grandeur que l'adoption du libre-
échange par les deux continents ramènerait inévitable-
ment la puissance britannique. L'instinct des peuples les
trompe rarement. Quand les Anglais provoquent l'univers
au libre-échange, c'est qu'ils ont la conscience que l'univers, sur un pareil terrain, est incapable de tenir devant
eux. Conscience légitime, on va le voir, d'une supériorité
marchande, manufacturière et navale qui, si les douanes
protectrices des États continentaux tombaient, en écrase-
rait marine, industrie et commerce, la richesse, la prospérité et l'indépendance à la fois, avec la même facilité que
ce géant de la fable étouffait entre ses bras les athlètes
imprudents qui osaient lutter nus avec lui.

Supposez le libre-échange réalisé : les vœux de M. Poulett Thompson et de M. Peel sont remplis; la puissance de l'exemple l'emporte; toutes les nations sont détournées de cette voie du régime protecteur où Napoléon, renouvelant et agrandissant les traditions de Colbert, les a engagées; l'Angleterre n'a plus devant elle cette muraille d'airain du système continental devant laquelle vient expirer le flot toujours montant de l'excès de production qui la tue; il n'y a plus de barrière nulle part : le globe entier, mers et terres, est rouvert à la Grande-Bretagne, et ses marchandises se présentent sans obstacle en concurrence avec celles de toutes les nations sur les marchés respectifs de chacune d'elles; enfin l'idéal de l'ambition marchande anglaise est atteint, et l'Angleterre, toutes douanes détruites, est mise à même de devenir l'unique atelier, l'unique magasin et l'unique commissionnaire du monde. Pensez-vous que qui que ce soit aujourd'hui soit capable de l'empêcher de monter à ce rang, ou imaginez-vous qu'elle ne soit pas en état, les conditions du rôle acceptées, de le remplir? Ce serait une double méprise. Richesses naturelles, richesses acquises, expérience, activité, génie, tout permet aux Anglais, si le monde, en détruisant ses douanes, y consent, de ruiner toute l'industrie et tout le commerce de ce monde, et d'en prendre à eux seuls, par leurs vaisseaux et leurs fabriques, la place, la charge et le profit.

Considérez d'abord les avantages naturels de la Grande-Bretagne, et le premier de tous, sa constitution géographique. « Les localités, disait Végèce, influent souvent plus

sur le succès que la bravoure et que le nombre. » La remarque n'est pas moins juste en commerce qu'en art
militaire. L'Angleterre est une île : ce mot seul explique
presque toute sa fortune. Isolés par la mer de voisins ambitieux et puissants, les habitants des Iles Britanniques ont
trouvé à l'origine, rien que dans leur position insulaire,
le premier élément de la formation de toute industrie et de
tout commerce, la sécurité. Ensuite, et dès que le désir
d'améliorer leur condition s'est emparé d'eux, ils n'ont eu
d'autre moyen de satisfaire ce désir que d'aller chercher
fortune sur l'Océan. Que faire, bornés à eux-mêmes? Vé-
géter ignorés, inutiles et pauvres. La mer, de tous côtés,
les sollicitait à tenter la richesse, la puissance et la gloire;
n'était-il pas inévitable que le jour où une race tant soit
peu énergique tomberait dans ce coin du monde, aux
prises avec ce ciel sévère, ce territoire étroit, cet océan
houleux, elle demanderait au commerce la jouissance de
tous les biens de la vie? Enfin, une fois engagée dans la
voie que la nature elle-même, pour ainsi parler, lui tra-
çait, l'activité britannique, sous peine presque de s'éteindre,
ne pouvait cesser de grandir. Le destin de ces insulaires
était de marcher par le commerce à la conquête du monde,
comme ç'avait été celui de Rome d'y marcher par les armes. La première barque qu'ils mirent sur l'Océan leur
montra que, s'ils le voulaient, ils en pourraient devenir
les maîtres. Leur énergie native devait faire et a fait le
reste. Mais combien la nature, en les dotant, à l'origine,
de ce royaume, de toutes parts borné par l'Océan et de
toutes parts aussi ouvert sur lui, avait préparé la forma-

tion, assuré les garanties et frayé les routes de leur grandeur !

Aujourd'hui que cette île, grâce à des siècles de travail, de génie et de puissance, est percée de plus de cent ports, dont trois, Londres, Liverpool et Hull, sont, sur les trois mers qui la baignent, les plus vastes magasins du globe, on cherche en vain dans l'histoire comme par le reste de la terre une position commerciale et maritime qui s'y puisse comparer. Tyr, Corinthe, Venise et Amsterdam ont régné sur le monde; mais qu'elles étaient loin de l'admirable constitution territoriale des Iles Britanniques ! Quant aux nations de nos jours les mieux situées après l'Angleterre pour faire le commerce, quant à la France et à l'Amérique même, il n'est pas un de leurs avantages, et ils sont grands cependant, qui puisse, au point de vue de la sécurité et de la puissance commerciale, être mis en balance avec celui de la position insulaire des Anglais. Cette position est unique; à l'origine, elle a obligé les habitants des Iles Britanniques à être commerçants ou à demeurer barbares; aujourd'hui elle exige qu'à tout prix ils gardent le sceptre des marchés et des mers, sous peine non-seulement de déclin, mais même de ruine; enfin, comme elle a été le berceau et comme elle ne cesse d'être le stimulant de leur fortune, elle en est aussi le boulevard, et il n'a rien moins fallu que Napoléon, le blocus continental et l'invention de la vapeur pour faire douter que ce boulevard pût jamais être ou tourné ou brisé. Supposez le libre-échange, et dites, rien qu'en jetant les yeux sur une mappemonde, si déjà, rien qu'en vertu de la géographie de son territoire, le peuple des Iles Britanniques n'a pas sur le reste de l'univers un avantage maritime et commercial que rien ne peut lui enlever, puisqu'il le tient de la nature même des choses.

Mais ce n'est là que la cause extérieure de la puissance marchande anglaise. La Grande-Bretagne ne tient pas seulement de la nature l'avantage de la position sur le champ de bataille du commerce et de l'industrie; elle a reçu encore et par sa persévérance elle a su considérablement augmenter un fonds de richesse industrielle primitive avec lequel la dotation naturelle des pays les mieux partagés du globe est incapable de soutenir la comparaison. Examinez en effet. Les trois grands objets de manufacture et de commerce de nos jours sont la houille, le fer et le coton; ensuite viennent la laine, le lin, la soie, enfin les diverses matières minérales. L'Angleterre possède naturellement ou s'est approprié, avec une puissance que rien ou presque rien ne peut lui enlever, l'exploitation et la fabrication sans rivales des trois premiers et des trois plus riches de ces articles; sur les autres, à divers titres, elle peut, les douanes une fois enlevées, non-seulement soutenir la concurrence, mais la rendre désastreuse à quiconque la tentera contre elle.

Commençons par la houille. On dirait qu'elle est toute retirée en Angleterre. L'abondance et la qualité dans lesquelles on l'y trouve sont à peine croyables; la statistique de son exploitation et de son commerce, si des documents officiels au-dessus de tout soupçon et si le témoignage des yeux de tous ceux qui ont

passé le détroit n'en déposaient, aurait l'air d'un conte
fait à plaisir. Il est en Angleterre des comtés entiers,
ceux de Durham et de Northumberland, par exemple, qui, en quelque sorte, ne sont que des gîtes de
charbon. On l'y trouve à fleur de terre; il suffit de re-
muer le sol pour découvrir la veine, et on peut l'exploiter
horizontalement dans une longueur immense avec autant de facilité et aussi peu de frais que sur le continent
certaines carrières de pierre ordinaire. Ajoutez que la
qualité de cette houille égale seule son abondance. On
trouve dans le même district les sortes propres à la forge,
à la chaudière et au chauffage. Enfin tout ce charbon est
voisin de la côte, ou plutôt constitue en vérité la côte
même, de manière que les frais de son transport sur le
bâtiment qui doit l'emporter dans tous les lieux du monde
sont insignifiants. Mais voici quelques chiffres pris aux
sources les moins suspectes, qui parleront mieux que
toute description. On compte dans le royaume-uni plus
de trois mille mines de houille, employant ensemble environ deux cent cinquante mille hommes, femmes et enfants. L'avis unanime des géologues et des mineurs les
plus expérimentés est que cet immense gisement est inépuisable, en ce sens que son exploitation, fût-elle considérablement augmentée, et elle pourrait l'être aisément de 30 pour 100 fournirait du charbon au monde
entier pendant des siècles. La valeur du capital engagé
dans les houillères est de plus de 750 millions de francs;
leur rendement moyen annuel est de trente-quatre millions de tonnes, valant ensemble environ 250 millions de

francs. Il n'y a certainement pas d'industrie ni de commerce sur la terre qui soit de cette importance. Quelle lutte serait possible avec les Anglais sur un pareil terrain, le libre-échange une fois admis? Certes la France est riche en houille; la superficie du moins de ses gîtes carbonifères et leur production annuelle sont considérables, et cependant, malgré les tarifs qui défendent nos industriels, que voyons-nous? Toutes nos côtes de l'Océan, depuis Nantes jusqu'à Bayonne, dans une profondeur moyenne de trente et quarante lieues, tout l'ouest de la France, les Landes, la Gironde, la Dordogne, les Charentes, la Vendée, la Loire, sont, malgré les tarifs protecteurs de nos houillères du midi, autant de provinces de l'industrie charbonnière anglaise; bien plus, nos arsenaux et nos grandes usines publiques, et jusqu'à notre marine militaire, brûlent de préférence de la houille anglaise. Admettez le libre-échange : la France entière consommera du charbon de Newcastle, et toute notre industrie nationale des houilles est perdue. Je ne citerai à cet égard qu'un chiffre, mais il va suffire à montrer ce que deviendrait l'industrie du charbon dans le reste du monde si le libre-échange y était universellement admis. L'exportation de la houille anglaise monte annuellement en moyenne à 2,600,000 tonnes, et la France, en plein système de douanes, malgré la concurrence protégée de ses houillères du nord et du midi, reçoit et consomme près du quart de cette exportation.

Venons au fer à présent. Après la houille, le grand instrument de la richesse et de la puissance des nations de nos jours, c'est incontestablement le fer. La Grande-Bretagne en possède soixante mines, qui alimentent cinq cent soixante-treize hauts-fourneaux. La production de ces hauts-fourneaux monte annuellement à deux millions de tonnes, ou cinq fois la valeur de la production correspondante des nôtres. La quincaillerie et la coutellerie sont les principales des manufactures qui façonnent le fer. Plus de quatre cent mille ouvriers y sont employés en Angleterre; ils produisent pour une valeur de 500 millions de francs, et les exportations montent à environ 75 millions. Enfin, une fabrication essentiellement liée à celle du fer est celle de l'acier; mais il faut un fer tout particulier pour fabriquer l'acier. Les Suédois possédaient en abondance ce fer. Qu'ont fait les Anglais? Pour compléter en un point aussi essentiel la puissance sans rivale de leur industrie métallurgique, ils ont été en Suède, ils ont acheté par baux à loyers l'exploitation exclusive des mines de Suède pour quarante et cinquante ans, et ils ont affecté une de leurs villes tout entière, Sheffield, à la fabrication de l'acier. On compte à Sheffield soixante-deux établissements et cinquante-six hauts-fourneaux. L'exportation annuelle de cet acier d'origine suédoise, mais naturalisé anglais par contrat, monte à près de sept mille tonnes. Ces chiffres disent assez ce que deviendrait l'industrie du fer dans le reste du monde le jour de l'abandon du système protecteur. M. Peel, parcourant dans son fameux discours tous les articles de l'industrie anglaise, s'efforçait, chose facile à coup sûr, de démontrer qu'ils n'avaient rien à craindre de la concurrence

étrangère. Les communes étaient très-édifiées à cet égard ;
aussi l'écoutaient-elles avec quelque impatience prouver,
ce qu'elles savaient à merveille, que les différentes sortes
de manufactures britanniques pouvaient braver le libre-
échange. Mais quand le ministre, dans le cours de son
inutile démonstration, en vint au fer et qu'il dit : « J'arrive maintenant aux fabriques métallurgiques. Je dirai
que les fabriques de métaux de ce pays....., » il ne put
aller plus loin ; un rire général l'interrompit, et la chambre entière le dispensa de démontrer l'évidence.

Après la houille et le fer, le coton. La nature, qui a si
abondamment pourvu les Iles Britanniques des deux premiers de ces grands objets du commerce moderne, leur
avait refusé le troisième ; mais les Anglais, par leur génie industriel, se le sont approprié. Aucune industrie
étrangère, on le sait, n'approche aujourd'hui, ni pour la
quantité ni pour le bas prix, de leur fabrication en ce
genre. Ils consomment par semaine près de trente mille
balles de coton. Ils ont exporté en 1851 quatorze cent
millions de mètres de cotonnades de tout genre, ce qui
forme trois cent cinquante mille lieues en longueur, ou
environ trente-cinq fois la circonférence du globe terrestre. Cela justifie en quelque sorte le mot plaisant de ce
manufacturier de Manchester qui disait : « Les astronomes
peuvent découvrir tant qu'ils pourront de nouvelles pla-
nètes, le libre-échange une fois admis, les Anglais se
chargent volontiers d'en vêtir les habitants. » Quel est
le secret de cette exportation immense, malgré les tarifs qui, non-seulement en Europe, mais jusque dans le

pays même du coton, en Amérique, protégent les filateurs du reste du monde? C'est que les Anglais fabriquent
le coton à environ 30 pour 100 meilleur marché que tous
les autres peuples. Aussi M. Peel, dans son célèbre discours, disait-il à propos des cotonnades, et en rappelant
que la Grande-Bretagne en exportait jusqu'en Amérique :
« Que craignez-vous? en dépit de leurs tarifs protecteurs,
vous avez battu les étrangers jusque sur leur propre terrain! » Sans doute; mais que serait-ce donc sans ces tarifs protecteurs? Ce serait la ruine de toutes les manufactures de coton existantes dans les deux continents, au
profit de la reconstitution de ce monopole que l'Angleterre a exercé si longtemps, que le système continental
inquiète et sape tous les jours, et dont la perte, comme
disait M. Poulett Thompson, est *le danger le plus pressant*
que la politique britannique ait à conjurer.

Nous pourrions parcourir maintenant avec le même
détail la fabrication de la laine, du lin, de la soie, de la
plupart des matières minérales : on verrait que, quoique
moins bien doués à ces différents égards que pour la
houille, le fer et le coton, les Anglais cependant, dans
une lutte industrielle et commerciale, sans tarifs avec le
reste du monde, non-seulement n'auraient rien à craindre, mais seraient certains de l'emporter. Pour ne pas
fatiguer le lecteur de cette énumération, bornons-nous à
quelques mots sur la fabrication de deux articles qu'il
devra sans doute être surpris de nous entendre signaler
comme redoutable entre des mains anglaises, le lin et la
soie.

Le lin et la soie! voilà des industries, ce semble, bien essentiellement continentales. C'est un Français, Philippe de Girard, qui a inventé la machine à filer le lin, et tout le monde connaît la splendeur industrielle de Lyon : eh bien! en ce qui concerne le lin d'abord, qui ne se rappelle ce qui nous arriva, à nous, compatriotes de Philippe de Girard, pour avoir essayé, il y a vingt ans, de lutter sans tarifs avec les Anglais dans l'industrie linière? A peine le traité était-il fait, que les exportations d'Angleterre en France des fils et tissus de lin montèrent au point de ruiner nos fabriques. Il fallut en toute hâte revenir au régime des droits protecteurs; encore un an ou deux de libre-échange, et nous perdions notre industrie linière! Et la soie! Nous sommes fiers, et avec raison, de nos soieries : elles sont le chef-d'œuvre du génie industriel de l'Occident, elles méritent bien de faire notre orgueil. Les Anglais cependant se sont mis à fabriquer à bas prix, suivant leur méthode ordinaire, des soieries unies. Cette industrie est récente chez eux. Cependant voulez-vous savoir ce qu'elle est déjà devenue entre leurs mains? Ils ont élevé deux cent soixante-douze manufactures, dont quelques-unes, celles de Macclesfield et de Coventry par exemple, sont fort belles. Ces manufactures emploient quarante-deux mille ouvriers, et elles exportent pour une valeur de 25 à 30 millions de francs Et savez-vous quel est le principal débouché de cette exportation? Vous allez, si vous l'ignorez, être bien étonné de l'apprendre : c'est la France! La France, qui exporte pour 250 millions de ces incomparables produits de la fabrique lyonnaise que le monde admire, la France, en 1851, a importé pour 8 ou 10 millions de soieries unies de la Grande-Bretagne! « Si on eût osé prédire, dit « un écrivain libre-échangiste anglais, ce qui est un fait « accompli, que les tissus de Macclesfield seraient exportés « en France pour l'usage de ses habitants, l'auteur d'une « telle prophétie aurait été jugé digne d'être logé dans « une maison de fous; mais le fait aujourd'hui est incon- « testable. Nous n'avons rien à redouter de nos voisins « pour les étoffes unies; c'est uniquement pour les arti- « cles légers et de goût que leurs produits continuent de « l'emporter sur les nôtres... »

Ainsi voilà, outre sa situation insulaire, la dotation industrielle écrasante que le jour du libre-échange l'Angleterre jetterait dans la balance du commerce du monde.

Est-ce tout? Oh! nous sommes loin de compte. Nous nous hâtons, nous ne nous arrêtons qu'aux choses essentielles; mais l'inventaire de cette prodigieuse fortune est long à parcourir.

Nous venons de voir de quelle puissance naturelle l'Angleterre disposerait le jour du libre-échange pour écraser la liberté du monde; mais ce n'est rien encore en comparaison de sa puissance acquise. La nature avait fait beaucoup pour ce peuple; mais à son impérissable gloire, disons-le, son génie et son énergie ont encore plus fait que la nature. Il est quelque chose qui, dans l'hypothèse de l'abandon du régime protecteur par les deux continents, les ruinerait plus vite tous les deux que la richesse naturelle de l'Angleterre, — c'est son capital.

On sait ce qu'en langage économique on est convenu d'entendre sous le terme de capital, c'est toute richesse produite de quelque genre que ce soit qui peut, à son tour, servir d'instrument de production. Dans ce sens conventionnel, l'expérience d'un manufacturier, celle d'une nation sont des capitaux comme une usine ou un chemin de fer; car ce sont autant de richesses acquises qui servent à faire fructifier d'anciennes valeurs ou à en créer de nouvelles. A ce titre, et cette large signification du mot une fois admise, quel est le peuple au monde dont le capital pourrait, toute protection détruite, rivaliser avec celui des Anglais? Usines et manufactures, docks, canaux, chemins de fer, navigation, colonies, routes du commerce, stations navales, institutions de crédit, expérience mécanique, financière, maritime, politique, économique, mœurs industrielles et commerciales formées par des siècles d'épreuves, ils possèdent un capital, une puissance acquise de travail et de lutte telle que, non-seulement la pareille n'existe nulle part de nos jours, mais ne s'est jamais vue dans l'histoire.

Lorsqu'on parcourt cette île, il semble voir, ce qu'elle deviendrait en effet par le libre-échange, — l'atelier de l'univers. Ce n'est qu'une grande manufacture où tout est monté en bâtiments, machines et instruments de toute sorte pour faire face aux besoins industriels du genre humain. On travaille là jour et nuit pour le monde. — Pour qui ce pont? Pour la Suède. Pour qui ces indiennes? Pour l'Inde. Ces cotonnades? Pour l'Amérique. Ces soies, ces lainages, ces ancres, ces machines, etc.? Pour la France.

Pour qui ces immenses cargaisons de houille et de fer, qui s'échappent à la fois des cent ports du royaume-uni? Pour toute la terre. Tout respire, dans ce pays, l'industrie et le commerce, et n'est établi qu'en leur considération. Quels sont les grands monuments des villes? La douane, les docks, la poste, la bourse, l'hôtel des assurances. Qu'y a-t-il de curieux ici, demande un touriste, sur un point quelconque de la contrée? On lui répond : Tant d'usines, tant de hauts-fourneaux. Voulez-vous voir fondre et forger le fer, filer, tisser, fouler, colorer, imprimer coton, laine, lin, chanvre, soie, etc.; voulez-vous voir toute matière susceptible d'un travail de manufacture quelconque, ouvrée de toutes les manières imaginables dans une quantité, avec une vitesse et à un bon marché que vous n'avez jamais vus : allez en Angleterre; il y a là un premier capital en manufactures, usines, bâtiments de toute sorte que la statistique a renoncé à évaluer. Les autres peuples, en présence déjà de cette seule partie du capital anglais, seraient, le jour du libre-échange, vis-à-vis de la Grande-Bretagne, dans la situation d'un homme qui, n'ayant qu'une bêche, voudrait lutter d'agriculture avec un autre qui se servirait d'une charrue.

Mais ce n'est là encore que le capital privé des divers manufacturiers; il faut y ajouter le non moins merveilleux capital public dont ils disposent, les voies et moyens de commerce de tout genre, les docks, chemins de fer, etc. Il y a dans le royaume-uni cent trente docks, fournis de magasins immenses couvrant ensemble une surface liquide de plus de quatre cents hectares, et distribués sur toutes les côtes et dans toutes les directions avec un aménagement admirable. Liverpool, le grand marché au coton, le colossal débouché de New-York, Liverpool compte cinquante de ces docks ou bassins se développant à l'est de la Mersey sur une longueur d'environ huit kilomètres, pouvant contenir vingt mille navires, et percevant une recette annuelle de plus de 6 millions de francs. Liverpool n'est cependant que la seconde ville de commerce de l'Angleterre, et elle a dans Hull, Bristol, Sunderland, Hartlepool, Leith, Dundee, Greenock, Cardiff, etc., des succursales dont les magasinages annuels surpassent de beaucoup en valeur celle du commerce total de certains États du continent. Ajoutez aux docks les canaux. Il y en a cent vingt-cinq en Angleterre, d'une longueur totale de près de cinq mille kilomètres, ou d'un cinquième environ de plus que celle des nôtres. Ces canaux se croisent en tous sens avec un réseau de chemins de fer d'une longueur, d'une distribution, d'une valeur, d'un usage et d'un revenu qui, pour le transport des marchandises, n'ont nulle part trouvé de supérieurs et n'ont peut-être même pas, toute proportion gardée, d'égaux.

Concevez ce qu'à l'aide d'instruments publics pareils les manufacturiers anglais, pourvus, comme ils le sont, d'un capital privé, d'usines, bâtiments, machines et le reste, incomparable, sont annuellement en état de produire, d'acheter et de vendre ! La statistique, à cet égard, a fourni des chiffres qui passent toute idée. Ainsi, d'après des calculs récents qu'on a lieu de croire exacts, la valeur moyenne des produits de tout genre, naturels et manufacturés, indigènes et exotiques, qui entrent annuellement dans le seul commerce intérieur de la Grande-Bretagne, est d'environ 15 milliards. Mais ces chiffres ne parlent qu'à l'esprit, et en industrie et en commerce autant qu'en aucune chose, pour bien juger, il faut voir.

Transportez-vous dans les environs de Manchester, par exemple, chez un constructeur de locomotives. Ce simple constructeur, muni d'un outillage qu'envieraient des arsenaux publics étrangers, fabrique pour toutes les contrées du globe cent ou cent cinquante machines à feu par an. Après avoir parcouru l'intérieur de ses ateliers, considérez comme ils sont placés. A quelques kilomètres de là est la houille qu'il brûle dans ses fourneaux; cette houille, la meilleure de l'univers, lui arrive en quelques heures, à peu de frais, par le moyen d'un canal qui passe devant son usine. Il en est de même du fer, du cuivre et de toutes les matières premières dont il a besoin; il les tire d'une médiocre distance, soit par ce même canal, soit par un ou plusieurs chemins de fer qui passent également à sa porte. Les fourneaux s'allument, la matière fond, douze à quinze cents cyclopes travaillent, la locomotive s'achève. Il ne reste qu'à l'expédier. Mais à quel pays de l'univers est-elle destinée? Est-ce à l'Amérique? L'un des chemins de fer ou canaux qui se croisent au bas du perron de l'atelier va la porter sans secousse, sans retard, pour un prix insignifiant, au grand port du commerce anglo-américain, à Liverpool. Un bâtiment est là tout prêt qui

l'emmène à New-York ou à la Nouvelle-Orléans. La destination, au contraire, est-elle le nord de l'Europe, alors
c'est sur la branche du canal ou du chemin de fer qui
de la maison conduit à Hull que notre constructeur em-
barquera sa machine. A Hull, elle trouvera cent navires
qui la transporteront à Anvers, Rotterdam, Héligoland,
Hambourg, Copenhague, etc. La locomotive enfin a-t-elle
été commandée en France, en Italie, en Egypte, en
Chine, aux Indes, dans ce dernier cas, ce sont les branches du canal ou du chemin de fer qui de l'usine du manufacturier mènent à Londres et.de Londres en Occident
et en Asie, qui sans plus de peine ni d'embarras emporteront au premier signe la locomotive. Est-ce là un fait
extraordinaire, exceptionnel? C'est un fait journalier et
commun. Il n'y a presque pas d'usine en Angleterre qui,
sous une forme ou sous une autre, ne soit dans des conditions d'exploitation ou égales ou équivalentes.

Quand un capital privé de ce genre est servi par un
capital public d'une telle nature, de quelle lutte ou plutôt
de quelle gageure industrielle n'est pas capable la nation
qui les réunit? Mais aussi quel est ailleurs aujourd'hui,
dans tous les États existants, le partner capable de tenir
cette gageure?

Ce n'est pas tout; loin de là. Tout ceci ne forme que
le capital intérieur de cette étonnante manufacture; mais
elle dispose en outre d'un capital extérieur circulant ou
disséminé sur la surface entière du globe, auquel les
autres nations sont encore plus incapables, s'il se peut
faire, de rien opposer. Ce capital nouveau, ce sont la ma-

rine marchande, les colonies, les stations navales du royaume-uni qui le forment. Voici à grands traits l'esquisse de ses principaux éléments.

La marine marchande anglaise est de douze millions et demi de tonneaux, c'est trois fois et plus le tonnage de la nôtre. On comptait en 1851 trente-quatre mille bâtiments marchands enregistrés dans tous les ports de l'empire britannique, et on estime qu'ils sont montés par deux cent quarante mille hommes. On sait que ce sont environ cinq siècles de régime protecteur qui ont valu à l'Angleterre cette navigation sans pareille. Le premier tarif protecteur de la marine britannique, en effet, est du règne de Richard II, vers la fin du XIVe siècle. Les Tudors et les Stuarts suivirent les mêmes errements jusqu'à ce qu'enfin le fameux acte de 1650 ait érigé la protection maritime de l'Angleterre en loi de salut public. Les libres-échangistes ont déchiré cet acte, et aujourd'hui tout navigateur étranger est admis, dans l'immense empire de la Grande-Bretagne, à quelques différences insignifiantes près, au même traitement dont jouissent les navigateurs nationaux. Mais le secret de cette hardiesse, les deux lignes de statistique qu'on vient de lire le découvrent de reste sans doute. Et quelle conclusion un esprit sensé en pourrait-il tirer en faveur de l'imitation par le continent de l'expérience anglaise? Voici à cet égard un dilemme décisif et qui suffirait à lui seul à démontrer la vanité du libre-échange. Ou bien l'Angleterre, au faîte de grandeur maritime où elle est parvenue, a pu sans inconvénient défier toutes les marines protégées du reste du monde, et alors quelle est celle de ces marines qui soutiendrait la lutte dans le système de l'abandon des tarifs? ou bien l'Angleterre, quelque puissante qu'elle soit, a commis une imprudence de courir une telle aventure; mais alors, qui peut se risquer à la courir après elle?

Viennent les colonies et cet admirable système de débouchés, de magasins et de stations navales dont les Anglais tirent depuis si longtemps un tel parti. Qu'y a-t-il de semblable dans le reste du monde? Prenez un globe et tournez-le entre vos mains : il n'est pas une mer dont ils ne possèdent la clef, une route du commerce qu'ils ne commandent, un marché considérable sur lequel ils n'aient l'œil ou le pied. S'il est une mer dont la nature les avait exclus, c'est bien la Méditerranée. Ils en occupent par Gibraltar et Malte l'entrée et la sortie. De là, ils menacent Toulon, Carthagène, Minorque, la Corse et Alger. Ils ont Corfou, d'où ils ouvrent et ferment à volonté l'Adriatique et la Mer Ionienne. Ils ont dans la Mer du Nord Héligoland, rocher aride, mais qui domine les bouches de l'Elbe et du Wéser. Ajoutez à cela leur ascendant politique à Lisbonne, et vous n'aurez encore le tableau de leur puissance navale qu'en Europe. Passons en Asie. Voici à la porte d'abord Aden, qui, continuant leurs stations de la Méditerranée, leur assure la route intérieure des Indes et la domination de la Mer Rouge; puis la magnifique Ceylan, qui commande la presqu'île de l'Hindoustan et la navigation du golfe de Bengale; puis les Indes orientales, Bengale, Agra, Madras, Bombay,

Calcutta, tout un monde, sans parler d'un droit de protection qui s'étend jusque sur la province de Cachemire. En Afrique, même puissance. Ils ont le Cap, la plus forte position marchande et militaire de l'Afrique australe, la clef de l'océan Indien et de la route extérieure de Calcutta et de Bombay; puis Gambie, puis Maurice, notre ancienne Ile de France! En Amérique, ils règnent sur les Antilles; ils possédent les plus belles, Antigoa, la Barbade, la Dominique, qui fait double échec à nos possessions de la Martinique et de la Guadeloupe; Grenade, la Jamaïque, Sainte-Lucie, Tabago, la Trinité et l'embouchure de l'Orénoque, les Bermudes et la plus fertile des trois Guyanes. Est-ce tout? Ajoutez encore nos anciennes possessions du Canada, l'Acadie, Terre-Neuve, la baie d'Hudson, etc. Enfin ils viennent de joindre à tout cela un nouveau continent, l'Australie, terre magnifique, destinée un jour peut-être à réparer la perte de leurs colonies américaines, et qui, dès à présent, se présente, disent les voyageurs, « comme un monde de laine et une « mine de suif. » Si quelque État contemporain est capable, dans le système du libre-échange, de développer une ligne de bataille de cette étendue et de cette profondeur, personne jusqu'ici n'en a entendu parler : c'est affaire aux libres-échangistes de le découvrir.

Nous ne voudrions pas prolonger indéfiniment cette énumération, et pourtant il faut en quelques mots au moins montrer encore sous un dernier et important aspect les ressources de l'immense capital britannique. Toute puissance de production acquise, avons-nous dit, est un capital; mais nous n'avons parlé jusqu'à présent que des instruments matériels de l'industrie et du commerce de l'Angleterre. Que serait-ce si nous venions au détail des instruments intellectuels et moraux qu'elle a su se créer? Il y aurait tout un livre et un beau livre à écrire sur ce sujet : un livre bien glorieux pour les Anglais et bien instructif pour le reste du monde. Nous n'en tracerons que quelques lignes; elles donneront une idée de ce que pourrait être le reste.

Il y a bien des choses admirables en Angleterre au point de vue du commerce et de l'industrie; mais il n'y a rien qui le soit autant que la race humaine. Il semble que ce peuple soit né manufacturier, marchand, banquier, navigateur. Des siècles de travail du moins ont tellement développé chez lui les mœurs du commerce qu'il semble en avoir apporté le génie en naissant. Il est deux caractères décisifs de ce génie que j'indiquerai sommairement : ce sont l'esprit d'entreprise et celui de la production à bon marché.

L'esprit d'entreprise est incomparable chez les Anglais. Dans ce pays, il n'est pas d'affaire, si extraordinaire qui se présente, qu'on ne trouve un ouvrier pour la tenter et un financier pour la commanditer. Bien de ces tentatives échouent misérablement; mais qu'importe, si dans le nombre quelques-unes réussissent? Avec un tel esprit, il n'y a jamais de valeurs inactives, et le capital privé et public augmente sans cesse. C'est tous les jours quelque ouvrage nouveau qui s'élève sur le sol de la Grande-Bretagne, quelque moyen inconnu qui s'y expérimente.

Si l'expérience est malheureuse, il n'y a qu'un homme de ruiné et personne n'y prend garde; mais si elle est féconde, voilà aussitôt un nouvel instrument de puissance commerciale ou industrielle mis au service de l'Angleterre. Ajoutez que cet esprit d'entreprise se rencontre également dans toutes les classes de la société anglaise et que, chez les classes riches, il produit des merveilles. J'en citerai un exemple. Il y a dans le pays de Galles un port de construction toute récente et qui déjà est devenu une des succursales les plus importantes de Liverpool; c'est le port de Cardiff, sur la Severn, à l'opposé de Bristol. L'emplacement où il est construit était, il y a quelque quinze ans, un marais. Cependant il existait dans les environs des mines de houille et de fer considérables dont les produits manquaient de débouchés. Un grand seigneur était propriétaire de ces marais; il entreprit, pour les utiliser, d'en faire un port. Il commença en 1840, dépensa 9 millions, et, en trois ans, les travaux étaient achevés. Il est mort; mais ses héritiers soutiennent et étendent son œuvre. Elle leur rapporte en produit brut près de 3 millions de francs. Mais que rapporte-t-elle à l'Angleterre? Le voici. Les mines de charbon et de fer de Cardiff qui jusque-là étaient stériles alimentent à présent la marine et les usines non-seulement des colonies anglaises, mais de tout l'ouest de la France, des Indes hollandaises, de la Baltique et d'une partie de l'Amérique, et le port de Cardiff est peut-être destiné un jour à rappeler sur cette côte de l'Angleterre la magnificence éclipsée de Bristol. Et qui a fait ce grand changement? Je l'ai dit : un seul homme dont l'opulence n'avait besoin de rien tenter, mais qui un jour, par simple esprit d'entreprise, a jeté 10 millions dans un marais. Telle est l'Angleterre.

Son génie d'économie ou de production à bon marché n'est pas moins extraordinaire. Les manufacturiers anglais ont beau vivre au sein de l'abondance du fer, du coton, de la houille, de la laine, etc., ils ont beau disposer d'un capital privé et public, intérieur et extérieur, immense, ils se conduisent avec la même épargne que s'ils étaient les plus pauvres du monde. Produire à bas prix, produire à bas prix et encore produire à bas prix, voilà la grande maxime anglaise, maxime avec laquelle ils bravent les deux continents, tout couverts qu'ils soient de tarifs, et avec laquelle ils les écraseraient le jour où ceux-ci seraient assez insensés pour se découvrir. Temps, force, profits, salaires, l'industriel anglais économise tout, prend sur tout; il prend, et c'est là le triste côté de ce fiévreux génie de production, il prend, dis-je, jusque sur l'homme même. L'ouvrier, en Angleterre, est exactement ce qu'était l'esclave dans l'économie domestique de Caton l'Ancien, une machine. On a dit d'un conquérant fameux qu'il avait fait de l'humanité de la chair à canon; les manufactures anglaises en ont fait de la chair à industrie. Mais aussi elles produisent à plus bas prix qu'aucune manufacture étrangère. Ajoutez l'absence de faste et de goût de ce peuple dans sa vie manufacturière. Vous ne verrez nulle part d'usine où les bâtiments d'exploitation aient coûté de grosses sommes. Rien n'est donné aux dehors, tout à l'utile. Enfin tout est tourné vers ce seul et unique but : produire et vendre à meilleur marché que qui que ce puisse être dans le reste du monde. Commodités, goût, philanthropie, etc., il n'est rien que l'esprit industriel et marchand anglais ne sacrifie à cela.

Mais en voilà assez pour que chacun juge si nous avons avancé une conclusion forcée, en disant, au commencement de ce chapitre, que le profit pour l'Angleterre de l'adoption par le reste du monde des maximes du libre-échange serait la domination universelle. Constitution géographique, richesses naturelles, capital de toute sorte, génie enfin, tout dans cette lutte disproportionnée lui assurerait la plus éclatante et la moins disputée des victoires. Il n'y aurait pas même de combat. Comme César, elle viendrait, elle verrait, elle vaincrait. Elle s'emparerait aussitôt du monopole, et il n'y aurait, après quelque temps, que son pavillon sur les mers et que ses marchandises dans le monde. Certes, en un tel état de cause, le libre-échange n'aurait rien d'inquiétant pour les Iles Britanniques, et peu importerait que leur alimentation dépendît du reste de l'univers, le jour où elles l'auraient réduit à n'être que leur grenier et leur marché !

On voit de reste aussi le secret de cette expérience du libre-échange *sans réciprocité* tentée par nos voisins, et quel dédommagement ils espèrent en recueillir, si quelque jour la puissance de l'exemple amène *un mouvement des esprits* qui précipite partout les tarifs protecteurs.

Vous souvient-il de la Cléopâtre de Corneille? L'implacable reine, sentant le trône lui échapper, prend une coupe où elle-même a versé- le poison; elle la boit à moitié, et, composant son visage, elle offre le reste à ses successeurs. La libre-échangiste Angleterre agit comme Cléopâtre, avec une chance de salut seulement que celle-ci n'avait pas. Cléopâtre, en empoisonnant ses successeurs, n'en devait pas moins toujours mourir. Si le monde, au contraire, boit après les Anglais dans la coupe fatale qu'ils lui tendent, sa liberté est perdue, mais leur grandeur est sauvée : la ruine universelle, en effet, ne leur doit-elle pas servir d'antidote?

CHAPITRE V.

QUE LE LIBRE-ÉCHANGE RUINERAIT LA FRANCE.

Le tableau que nous venons de présenter des motifs historiques de l'adoption du libre-échange par le gouvernement britannique, des hasards que cette révolution fait courir à la suprématie industrielle, marchande et maritime de l'Angleterre, si l'exemple qu'elle a donné n'entraîne pas les autres nations, des avantages au contraire qui résulteraient pour nos voisins du succès de la propagande libre-échangiste qu'ils poursuivent dans les deux mondes, tout cela démontre suffisamment sans doute que l'Angleterre, en essayant par tous les moyens imaginables de miner le maintien des douanes dans les États continentaux, n'a en vue que le salut de son omnipotence commerciale. Nous pourrions nous arrêter là; c'en serait assez très-certainement pour être autorisé à conclure que le régime protecteur est de nos jours ce qu'il a été à toutes les époques de l'histoire, la garantie de l'équilibre commercial et le boulevard de l'indépendance industrielle des peuples. Épuisons cependant l'expérience. Dans le siècle malade où nous vivons, le danger n'est pas de prouver surabondamment l'évidence, il est de laisser au sophisme le prétexte de dire qu'il n'a pas été confondu jusqu'au bout.

Nous avons vu de quelles colossales ressources l'Angleterre disposerait contre la liberté le jour du libre-échange. Briser la digue protectrice que la confédération défensive des continents oppose à l'invasion de son monopole sur tous les marchés et sur toutes les mers, et, cette digue rompue, écraser tous ses rivaux et régner, tel est le but avoué du gouvernement anglais dans la révolution dont il a tenté l'aventure. Renversons maintenant le tableau, et voyons quel intérêt les principaux États du reste du globe auraient à suivre la voie ouverte par l'Angleterre, et ce qui adviendrait, le libre-échange une fois admis, de leur richesse et de leur indépendance.

Cette contre-épreuve serait intéressante à suivre jusque dans ses plus infimes détails; mais, pour être décisive, elle n'a pas besoin d'être aussi minutieuse. Un peuple aujourd'hui peut, à lui seul, témoigner pour tous les autres des mérites de l'adoption du libre-échange sur le continent, — c'est la France.

La France est de toutes les nations continentales peut-être celle contre qui l'effort de la propagande anglaise s'est le plus violemment porté; c'est celle aussi qui, à en croire les libres-échangistes, serait le plus capable de supporter l'abolition des douanes, et elle est en effet, de nos jours, la première du monde pour la beauté des produits de son industrie, la seconde pour la valeur de ses exportations, et la troisième pour la grandeur et les ressources de sa marine. Voyons avec quelque détail ce que la France elle-même, quelque riche et quelque puissante qu'elle soit, deviendrait à l'épreuve du libre-échange. Voyons ce qu'y gagnerait d'abord sa prospérité intérieure, puis son influence au dehors. Il suffira ensuite de quelques indications générales sur l'état comparé de la richesse des autres États continentaux pour que chacun soit à même enfin de conclure de quel côté sont, dans la controverse économique de nos jours, le libéralisme et la raison : du côté des Anglais, qui, ils l'avouent eux-mêmes, ne demandent au libre-échange que le salut de leur suprématie, ou du côté des peuples du continent, qui ne maintiennent chacun leurs douanes que pour la défense de leur liberté.

On conseille à la France d'abandonner le régime protecteur et de s'engager, à l'exemple de l'Angleterre, dans la voie du libre-échange. On appuie ce conseil d'abord de raisonnements soi-disant de principes, ensuite d'un argument de fait tiré d'une part de la compression qu'exerce sur l'accroissement de la richesse et de la puissance françaises l'institution des douanes, et d'autre part de l'incomparable essor que procurerait, assure-t-on, à cette puissance et à cette richesse la suppression de ces mêmes douanes. Nous n'avons pas à revenir sur les soi-disant principes du libre-échange : ce n'est qu'une vaine idéologie dont le premier livre de cet ouvrage a montré le néant. Mais examinons l'argument de fait que la propagande anglaise a eu l'art d'y joindre. Voyons d'abord dans ce chapitre, au point de vue du premier des intérêts que l'on invoque, au point de vue du soin de sa richesse, quel motif pourrait avoir la France de suivre l'avis de l'Angleterre, et ce qu'une telle conduite lui coûterait.

La France est sur le continent la terre originaire et classique de la protection. Deux fois, sous Louis XIV et sous Napoléon, elle a donné au monde le signal de la revendication de la liberté des marchés et des mers sur la suprématie insulaire de la Grande-Bretagne par le moyen des douanes. Rien de plus connu que les résultats de la première de ces épreuves. Quant à la seconde, elle dure encore, et ses conséquences sont sous tous les yeux. Notre pays, au siècle de Louis XIV, a-t-il eu à se repentir d'avoir pratiqué le système protecteur, et a-t-il, depuis Napoléon, lieu de se plaindre d'y être revenu? Pour que l'avis que veut bien nous donner l'Angleterre d'abandonner ce système mérite seulement d'être discuté, il est évident qu'il faut avant tout que nous ayons de fortes raisons de regretter de l'avoir suivi. En est-il de la sorte? Tout au contraire. La France doit à la première expérience qu'elle a faite sous Louis XIV du régime protecteur la création de son industrie et les plus beaux souvenirs de sa gloire maritime. Quant à la politique protectioniste de l'empereur, qui, grâce à Dieu, lui a survécu, nous lui devons une prospérité qui, tous les ans, s'accroît et ne cesse de faire l'inquiétude et l'envie de tous les autres peuples.

Ce ne sont point là des imaginations à la manière des hypothèses et des prophéties du libre-échange, ce sont des faits avérés et palpables, si jamais il en fut. Ouvrez l'histoire et regardez autour de vous : tout les confirme et en dépose.

Ce fut Colbert, comme on sait, qui, en 1664, créa, avec le premier tarif protecteur vraiment digne de cè nom que le continent eût encore vu, l'industrie, le commerce et la marine de notre pays. Colbert avait été frappé de voir l'Angleterre prospérer au milieu de la guerre étrangère et des discordes civiles. Il remonta à la cause de cette apparente anomalie : son grand sens la lui fit trouver dans la législation douanière de nos voisins. Il la transporta de leur île en France. Qui ne sait ce qui en advint? Qui n'a été bercé avec les souvenirs de grandeur industrielle, maritime et coloniale du siècle de Louis XIV? En 1669, cinq ans à peine après l'établissement du premier tarif de Colbert, les fabriques de draps de Sedan, de Louviers et d'Abbeville étaient déjà, grâce à ce tarif, devenues les plus florissantes du temps, et on comptait cette année en France quarante-quatre mille métiers à laine. Le Berri et les Ardennes, vers cette même époque et sous cette même influence de la protection des douanes, étaient dotés de l'industrie du fer, la Picardie de celle de la toile, Angoulême de la fabrication du papier, Châtellerault de l'horlogerie, Paris de l'orfévrerie et de la dentelle, Lyon de son incomparable manufacture de la soie, le Midi de la culture du mûrier; les Gobelins, Beauvais, Sèvres et Saint-Gobain de leurs établissements sans rivaux de tapis, de porcelaines et de glaces. Une grande industrie provoque un grand commerce, et un grand commerce à son tour exige de larges

voies de communication, de vastes débouchés, et, si une
partie au moins des frontières de la nation sont maritimes, un matériel et une puissance navale considérables.
La politique industrielle transportée par Colbert d'Angleterre en France avait eu tous ces résultats en Angleterre, elle les eut également chez nous. Des entrepôts, des chambres d'assurance, des routes furent créés.
Riquet entreprit le canal du Midi. La navigation étant
protégée comme les manufactures, quatre compagnies
du commerce pour les Indes orientales, les Indes occi-
dentales, l'Afrique et le Nord s'établirent; les anciennes
colonies, et quelles colonies! les Antilles et le Canada,
furent relevées et prospérèrent. De nouvelles furent
fondées sur les côtes de Malabar et de Coromandel, à
Cayenne et à Madagascar. Brest et Toulon prirent le
rang qu'ils ont gardé depuis. Rochefort et Cette parurent. Cinq grands arsenaux et chantiers de construction
furent institués. La France, outre une nombreuse marine marchande qui montrait son pavillon sur toutes les
mers et qui transportait ses produits sur tous les marchés, la France, en 1692, eut deux cent trente bâtiments
de guerre et cent soixante mille marins. L'agriculture
protégée, elle aussi, éprouva de même la féconde influence du régime des tarifs. L'Angleterre avait montré,
en prohibant la sortie de ses laines et celle de ses chevaux, sinon coupés, que la protection était aussi nécessaire à l'agriculture d'un pays qu'à ses manufactures.
Colbert prit là l'idée, qu'il suggéra à Louvois, de l'établissement des haras; puis il envoya chercher en Alle-

magne et en Suisse de nouvelles races de bêtes à laine ;
enfin il couvrit tout par des droits non-seulement protecteurs, mais prohibitifs. Que s'ensuivit-il? Avant lui, la
France, livrée sans défense à l'importation étrangère,
n'avait ni industrie, ni commerce, ni marine : quand il
mourut, le monde entier était ouvert à nos manufactures, et nous avions l'empire de la mer!

Tels ont été les effets de la première institution du
régime protecteur en France. Certes, on l'avouera, ce
n'est pas dans de tels souvenirs aujourd'hui qu'il nous
est possible de puiser l'amour du libre-échange. Qui
peut calculer, si la politique de Colbert lui eût survécu,
à quel degré de richesse manufacturière et navale nous
ne serions pas parvenus? Qui peut dire quelle influence
la continuation de cette politique aurait eue sur le reste
des destinées de la France? Mais, on ne le sait que trop,
Colbert mort, ses sages maximes furent ou trahies ou
abandonnées. La révocation de l'édit de Nantes, exilant
de la patrie la plus grande partie de la population industrielle que ses tarifs avaient créée, commença de ruiner
son magnifique ouvrage. L'incapacité ou l'impuissance
des ministres qui durant un siècle se transmirent après
lui le pouvoir ne firent que continuer cette ruine. Un
seul homme, vers 1760, pensa à l'arrêter, et, par son patriotisme et ses lumières, était digne et capable d'y réus-
sir : c'était Choiseul; mais il tomba devant une favorite.
Enfin, en 1786, M. Pitt étant parvenu à persuader au
cabinet de Versailles les belles doctrines que ses successeurs nous recommandent encore aujourd'hui, la des-

truction de l'industrie et du commerce de la France fut
consommée. En trois ans de libre-échange, les Anglais
achevèrent de réduire à néant tout ce qui restait, et que
ces débris étaient beaux encore! de la création industrielle de Colbert. Manufactures de soie, de rubans, de
faïence, ateliers de sellerie, fabriques d'équipages, etc.,
tout périt. Notre marine marchande, si prospère autrefois, tomba dans l'état le plus misérable. Bordeaux,
quelle leçon! Bordeaux fut désert; Rouen vit son port
vide et ses ouvriers sans pain. En 1789 enfin, de l'apogée
de grandeur industrielle, marchande et navale où le
régime protecteur, un siècle auparavant, nous avait élevés, l'abandon de ce régime nous avait précipités dans
la ruine. Voilà les enseignements de l'histoire, enseignements irrécusables et impérissablement liés à tous les
souvenirs de notre puissance et de nos désastres. Par
quel miracle de logique, par quel abus de notre ignorance ou de notre simplicité, la propagande libre-échangiste anglaise de nos jours serait-elle capable de tirer de
tels enseignements et de tels souvenirs un argument à
notre usage en faveur de l'abandon du régime des tarifs?

Mais une seconde expérience, qui, grâce au bon sens
public dure encore, a, depuis cinquante ans bientôt, rétabli le système protecteur en France. Napoléon, au
commencement du siècle, voyant la ruine causée par
le traité de 1786, a repris les idées de Colbert, et, les
élevant à la hauteur de sa puissance et de son génie,
il en a tiré ce que chacun sait et ce que nous voyons

tous aujourd'hui : le système continental. En quoi la France en particulier a-t-elle à se repentir d'avoir conservé la politique protectioniste où l'a de nouveau engagée l'empereur? Elle doit à cette politique toute sa richesse présente, richesse admirable, à l'aide de laquelle elle a pu panser et fermer toutes les blessures d'un demi-siècle de révolutions et de combats, richesse qui tous les jours encore, sous la bienfaisante influence des tarifs, ne fait que s'accroître dans tous les sens, qui, dans une exposition universelle récente, lui a fait décerner la palme de l'intelligence et du goût, qui enfin lui permet, malgré et après tant d'aventures, de se soutenir au premier rang des nations.

Assurément, si nous devons abandonner les maximes de Napoléon en matière de politique commerciale, ce n'est pas que nous puissions arguer qu'elles nous aient été préjudiciables. Nous leur devons non-seulement tout ce que nous sommes, mais tout ce que nous acquérons chaque jour. Le régime protecteur a commencé par nous rendre toutes les manufactures que le traité de 1786 nous avait enlevées, et les a portées à une prospérité inouïe. Je n'en donnerai qu'un exemple. Aux plus beaux jours de Colbert, Lyon donnait pour 100 millions de ses merveilleux produits; elle en exporte aujourd'hui pour 250 millions. L'industrie du fer, ranimée et soutenue par des prohibitions faute desquelles elle était morte et sans lesquelles elle ne peut vivre, donne annuellement, de nos jours, environ quatre cent mille tonnes. Nous devons au régime protecteur, tel que l'a

constitué Napoléon, deux produits inconnus au temps de
Louis XIV : l'un, la houille, qui est l'âme de toute industrie et de toute marine, l'autre, le sucre de betterave,
création merveilleuse qui a plus enrichi la France que
la conquête d'une province. Nos exportations, sous ce
régime tant décrié des douanes, n'ont fait, grâce à lui,
qu'augmenter depuis quinze ans, et elles rivalisent à
présent avec celles de l'immense empire britannique
lui-même, malgré la disproportion de puissance commerciale, maritime et coloniale qui existe entre la
France et lui. La valeur des exportations anglaises est
de 1,800 millions et celle des nôtres de 1,600. Laissez
grandir l'Algérie et s'étendre nos rapports avec l'Amérique, les deux chiffres s'égaliseront. Quant à la rapidité de l'accroissement de notre commerce extérieur sous
le régime des douanes, voici quelques nombres qui dis-
penseront de tout discours. En 1838, la valeur de nos
exportations était de 900 millions; en 1840, de plus d'un
milliard; en 1845, de 1,200 millions; en 1847, de 1,300;
elle tend, pour l'année courante, à s'élever à 1,650. Et
maintenant, quelle est la nature des objets de cette exportation? C'est la plus variée du monde. Ce sont cinquante ou soixante grandes sortes de produits naturels
ou manufacturés qui, sous le couvert de la protection,
fleurissent, augmentent et s'améliorent chaque jour,
répandent l'aisance dans le pays et vont porter dans tout
le globe le nom et le commerce de la France. L'agriculture, elle aussi, bien plus encore qu'au temps de Colbert,
a reçu une impulsion immense de cette renaissance de

notre industrie. Les voies de communications de toute espèce, provoquées par les besoins sans cesse croissants du commerce, se sont multipliées à l'infini. Ajoutez la baisse considérable et constante des prix des principaux objets manufacturés, baisse d'autant plus fructueuse que l'argent, de son côté, n'a cessé non plus de diminuer de valeur. Ainsi le régime des tarifs, encourageant de plus en plus la production parmi nous, de nouvelles usines se sont continuellement établies, et il en est résulté une concurrence intérieure qui, en quelques années, a fait tomber le prix de la fonte, par exemple, de 18 francs les cent kilogrammes à 10 et 11 francs, celui des fers de 52 fr. le quintal métrique à 42, 29 et enfin 25 et 22 fr., celui des cotons de 12 francs le kilogramme à 3 francs! Toute la prospérité actuelle de la France, en un mot, date de la réorganisation des douanes par l'empereur; elle s'est accrue à proportion que ces douanes se sont ou consolidées ou fortifiées, et aujourd'hui, sous leur puissante égide, elle marche, aux yeux de vingt rivaux étonnés et jaloux, à une grandeur sans précédents et dont nous n'apercevons pas la limite.

Et la propagande anglaise nous dit : — Hâtez-vous d'abolir vos douanes! — Et pourquoi les abolir, s'il est constant que nous leur devons tout ce que nous avons possédé de grandeur dans le commerce et sur les mers, et tout ce que nous en possédons aujourd'hui? Quels motifs avons-nous de rentrer avec le libre-échange dans la voie maudite ouverte par la révocation de l'édit de Nantes, et close par le traité qui, en 1786, avait mis les champs, les marchés et les ports de la France aux mains des Anglais? Avons-nous, comme nos voisins, quelque raison financière déterminante de toucher à nos tarifs? En avons-nous fait, comme eux, une source immodérée d'impôt qui grève la consommation du pauvre au profit du luxe et de la gloire d'une aristocratie foncière et de ses cadets? Chez nous, les douanes ne donnent que le neuvième du revenu, et, bien loin d'opprimer le pauvre, elles lui assurent la liberté de ses subsistances et celle des approvisionnements des matières premières de son travail. Avons-nous, comme la libre-échangiste Angleterre, besoin d'affermer à l'étranger la fourniture de notre pain? Le pain, année courante, est à si bas prix, que nos campagnes en gémissent. A moins de manque de récolte, auquel cas l'échelle mobile, en s'abaissant, ouvre à l'instant nos ports à la Russie et à l'Amérique, hors ce cas, heureusement rare, nous exportons ordinairement pour 50 millions de céréales. Et notre industrie enfin est-elle dans l'état de l'industrie anglaise, étouffe-t-elle de production? et la fureur de fabriquer et de vendre à bas prix l'a-t-elle réduite au point d'avoir besoin d'écraser l'univers pour vivre? Notre industrie ne souffre en aucune sorte d'un surcroît de production. Notre marché intérieur, l'Algérie, le peu qui nous reste de nos anciennes colonies et les besoins des nations étrangères suffisent à notre débouché. Jugez-en par nos deux plus riches articles d'exportation naturels et manufacturés, nos vins et nos soieries : nous exportons, année moyenne, pour 80 millions de vins, eaux-de-vie et esprits de vin. Vienne la récolte de la vigne à manquer une seule année, il y a rareté; si cette récolte manquait deux ans de suite, il y aurait disette. Quant à nos soieries, le luxe de l'Europe et de l'Amérique en a un tel besoin, que non-seulement le chiffre de leur exportation, mais, ce qui est autrement significatif, celui de leur valeur actuelle est en progression considérable depuis l'ordonnance de 1827, qui, comme on sait, fixa la valeur officielle moyenne de nos différents produits. Ainsi, quel motif aurions-nous de suivre l'avis et l'exemple de l'Angleterre? Aucun, en vérité, qui soit appréciable, à moins que ce ne soit celui de renoncer gratuitement aux traditions les plus fécondes et les plus chères de notre histoire, et de rendre à l'Angleterre les avantages perdus et si amèrement regrettés par ses orateurs et ses publicistes du chef-d'œuvre de M. Pitt, le traité de 1786!

Nous n'avons donc pas de raisons d'imiter l'aventureuse expérience anglaise; tout au contraire nous en détourne, les leçons ou glorieuses ou douloureuses du passé, et le soin le plus vulgaire de nos intérêts présents. Mais passons outre et, à titre de pure curiosité, faisons le compte de ce que nous coûterait aujourd'hui l'abandon, que nous demandent si ardemment nos voisins, de la politique protectioniste.

Que deviendrait la prospérité agricole, manufacturière, marchande et maritime de la France dans le système du libre-échange?

Un orateur admirable, dans un discours sur cette matière, qui est peut-être la plus saine et la plus éloquente

leçon d'économie politique que l'Europe ait jamais enten-
due, disait récemment aux libres-échangistes : « Vous
« avez vu, il y a trois ans, un gouvernement tomber en
« quelques heures; vous verriez en un instant tomber la
« fortune du pays, si le libre-échange venait jamais à
« prévaloir: vos doctrines briseraient cette fortune comme
« un verre. » Et pourquoi cela? M. Thiers, dans l'occasion
que je rappelle, en a donné en quelques mots une explication d'une solidité et d'une précision qu'il faut citer pour
ne pas l'affaiblir : « ... Quels sont les caractères de l'indus-
« trie française? Leur simple énoncé va vous prouver que
« nous ne pouvons pas faire ce qu'a fait l'Angleterre. Les
« caractères de l'industrie française, les voici: c'est l'u-
« niversalité, la perfection et une certaine cherté rela-
« tive..... Permettez-moi de bien caractériser ces trois
« traits. Universalité! oui, nous faisons de tout et très-bien.
« L'Angleterre fabrique la houille, le coton et le fer avec
« une grandeur extraordinaire, avec un bon marché
« merveilleux; mais la soie, elle la fait médiocrement;
« les draps, elle est bien loin de les faire aussi bien que
« nous. Enfin elle n'a pas le vin... Maintenant, comparez-
« vous à l'Allemagne. L'Allemagne n'a pas de soieries
« ou elle n'a que des soieries communes; elle fait des
« draps en Saxe, des draps remarquables; mais elle ne
« fait pas de machines comme vous et comme les Anglais;
« sous ce rapport, elle commence seulement; elle n'a
« pas vos vins, elle en a quelques-uns sur le Rhin, mais
« pas comparables à la qualité et à la quantité des vôtres.
« L'Italie a des soieries bien inférieures aux vôtres; elle

« produit de la draperie médiocre. Il en est de même de
« l'Espagne... Ces pays n'ont pas ce que vous avez; ils
« ne produisent pas comme vous des cotons fort beaux,
« beaucoup de houille, beaucoup de fer..... Ainsi, nous
« avons le mérite de l'universalité; nous faisons de tout :
« nous faisons des soieries d'une beauté inimitable; nous
« faisons les draps reconnus les plus parfaits qu'il y ait en
« Europe... Mais en Allemagne, mais en Suisse, on fait des
« soieries inférieures qui, sous le rapport du bas prix,
« pourraient être redoutables pour les nôtres. En Saxe,
« on commence à faire des draps qui, quoique inférieurs
« aux nôtres, sont déjà beaux, et, à cause des laines
« saxonnes, ont un avantage de prix qui rendrait leur con-
« currence dangereuse. Nous travaillons admirablement
« les cotons, surtout par l'application de la couleur. Nous
« créons ainsi les toiles peintes de Mulhouse... Ces toiles
« sont les plus belles, elles sont supérieures à toutes les
« autres. Mais, quand on arrive aux prix, on voit qu'elles
« sont plus chères à cause de leur perfection même. Là
« encore et sous ce point de vue, nous pouvons avoir à
« craindre nos voisins, c'est-à-dire les Anglais. Nous pro-
« duisons du blé, et nous le produisons aussi bien que
« l'Angleterre; nous faisons de la farine et nous la faisons
« mieux que l'Angleterre, puisqu'elle achète toutes nos
« farines; et cependant, si nos blés sont meilleur marché
« que ceux de l'Angleterre, nous avons là-bas, en Russie,
« un concurrent qui pourrait les mettre en danger. Vous
« voyez donc que nous produisons de tout avec une rare
« perfection; mais, parce que nous produisons de tout,

« cela nous donne des rivaux partout, cela fait que par-
« tout, pour chaque chose, nous avons un concurrent
« contre lequel il faut nous défendre. Nous avons l'uni-
« versalité, mais, à cause de cette universalité même, nous
« avons l'obligation de nous défendre partout contre des
« rivaux qui pourraient nous mettre en péril. Ce sont les
« Russes pour les blés; ce sont les Suisses et les Alle-
« mands pour les soieries; ce sont les Saxons pour la dra-
« perie; ce sont les Anglais pour le coton, le fer et la
« houille. Cela indique la profonde différence des deux
« nations anglaise et française. Oui, la nation spéciale
« qui fait certains produits en abondance et avec grande
« supériorité, et qui a besoin de trouver pour eux un pla-
« cement extérieur, peut sacrifier quelques industries de
« luxe pour obtenir en échange le placement de ces pro-
« duits surabondants. Mais celle qui fait tout et qui le fait
« très-bien a surtout besoin d'éviter la concurrence; elle
« devait se réserver son marché; elle se l'est réservé, et
« il est assez beau, assez vaste pour qu'elle n'ait rien à
« regretter. »

Paroles saisissantes de vérité et de clarté! Elles con-
tiennent toute la philosophie de la politique commerciale de la France : puissent-elles continuer d'en être
la règle! Ceux qui les ont entendues tomber de la
bouche de l'orateur lui-même n'oublieront jamais quelle
émotion elles causèrent dans les rangs de l'assemblée
qui l'écoutait : ce fut un cri universel, auquel, le lendemain, la France entière répondit. C'est que, d'un
bout de cette France à l'autre, agriculteurs, industriels,

ouvriers, hommes de mer, tous pressentaient depuis longtemps que le libre-échange était leur ruine et celle de la fortune de l'État, et qu'aussitôt qu'un grand esprit leur eut donné les raisons de ce sage pressentiment, à l'instant ils reconnurent le secret de leur propre pensée.

Chose admirable que cet instinct qu'ont tous les peuples de leur conservation et de leur grandeur! La nation anglaise s'est avec emportement précipitée dans l'aventure du libre-échange, et pourquoi? C'est qu'elle a fort bien compris que, si elle y entraînait le reste du monde, le monopole lui était infailliblement acquis. Rien de plus populaire au contraire en France que le régime protecteur, et même à l'époque où, comme sous Napoléon par exemple, son rétablissement était une cause temporaire de souffrances publiques. Et pourquoi encore? C'est qu'il n'est personne de nous qui ne comprenne que, les douanes abolies, c'en est fait de notre agriculture, de notre industrie, de notre commerce et de notre marine, c'est-à-dire de toute notre richesse à la fois et de toute notre puissance.

Le fragment que nous venons de reproduire du discours de M. Thiers suffit de reste à prouver que ce sentiment, si général en France, est aussi fondé qu'il est répandu. Qu'il nous soit permis d'y joindre quelques réflexions, qui n'ajouteront certainement rien à la force ni à la clarté des raisons que M. Thiers a données du danger de l'adoption par la France des maximes du libre-échange, mais que quelques objections récentes, produites ou suggérées par la propagande anglaise, rendent peut-être nécessaires.

S'il y a une chose claire et démontrée de nos jours, c'est que vienne le libre-échange, et, sur l'heure, nous perdons, en produits agricoles, nos céréales, nos bestiaux et nos bêtes à laine ; en matières premières, nos houilles et nos fers ; en industrie, à peu près tout ce que nous possédons, sauf le tiers peut-être de notre fabrication actuelle de la soie et une exportation de modes qui peut monter, année courante, à 4 ou 5 millions de francs ; en marine enfin, tout ce qui a survécu à nos désastres militaires et à la perte de nos colonies. Tout cela, dis-je, aujourd'hui est patent, et il n'y a que l'obstination d'esprit d'école au monde qui soit capable de le nier ; car tout administrateur, financier, agriculteur, industriel, marin, commerçant même, si ses intérêts sur un autre point ne l'aveuglent pas, l'aperçoit avec certitude. Sur chacun de ces points cependant, les propagateurs de la réforme anglaise, abusant, ce semble, étrangement de la simplicité présumée de leurs auditeurs, ont prétendu démontrer que l'intérêt de la France était de livrer sans défense l'étendue entière de son marché à l'exploitation commerciale de l'étranger.

Ils ont commencé par les produits naturels, et ils ont dit : Ouvrez vos ports aux céréales et au bétail de vos rivaux, il arrivera infailliblement deux choses : les prix du pain et de la viande baisseront, et cependant ceux de votre bétail et de votre blé se maintiendront ; peut-être même, ont ajouté intrépidement quelques-uns, en verrez-vous la valeur s'accroître. Quant aux matières premières, quel essor pour vos manufactures le jour où elles entreront en franchise sur votre territoire! Enfin vous paierez meilleur marché la houille et le fer, ces éléments premiers de toute grande industrie. Cette seule mais très-intéressante partie du plaidoyer du libre-échange a rempli des volumes.

Pourquoi faut-il qu'un économiste aussi distingué que l'auteur du *Système national d'économie politique*, par une contradiction singulière avec le reste de son bel ouvrage, soit venu appuyer en cela des doctrines dont, au point de vue de l'intérêt industriel et maritime du continent, il a si bien montré le péril et le vide? Mais il est facile de donner l'explication de l'erreur de List, et elle est des plus honorables. Le savant et éloquent économiste, comme on sait, était Allemand; il aimait passionnément sa patrie : l'Allemagne a peu de vins, presque pas de houille ni de fer, pas du tout de soie, encore moins de coton; mais elle a en revanche des bestiaux et des blés. Réunissez à l'Allemagne, comme le généreux List le rêvait, la Hollande et le Danemark, il est clair qu'avec des taxes différentielles protégeant leur navigation et leurs manufactures, le libre-échange des blés, des bestiaux, des matières premières sera avantageux aux Allemands. Ils ruineront dans ce système, de concert avec la Russie, l'Autriche et l'Amérique, nos éleveurs normands et picards et nos fermiers du Poitou et de la Beauce, et ils n'exposeront pas leurs mines, puisqu'ils n'en ont pas.

Mais nous, qui, comme l'a profondément remarqué M. Thiers, produisons toutes choses et supérieurement, depuis le blé jusqu'à la locomotive, depuis la farine jusqu'au plus futile article de mode, que résulterait-il pour nos céréales, nos bestiaux, nos laines et nos mines, de la pratique du libre-échange? Une ruine complète.

Mais vous auriez le pain, la viande, la laine, la houille, le fer à plus bas prix? Erreur profonde.

D'abord comment, dans la logique du libre-échange, accommode-t-on ensemble les deux termes de cette proportion sans pareille, que, si nos douanes étaient supprimées, le prix du blé et des bestiaux indigènes se maintiendrait (d'autres, moins timides, ont dit monterait), tandis que celui de la viande et du pain baisserait? Il faut choisir : quand le pain et la viande sont bon marché, il est impossible que les bestiaux et le blé soient chers.

Mais voyez les Anglais. — Eh bien! qu'est-il arrivé en Angleterre? Le bétail s'est soutenu, il est vrai; mais pourquoi? C'est d'abord que pour sa taille il est sans rival dans le monde, ensuite qu'on ne peut lui faire concurrence qu'à grands frais, à cause des difficultés, du transport par mer; enfin, malgré ces difficultés, l'importation des bestiaux étrangers en Angleterre a pris, depuis les réformes de M. Peel, un accroissement considérable et qui inquiète avec raison les fermiers anglais. Quoi qu'il en soit, qu'y a-t-il là que nous devions imiter? Notre bétail à nous, malgré la protection, se soutient à peine; les bêtes à laine de la Picardie notamment, industrie si intéressante, et que l'empereur entourait avec raison de tant de sollicitude, ces bêtes à laine ne font que lutter péniblement contre les importations de l'Autriche et de l'Allemagne. Ouvrons nos ports au bétail étranger, le nôtre est perdu. Quant aux céréales, nous l'avons déjà dit, tout le monde sait qu'au prix courant où est le pain en France, prix dont personne ne se plaint, et dont la simple pudeur en effet défend de se plaindre, c'est tout ce que peut faire non-seulement le fermier, mais le propriétaire-cultivateur lui-même, de retrouver la plus modique récompense de ses peines. Ouvrez Marseille à la Russie et à l'Amérique, et il vous arrivera précisément ce qui arrive aujourd'hui à l'Angleterre, que vous citez pour exemple, votre agriculture perdra trente pour cent de son revenu, et nulle production de céréales ne sera désormais possible dans notre pays. Nos terres à blé se couvriront, comme en Angleterre, de graines oléagineuses; ou bien on verra la culture des plantes tinctoriales, de la vigne et de la betterave, prendre une extension démesurée; au lieu d'exporter pour 50 millions de grains, il nous faudra, en dépit de la richesse et de l'étendue de notre sol, attendre d'un caprice de l'océan et de la bonne volonté de l'étranger la fourniture de la plus importante de nos subsistances; et il y aura abondance ou famine en France comme en Angleterre, à la discrétion de l'Amérique et de la Russie! Par quelle étrange aberration d'idées en est-on venu chez nous à nous proposer de sang-froid d'affermer à l'étranger la fourniture de notre pain!

Viennent les matières premières. On ne perdra pas de

temps à répéter une fois de plus ce que tout le monde sait, qu'il n'y a ni houillères ni mines de fer qui puissent sans protection résister à la concurrence des mines et des houillères anglaises. La preuve en est aujourd'hui d'ailleurs sous tous les yeux. Personne n'ignore que, malgré nos tarifs, les fers de l'Angleterre pénètrent encore dans une quantité considérable sur notre territoire, et nous avons eu déjà occasion de dire qu'en dépit de ces mêmes tarifs, la houille anglaise règne sans concurrence de Brest à Bayonne et tient le premier rang sur les marchés de Toulon, de Marseille et d'Alger. Supprimez les tarifs, touchez au système des zones. On brûlera du charbon anglais non pas seulement dans l'Ouest et dans le Midi, mais jusqu'au cœur du Nord, à Saint-Quentin et à Valenciennes. Notre production de houille aujourd'hui est considérable; elle va annuellement à 4,500,000 tonnes, dont l'extraction, le chargement, le transport, etc., occupent au moins 60,000 ouvriers. Admettez le libre-échange, tout cela périt.

. Mais du moins, dans cette ruine des sources les plus précieuses de l'industrie nationale, gagnerons-nous ce qu'on nous annonce, un progrès de bon marché? Nous gagnerions des prix de famine.

Il y a ici, en effet, une illusion des libres-échangistes qui, en vérité, est à peine concevable. Le but du libre-échange est, dit-on, d'abaisser le prix des objets de consommation, soit alimentaire, soit industrielle. Mais d'où naît le bon marché? De la concurrence. Là, en effet, où un seul détenteur est maître de la vente, la marchandise est aussi rare et sa valeur aussi élevée qu'il plaît à cet unique détenteur. Supposez nos frontières et nos ports ouverts au blé, aux bestiaux, aux houilles et aux fers de l'étranger. Que ferait cet étranger, Russe, Allemand, Anglais, Américain, qui, sous tous ces rapports, est plus riche que nous? Il commencerait, soit en se contentant d'un minime bénéfice, soit même en vendant à perte, par inonder notre marché de ses produits. Ceux-ci se vendraient, les nôtres seraient délaissés : culture des céréales, élève des troupeaux, exploitations de houille, industrie du fer, de proche en proche, disparaîtraient du pays. Un jour viendrait rapidement où l'étranger ne trouverait plus sur notre sol aucune concurrence. Alors, voyant nos mines abandonnées, nos hauts-fourneaux éteints, nos éleveurs et nos agriculteurs ruinés, il relèverait ses prix, et nous passerions sous les fourches caudines de ses besoins et de ses prétentions. Voilà comment le libre-échange amènerait en France le bon marché des objets de consommation et des matières nécessaires à l'industrie.

Combien n'y a-t-il pas d'exemples de ce que je dis là! On a cité cent fois celui du charbon anglais qui, de 45 francs la tonne qu'il valait à Marseille avant l'établissement de la houillère de la Grand'Combe, est tombé, grace à la concurrence de celle-ci, à 25 francs. On en citerait mille autres. J'ai rappelé tout à l'heure que, de Brest à Bayonne, la houille anglaise n'avait point de rivale sur nos marchés. Aussi qu'arrive-t-il? Nulle part en France la houille n'est plus chère qu'à Nantes, à Rochefort et à Bordeaux.

Mais tout ceci est trop clair; venons à l'industrie. La propagande libre-échangiste a fait cette objection au maintien des tarifs qui protégent nos manufactures : Vous produisez de très-belles choses, a-t-on dit à nos industriels et à nos ouvriers, mais elles sont relativement plus chères; faites-les moins belles et, à l'exemple de l'Angleterre, à plus bas prix; nous aurons alors la satisfaction de voir notre doctrine réalisable en France. —

Étrange manie de système! Voyez jusqu'où elle emporté les imaginations qu'une fois elle possède! Voilà une école qui, pour le plaisir de voir ses chimères réalisées dans le monde, demande que la France, après lui avoir fait le sacrifice de la production indigène de son pain, lui fasse encore celui de son génie !

Mon Dieu! oui, de son génie! Qu'est-ce en effet que le génie de la France en matière industrielle? On l'a dit cent fois : c'est le goût. Cette fille de l'Italie est comme sa mère, elle aime le beau. Nos ouvriers sont des artistes. Voyez-les à Lyon, à Saint-Etienne, à Mulhouse, à Paris, etc., ce sont autant, ce semble, des œuvres d'art qui sortent de leurs mains que des marchandises. Soieries, toiles peintes, papiers, instruments de précision, machines, meubles, tapis, porcelaines, glaces, cristaux, ce sont autant de merveilles. Et voilà ce que vous voulez qu'ils vous sacrifient! Mais, s'ils étaient capables de le faire et d'oublier qu'ils ont la tâche de maintenir l'industrie française à la hauteur où ils l'ont portée, serait-ce encore un bon calcul de leur part? Loin de là, ils s'y ruineraient. La foire du bon marché n'est pas en France, et l'étranger le sait bien : elle est en Angleterre, et l'Angleterre , sur ce terrain-là, est inimitable. Ce qui fait la vente de la France, c'est précisément ce que vous lui demandez d'abandonner, l'incomparable élégance de ses produits.

Et puis, quelles sont les conditions de cette effrénée production à bas prix dont nos voisins ont, je dirai si l'on veut, le génie, mais on dirait aussi bien la fureur. Ces conditions sont-elles transportables d'Angleterre en France, et, le fussent-elles, l'événement serait-il à désirer? Il est deux conditions entre beaucoup d'autres, sans doute, mais deux conditions capitales, au prix desquelles les Anglais fabriquent leurs produits à meilleur marché qu'aucun autre peuple du globe : la première est de ne se préoccuper en aucune sorte de la perfection absolue de ces produits, et moins encore, si c'est possible, de leur élégance ; la seconde est de considérer l'ouvrier comme une machine dont il s'agit d'extraire uniquement la plus grande puissance de rendement imaginable. Nous venons de voir, réduisant le problème à une pure question de trafic, ce que nous gagnerions à nous mettre dans la première de ces conditions de travail ; quant à l'autre, on nous dispensera sans doute de la discuter. Ricardo a pu écrire de sang-froid de l'autre côté de la Manche que « toute diminution dans les salaires des ouvriers accroît les profits, et ne produit aucun effet sur le prix des choses, » et son impitoyable maxime a pu devenir la règle fondamentale de l'industrie anglaise. Conseille qui l'osera à notre industrie nationale d'aller dîmer sur la vie de l'ouvrier de quoi faire face aux nécessités du libre-échange!

Pour nous, nous la féliciterons hautement d'avoir depuis vingt ans augmenté, et, dans certaines manufactures même, doublé les salaires des ouvriers. L'industrie française, nous pouvons le dire avec orgueil, est la plus honnête et la plus philanthropique des industries des deux mondes. Il n'y a presque pas de grand établissement manufacturier maintenant en France, qui, à son honneur, sans s'inquiéter de savoir si cela augmente ou non le prix de revient de ses produits, ne se charge de l'éducation religieuse et professionnelle des enfants de la population qu'il emploie, et ne vienne, sous mille formes, au secours de celle-ci dans la maladie et dans la vieillesse, en créant à ses frais des salles d'asile, des écoles, des caisses de secours, des hospices, des chapelles, et jusqu'à des pensions de retraite. Nous payons en France le coton, la houille et le fer, en définitive, un prix modéré qui a décru extrêmement depuis vingt ans, qui tend à décroître encore tous les jours; mais qui voudrait acheter une progression plus rapide du bon marché au prix du sacrifice du goût de nos ouvriers et de l'humanité de nos industriels? Non, qu'ils restent les uns et les autres ce qu'ils sont. C'est dans cette voie qu'ils sont parvenus à faire, dans le monde entier, la fortune et la gloire de la France; c'est en s'y maintenant qu'ils soutiendront l'une et l'autre.

Au reste, c'est encore une des mille et mille erreurs des libres-échangistes que de croire que le moyen de produire à bas prix en France soit de fabriquer surtout des choses communes. Le vrai moyen d'abaisser les prix de revient de nos objets manufacturés est bien différent :

il consiste à augmenter le capital de notre pays. Achevons nos canaux et nos chemins de fer, multiplions notre marine, nos relations coloniales, notre cabotage, nos communications transatlantiques, marchons en cela sur les voies de cette Angleterre, si digne en effet à cet égard de servir de modèle au reste du monde, et les prix de toutes choses baisseront d'eux-mêmes.

Après l'industrie, c'est le commerce que le libre-échange interpelle, et Dieu sait comme il s'apitoie sur la triste condition de ce pauvre commerce français qui en est réduit, sous l'oppression du régime protecteur, à lutter avec l'Angleterre elle-même pour la valeur de ses exportations! Le libre-échange promet monts et merveilles au commerce pour le joiur de son triomphe, et il est clair, en effet, que lorsque nous n'aurons plus ni houilles, ni fers, ni cotonnades, ni draps, et qu'il ne nous restera que nos vins, la moitié ou le tiers de nos soies et nos modes, cela enrichira extrêmement notre commerce!

Mais quelle fortune pour les propriétaires de vignes! — A supposer que cette promesse de fortune ne fût pas chimérique, quel propriétaire de vignoble oserait dire qu'il lui est indifférent d'acheter quelques bénéfices de plus au prix de la ruine de son pays et de la mise sur le pavé d'un million d'ouvriers? Certes, il est à présumer que les propriétaires de vignes n'ont pas à se plaindre du système de protection qui nous régit. La plantation de la vigne augmente tous les ans en France, et même, dans certains départements, elle empiète d'une façon regrettable sur la culture des céréales. Puis, quelle est la récolte de vin, d'eau-de-vie ou d'esprit de vin qui, dans l'état présent des relations commerciales de la France, serait capable de suffire sans une élévation considérable de prix aux besoins de deux années? On prétend ensuite que, le libre-échange une fois admis, l'exportation de nos vins en Angleterre augmenterait d'une manière considérable. C'était la promesse de M. Pitt en 1786; mais qui ne sait ce qui en est advenu, et quel est l'homme ayant passé la Manche qui peut soutenir sérieusement, pourvu qu'il soit désintéressé, que les vins de France puissent jamais devenir chez nos voisins une consommation populaire? Cela est tellement impossible que M. Peel, qui ne comptait pas sur un renouvellement du traité de 1786, a tarifé l'entrée de ces vins précisément au taux de toutes les importations de luxe. L'exportation de nos vins, eaux-de-vie et alcools monte déjà en moyenne à 80 millions de francs, ce qui certes non plus n'indique pas une grande souffrance; cette exportation peut être augmentée encore, très-certainement, mais ce n'est pas en Angleterre qu'est son avenir, c'est dans le Nord et en Amérique : Marseille, Cette et Bordeaux le savent à merveille.

Mais il vous resterait vos soieries, — à moitié détruites, il est vrai, car il est de notoriété que nos soieries unies ne résisteraient pas sans protection à la concurrence de la Suisse, de l'Allemagne et même de l'Angleterre.

Enfin, vous auriez vos modes! — Ah ! sans doute, nos modes, et ce sont 5 millions d'exportation, somme considérable assurément, et que personne ne nous dispute.

Mais voyez la grande figure que, le lendemain du libre-échange, la France ferait sur les marchés de l'étranger : ses exportations, de 1,600 millions, tomberaient à 4 ou 500 ; ses importations monteraient d'un milliard à deux au moins ; elle n'aurait plus ni blés, ni bestiaux, ni mines, ni manufactures, et tout cela pour acquérir la gloire encore douteuse d'être seule à fournir du vin et des rubans à l'univers !

Reste la navigation. La propagande libre-échangiste, nous l'avons dit, ne recule devant aucun paradoxe ; mais, quant à ce qui est des avantages réservés à notre marine dans le système du libre-échange, il faut avouer qu'elle s'est surpassée elle-même. Notre marine marchande ne compte malheureusement, on le sait, qu'un peu plus de quatre millions de tonneaux. Pour une nation assise sur quatre mers, possédant quatre cent quatre-vingts lieues de côtes, disposant en temps de paix de cent vaisseaux ou frégates à voile et de cent batiments à vapeur, ayant besoin enfin d'entretenir un personnel maritime de cent mille hommes, quatre millions de tonneaux de navires marchands ne sont que bien juste capables de suffire aux besoins de la puissance navale du pays. La perte de nos colonies, et avec elles de ces marchandises encombrantes qui exigent de forts tonnages, est la principale cause de cet état précaire de nos ressources maritimes, tant en personnel qu'en matériel. Nous avons d'ailleurs sur les mers deux rivaux, les Américains et les Anglais, qui, sous ce double rapport, sont infiniment mieux dotés que nous ne le sommes, et avec lesquels la concurrence devient de jour en jour plus difficile. J'en donnerai une grave et triste preuve. En 1820, notre navigation réciproque avec les États-Unis n'était que de cent deux mille tonneaux, et notre part dans ces transports était de 50 pour 100. Le tonnage de cette navigation si intéressante, la seule qui, après celle de la grande pêche, soit capable d'habituer les enfants de notre littoral à la vie de l'Océan, n'a fait que s'accroître depuis lors; mais la part que nous y avons prise n'a fait aussi d'année en année que diminuer. Notre mouvement maritime avec les États-Unis est aujourd'hui de plus de trois cent cinquante mille tonneaux, et la part de nos transports est tombée à 4 pour 100! Eh bien! c'est dans cet état de choses, quand d'ailleurs il ne s'agit que de jeter les yeux sur les tableaux comparés de notre navigation protégée et de notre navigation de concurrence pour voir que, sans tarifs, notre marine est incapable de lutter contre les marines ses rivales, c'est, dis-je, dans un tel état de choses qu'on demande, au nom du libre-échange, l'abolition des droits différentiels de navigation et la destruction du pacte colonial! Mais quelle hâte ont donc les libres-échangistes de voir les nobles et malheureux débris de notre puissance coloniale et tous les éléments d'une renaissance encore possible de notre grandeur maritime disparaître à la fois devant l'écrasante rivalité de l'Angleterre et de l'Amérique?

On voit, pour peu qu'on s'arrête à l'examen détaillé des faits, ce que deviendrait à l'épreuve du libre-échange la fortune commerciale de la France. Elle serait, comme l'a dit énergiquement M. Thiers, « brisée comme un verre. » Il n'est pas un marché et pas une mer où sur l'heure nos agriculteurs, nos industriels, nos marins et par suite nos commerçants, car quel grand commerce peut-on avoir sans navigation et sans industrie? ne seraient infailliblement écrasés. Ici, ce serait par l'abondance des richesses naturelles de leurs rivaux, là par celle de leur capital et de leur matériel, ailleurs par leur puissance sans rivale de production à bas prix, partout enfin par une de ces causes de supériorité accidentelle dont le régime protecteur conjure ou déjoue l'influence, mais qui, le jour de sa ruine, exerceraient contre nous une action irrésistible.

Mais n'est-ce que notre industrie, notre navigation, notre commerce, qui recevraient ce coup fatal de l'abandon du régime protecteur? On peut aisément présumer que notre puissance politique aussi en éprouverait de rudes atteintes; car quel État perd son commerce, sa navigation, etc., sans descendre dans la considération du monde? Mais il est instructif de considérer de près ce que sous ce nouveau rapport nous vaudrait le libre-échange. Nous venons de voir qu'au dedans il nous ruinerait, voyons ce qu'il nous coûterait au dehors.

CHAPITRE VI.

CE QUE COUTERAIT LE LIBRE-ÉCHANGE A LA PUISSANCE POLITIQUE DE LA FRANCE.

Le bon sens indique qu'un régime funeste à la richesse d'un peuple l'est en même temps à sa puissance. Quand l'agriculture, l'industrie et le commerce de ce peuple dépérissent en effet, ce ne sont pas seulement les nombres de boisseaux de blé, de têtes de bétail, de balles de laine, d'hectolitres de vin, de tonnes de houille, de quintaux de fer, de mètres de drap, de coton, de toile ou de soie, qu'il produit ou qu'il vend, qui décroissent; c'est le chiffre de son revenu, celui de son capital, et avec eux la somme des ressources de tout genre à l'aide desquelles il subvient aux frais de sa grandeur. Le libre-échange, en ruinant la fortune commerciale de la France, porterait donc un coup funeste à sa puissance politique. Mais quelle serait précisément l'étendue du désastre dont, à ce nouveau point de vue, il nous faudrait payer encore le triomphe de la malheureuse doctrine?

Ce serait se tromper de beaucoup que d'en prendre pour expression unique la valeur, si considérable même qu'elle puisse être, de la perte matérielle qui résulterait pour nous de la suppression de nos douanes. Nos tarifs ne protégent pas seulement notre puissance nationale dans les moyens matériels d'action dont elle dispose; l'importance politique de leur maintien est plus essentielle encore.

Trois choses intéressent la grandeur nationale de la France, autant au moins à coup sûr que l'entretien du matériel et du capital de ses moyens d'action, ce sont la liberté de sa conduite et de ses résolutions politiques, le prix de son alliance aux yeux de l'étranger, et enfin le caractère moral de l'influence qu'elle exerce dans le monde.

Que sert d'être puissant à qui est enchaîné? Il est évident que si la France, pour se résoudre à tel ou tel parti, n'a de conseil à prendre que d'elle-même, elle est plus puissante que s'il lui faut, en outre, ou bien attendre l'agrément d'un peuple étranger, ou bien braver le péril de ne l'avoir pas attendu. Ensuite le poids dont la parole de la France pèse dans la balance et le règlement des affaires générales est évidemment aussi d'autant plus considérable que son alliance est plus précieuse à ses voisins ou à ses rivaux. On rompt difficilement avec une nation dont l'amitié est un avantage, car son inimitié est un double fléau. Enfin, qui ne sait que la plus grande partie peut-être de la puissance française tient à la nature élevée du rôle qu'elle remplit dans la civilisation? La France, depuis 1789 surtout, est dans l'univers le porte-drapeau de tous les titres du genre humain, et c'est là la source la plus pure de l'autorité morale dont le respect de l'étranger l'investit.

Eh bien! indépendance de notre conduite politique, influence sur celle de nos voisins et de nos rivaux, caractère moral de la grandeur de la France, tout cela prospère à l'abri de nos douanes, tout cela serait ou compromis ou détruit le jour de leur renversement. Non content, en un mot, de nous ruiner au dedans, le libre-échange nous livrerait et nous abaisserait au dehors. Les plus précieux instruments de notre puissance politique seraient brisés entre nos mains au profit d'étrangers plus heureux et plus sages, et nous tomberions au second rang des peuples, pour ne reparaître vraisemblablement jamais au premier.

Est-ce que j'exagère, et qu'emporté par la logique, je fais du libre-échange un agent de destruction plus mortel encore qu'il n'est? Il est aisé de le vérifier. Commençons par notre liberté de conduite et d'action politique; voyons ce qu'elle est sous le régime des tarifs, et ce qu'elle deviendrait sous celui du libre-échange.

La France, aujourd'hui, grâce au régime protecteur, se suffit à elle-même. Elle produit toutes choses à l'abri de ses tarifs. On peut lui déclarer la guerre; elle peut, si elle le juge utile, la déclarer elle-même; l'interruption de la paix lui coûtera sans doute comme à tout le monde, mais elle n'équivaudra pas pour elle à une menace de ruine, car elle n'attend de l'étranger ni la fourniture de son pain, ni celle des matières nécessaires à son industrie. Protégées par des droits différentiels, nos campagnes ont intérêt à n'abandonner ni la culture des céréales, ni l'élève des bestiaux; à supposer même que nous eussions encore une fois le monde entier contre nous, elles pourraient nous nourrir. Il en est de même de nos mines. Grâce à nos douanes et à nos douanes seules (nous ne pouvons pas avoir d'illusion à cet égard), elles vivent. Elles suffiraient pendant la guerre à alimenter nos hauts-fourneaux, notre marine, nos chantiers et nos manufactures. Enfin, toute notre industrie, sous la protection de nos tarifs, prospère et fournit non-seulement aux besoins, mais au luxe de notre population ; en sorte qu'à la rigueur, et s'il plaisait au reste du monde de se passer de nous, il nous serait possible, sans grandes souffrances, de nous passer de lui.

Mais il y a plus. Quand je dis que la France, protégée par ses tarifs, peut, pour la fourniture de ses aliments et les matières premières nécessaires à son industrie, se passer du reste du monde, je n'envisage que la France continentale. Que serait-ce si nous y ajoutions cette France nouvelle que la vaillance de nos soldats a fondée à nos portes, l'Algérie? Laissez, sous la protection des douanes, grandir l'exploitation du sol algérien. Il vous donne déjà l'huile et le tabac en abondance ; vous en tirerez certainement, avec quelques années de patience encore, des blés et des chevaux. Puis viendront les plantes tinctoriales dont l'acclimatation est maintenant assurée : la cochenille, dont les riches produits vous affranchiront du tribut que vous payez à l'Espagne, au Mexique et à la Hollande, la garance, qui, complétant votre récolte de l'Alsace et du Midi, ouvrira à votre commerce d'exportation une voie de prospérité nouvelle. La soie et le chanvre de la Chine viendront ensuite; puis le coton. Le coton d'Afrique

peut acquérir un jour la valeur au moins de celui d'É-
gypte. Le lendemain de ce jour, vous serez affranchis des
États-Unis. Cette terre admirable peut nous donner encore avec le temps le fer, le cuivre et le plomb, des mar-
bres d'une rare beauté, et enfin, production intéressante
s'il en fut, pour l'avenir de notre marine, des bois de
construction.

Je me représente la France dans cinquante ans, ayant
continué de développer ainsi, à l'ombre protectrice de
ses tarifs, toutes les richesses dont le ciel l'a dotée ou
qu'elle a conquises. Ce sera peut-être alors le pays le plus
indépendant de l'univers. Outre ses productions spéciales,
en effet, comme le vin et les objets de goût et de luxe,
tels que soieries, glaces, draps fins, toiles peintes, etc.,
elle possédera à peu près tous les genres de denrées et de
matières premières que réunissent la zone torride et la
zone tempérée; elle aura le fer et le bois, le blé et la
houille, la laine et le coton, le sucre et le lin, le vin et
les chevaux, l'huile et le tabac, etc. Il ne lui manque aujourd'hui déjà que peu de chose; car, à la rigueur, elle
peut, sans souffrance sérieuse, se suffire; mais encore un
demi-siècle, et malgré la civilisation dont nous jouissons
et les besoins sans nombre que chaque jour elle nous
crée, nous n'aurons impérieusement besoin de personne.

N'est-ce pas là un bienfait inappréciable pour la fortune politique d'un grand peuple? Quand une nation suffit
à ses besoins, n'est-elle pas d'autant plus indépendante
de toutes les autres, et la liberté des résolutions de son
gouvernement n'en est-elle pas plus entière? Tel était

du moins l'avis de cet homme merveilleux dont le nom
aujourd'hui remplit le monde, et qui, il y a quarante
ans, arborant de nouveau les grandes maximes de Colbert, fit pour la France une maxime d'État de se suffire.
Que n'a-t-il pas ou osé ou projeté pour arriver à ce grand
but? Il a créé le sucre iudigène, il a créé la filature du
lin; il a été à la veille de proscrire le coton. On trouvait
jusque dans son conseil cette politique exagérée, factice,
contre nature; que sais-je! Eh bien! quarante ans ont
passé sur les maximes de l'empereur. Les gouvernements
qui lui ont succédé ont, grâce à Dieu, continué stricte-
ment l'observance de ses maximes. Et aujourd'hui que
voyons-nous? La France déjà se suffit. Vienne une nouvelle coalition, nul ne la prendra du moins ni par chômage
ni par famine. Que dis-je? nos campagnes, nos mines et
la plupart de nos manufactures verraient leurs productions et leur revenu s'accroître, loin de tomber, le jour
d'une guerre générale, car elles auraient, la concurrence
étrangère étant écartée, de plus grands besoins à fournir.
Que la paix dure, et avec elle nos tarifs; cette excellente
situation, loin de s'amoindrir, ira se consolidant de plus
en plus au contraire, et nous arriverons à cet état de suf-
fisance à peu près absolue que je dépeignais tout à
l'heure, où, grâce à l'Algérie, nous disposerons à la fois
des richesses de la zone torride et de celles de la zone
tempérée.

Eh bien! supposons que les suggestions assurément
fort désintéressées de la propagande économique anglaise
l'emportent au contraire; supposons que nos douanes

continentales et coloniales et les droits différentiels protecteurs de notre navigation soient à la fois supprimés; à
l'instant tout change : de l'un des peuples les plus indé-
pendants de l'univers, nous devenons l'un des plus dé-
pendants, et plus nous irons, plus cette dépendance
croîtra.

Il est évident d'abord que, les douanes détruites et
avec elles le régime colonial qui protége la richesse naissante de l'Algérie, tout ce que nous en attendons et en
pouvons légitimement espérer est perdu. Le port d'Alger
une fois ouvert à tout venant, les Anglais évidemment
l'inonderont de métaux et de cotonnades; les Américains
et l'Égypte, de coton en laine; l'Italie, de soie, etc.;
notre magnifique colonie mourra en naissant; nous ne
l'aurons conquise que pour l'Amérique et l'Angleterre.
Comme notre puissance maritime et militaire dans la
Méditerranée gagnera à ce désastre! quel précieux avantage nous recueillerons d'ouvrir l'Algérie au monopole
des marchands de Liverpool et de New-York! quel fruit
de vingt-deux ans de guerre et de peine!

Mais soit : il faut bien faire quelque chose pour une
aussi belle doctrine sans doute, et peut-être ses partisans
trouveront-ils que lui sacrifier l'Algérie est peu de chose.

A la bonne heure! Mais revenons sur notre continent.
Le jour de la destruction de nos douanes, il arriverait
infailliblement deux choses : ruinés par la concurrence
insoutenable des grains de Crimée et des États-Unis,
nos agriculteurs abandonneraient la culture des céréales
pour celle de la vigne, des fourrages, des graines oléa-

gineuses, du chanvre, de la betterave, du mûrier, de
l'olivier, des plantes tinctoriales, etc., et alors il nous
faudrait tirer annuellement les deux tiers au moins de
notre subsistance alimentaire de Russie et d'Amérique;
ensuite nos mines seraient délaissées et nos hauts-fourneaux éteints, car quelle est la mine de houille ou la
fonderie de fer en France capable de tenir six mois au
régime du libre-échange avec l'Angleterre? Il nous faudrait donc tirer de l'Angleterre l'approvisionnement entier des deux matières les plus indispensables à la vie de
notre industrie et de notre marine. Combien tout cela,
en vérité, augmenterait le poids de la parole des ambas-
sadeurs de France à Saint-Pétersbourg, à New-York et à
Londres! combien, le jour où il dépendrait d'un arrivage
de blés du Mississipi ou de la mer Noire, ou bien d'un
convoi de charbon et de fer de Newcastle et de Cardiff
que la population ouvrière de la France eût du pain et
du travail, combien, ce jour-là, nous aurions gagné en
crédit devant les trois plus grands rivaux que nous ayons
dans le monde!

On dit : — Mais il resterait à la France ses vins, une
partie de ses soieries et ses modes. — Voyez l'honnête et
patriotique système de nous vouloir bien laisser quelque
chose! En vérité, et durant qu'ils y sont, comment ses
auteurs, pour un aussi beau trait, à l'imitation d'un faiseur de paradoxes célèbre, ne demandent-ils pas qu'on leur
élève une statue! On nous laisse nos modes, quelques soieries, quelques rubans : la belle garantie d'indépendance
commerciale et politique! Comme si l'étranger ne pouvait

pas, au besoin, parfaitement se passer d'étoffes de Lyon, de nouveautés de Paris et de vin de Champagne, et comme si, un seul jour, une seule heure, la France pouvait manquer de pain, de houille et de fer!

— Mais l'Angleterre a bien osé, en partie du moins, l'aventure; elle a bien osé consentir à se nourrir de blé poussé sur les bords du Mississipi ou sur ceux du Volga! — O les plus intrépides des systématiques! En est-elle plus grande! l'influence de l'Angleterre à New-York, à Saint-Pétersbourg et à Constantinople a-t-elle beaucoup gagné à l'*aventure?* Et cependant l'Angleterre dispose d'une flotte militaire et marchande formidable, à l'aide de laquelle elle a pu, à toute force, se flatter d'assurer toujours l'arrivée dans ses ports d'une partie au moins de son pain quotidien. Mais représentez-vous la France sous un tel régime, la France obligée pour vivre, pour que ses ouvriers travaillent et mangent, d'en passer par tous les caprices de l'orgueil et de l'intérêt des cabinets de Saint-Pétersbourg, de Washington et de Saint-James! représentez-vous-la dans ce misérable état de ne pouvoir tirer le canon, même si cela devenait nécessaire pour la défense des immortels principes inscrits sur ses drapeaux, sans s'exposer au chômage et à la famine! Voilà où pourtant la réduirait le libre-échange! Doctrine impie, si elle n'était puérile, et qui ferait bondir le patriotisme, si elle ne faisait sourire la raison.

Tel serait donc le premier des mérites politiques du libre-échange : il mettrait d'un seul coup, sans compensation ni réserve, notre alimentation et l'approvisionnement de nos manufactures dans les mains de l'étranger. Ce que deviendrait, sous l'empire d'un tel régime, la liberté d'action de notre gouvernement est facile à comprendre.

Mais, ainsi que nous l'avons dit, la France ne doit pas seulement à ses tarifs l'indépendance si intéressante pour sa liberté d'action, où, au point de vue alimentaire et industriel, elle vit des nations étrangères : elle leur doit en outre une partie très-considérable de l'influence qu'elle exerce au dehors sur ses voisins et sur ses rivaux. Exposons à grands traits au moins la nature et la portée des secours que notre puissance nationale reçoit à ce point de vue du régime protecteur : chacun jugera sur cette mesure l'étendue du nouveau sacrifice qu'il nous faudrait faire encore au triomphe du libre-échange.

La France, sous le régime de ses douanes, a en principe la propriété et la jouissance exclusive de son marché, le plus beau peut-être du monde. On n'y pénètre que s'il lui plaît et que tant qu'il continue de lui plaire; on en est exclu, s'il lui convient. Son empire en cette matière est pour ainsi dire souverain, car elle n'est véritablement obligée à s'en dessaisir envers personne ni pour aucune nécessité.

Elle n'a pas d'abord de sacrifices indispensables à faire aux besoins de ses approvisionnements, puisque, par l'effet même du régime protecteur, elle se suffit. Aucune autre nation ne serait donc reçue à lui imposer telles ou telles conditions commerciales, sous menace d'affamer telle ou telle de ses industries. L'Angleterre, à coup sûr, ne nous menacera pas de nous supprimer ses importations de houille ni de fer; en tout cas, nous nous passerions à merveille, grâce à nos douanas, des fers et des houilles de nos voisins. Il n'y aurait à la rigueur que l'Amérique, si elle n'y devait pas perdre infiniment plus que nous-mêmes, qui pourrait nous menacer de frapper de droits la sortie des cotons que nous tirons de son territoire. Mais les neutres et l'Égypte suppléeraient au déficit. Ainsi, nul peuple au monde ne peut forcer l'entrée de notre marché au nom des nécessités de nos approvisionnements.

Nous n'avons davantage de lois à recevoir de personne à cet égard en ce qui touche les intérêts de notre exportation. Par une heureuse providence, les articles essentiels de notre exportation n'ont point de similaires, sinon en nature, au moins en qualité au dehors. On fabrique, il est vrai, la soie, la laine, etc., ailleurs qu'en France; mais nulle part ailleurs on ne fait des étoffes de Lyon, des rubans de Saint-Étienne, des toiles peintes de Mulhouse, des draps de Sedan, des glaces de Saint-Gobain, des instruments de précision de Paris, des vins de Bordeaux, de Bourgogne, de Champagne, des eaux-de-vie de Charente, etc. La France, en se réservant son marché, n'a donc point à craindre de la part de ses rivaux des représailles dangereuses pour son commerce extérieur. Si l'on peut se passer en effet des principaux objets de l'exportation française, on ne peut les suppléer : la perfection et le goût n'ont qu'un marché d'approvisionnement dans le monde, c'est le marché français.

L'étranger ne pourrait mettre ce marché en interdit qu'à la condition de se passer d'objets de luxe; mais un tel blocus ne durerait guère : la France a habitué l'opulence universelle à ses produits, et de nos jours, d'ailleurs, le luxe a d'aussi ardents besoins que la nécessité. Voyez les Anglais. Avant leur dernière réforme, et tant qu'ils ont espéré nous arracher quelque traité de commerce, édition nouvelle du traité de 1786, qui ruinât nos mines et nos manufactures, ils frappaient nos soieries et nos principaux articles de goût de droits considérables, variant de 50 à 80 pour 100. Cela empêchait-il la France alors de faire avec l'Angleterre un commerce considérable d'articles de goût et de soieries? Pas le moins du monde. L'aristocratie anglaise payait seulement ces objets plus cher, mais elle les achetait toujours.

Ainsi la France peut sans crainte entourer son marché de douanes, déclarer qu'en principe elle se le réserve, et que ce n'est que par une dérogation de faveur à ce principe qu'elle l'ouvre à l'étranger; elle n'a rien de sérieux à redouter en agissant ainsi, ni pour ses importations, puisqu'en masse et année courante, elles ne sont pas de première nécessité, ni pour son exportation, puisque les principaux objets qui la composent défient toute concurrence, et que, si on les repousse, on ne peut les remplacer.

Or, il y a là évidemment une source immense d'influence politique. Qui ne voit, en effet, que pour les voisins et rivaux de la France c'est une faveur d'un prix infini que d'être reçu sur les marchés français, que c'est

une gêne que d'en être privé et que ce peut être une cause
de pertes et d'embarras énormes que d'en être exclu après
y avoir été admis? Qui ne voit quel parti un gouvernement habile peut à tout moment tirer d'un état de choses
aussi favorable à la réalisation de desseins les moins directement liés aux intérêts commerciaux proprement dits?

Jetez les yeux autour de vous. Voyez, par exemple, la
Belgique. Les derniers traités, lui créant, en haine de
notre puissance, une nationalité violente, pensaient l'avoir
à jamais séparée de nous. Le gouvernement français a
ouvert notre marché aux Belges; ceux-ci y ont trouvé
une source de prospérité manufacturière et marchande
inouïe. Quelle en est la conséquence? C'est qu'une rupture commerciale entre la France et la Belgique est pour
celle-ci l'un des plus grands fléaux qu'elle ait à redouter.
Ce qui se passe sous nos yeux au moment même où
j'écris porte témoignage de la vérité de mes paroles. Le
traitement de faveur que la France avait depuis longues
années accordé aux manufacturiers et aux marchands
belges leur a été retiré. C'est une calamité pour la Belgique. Si cette guerre de tarifs devait se prolonger, et en
se prolongeant s'aggraver, non-seulement elle lui cau-
serait de grandes pertes, mais elle lui créerait des embarras de la nature la plus redoutable. Considérez, d'un
autre côté, le Piémont. Voilà encore un État constitué,
s'il en fut, en haine de la France. La création, comme
on sait, a mal rempli son but. D'ennemi implacable
qu'il devait être de la France, le Piémont a fini par
devenir son plus solide allié. Bien des causes ont formé

cette naturelle alliance, mais il est croyable que notre dernier traité de commerce, à tout le moins, n'y a pas nui. Nous avons ouvert notre marché aux Piémontais; ils ont fait en cela avec nous une affaire commerciale excellente, car tout peuple qui acquiert un marché pareil au nôtre s'enrichit; mais il est évident qu'en rendant notre alliance plus précieuse encore qu'auparavant au peuple piémontais, ce traité a contribué à fortifier une partie très-intéressante de notre frontière de l'est, et à étendre notre influence en Italie. Enfin, car ce serait faire injure au bon sens que de prouver longuement de telles choses, il est évident que, sous le régime des tarifs, la France dispose d'un moyen incomparable d'augmenter la sécurité de ses frontières et la solidité ou le nombre de ses alliances.

Qu'adviendrait-il de tout cela dans le triomphe du libre-échange, quand une fois l'adroite doctrine aurait fait de notre marché une chose banale, appartenant au premier venu, aussi bien qu'à nos nationaux, et que nous nous serions bénévolement mis hors d'état d'en permettre ou d'en interdire l'entrée à personne? L'alliance française aurait perdu une partie considérable de son prix; nous nous serions dépouillés nous-mêmes du plus sûr moyen dont nous disposons de récompenser et d'entretenir la fidélité de nos alliés, le marché français cesserait d'être le plus envié des débouchés du monde, et la France serait réduite à ce misérable état de ne pouvoir insérer désormais dans aucun traité une seule clause favorable ou hostile à telle ou telle nation étrangère.

Dans la dernière discussion parlementaire à laquelle le libre-échange a donné lieu, on a dit qu'entre autres économies intéressantes qu'il permettrait de réaliser, il faudrait compter celle des frais d'entretien du ministère du commerce. L'économie serait infaillible en effet, car, une fois notre commerce détruit, à quoi bon un ministère pour en surveiller les intérêts? Mais elle pourrait n'être pas la seule. Il est un ministère de plus dont nous pourrions, dans l'hypothèse du libre-échange, supprimer sans inconvénient la dépense, c'est notre ministère des affaires étrangères.

Ainsi, non content de ruiner avec l'indépendance de ses approvisionnements la liberté d'action politique de la France, le libre-échange diminuerait dans une proportion incalculable le prix de son alliance aux yeux de l'étranger. Il la livrerait après l'avoir désarmée.

Mais ce n'est pas tout encore. Il est un sacrifice suprême, digne et douloureux couronnement de tous les autres, dont il nous faudrait en outre, le jour de son triomphe, dévorer l'amertume.

Nous l'avons dit, et, en quelques mots, nous l'allons prouver, pour conclure : la France, en abandonnant ses douanes, ne se manquerait pas seulement à elle-même, elle manquerait à l'un des intérêts les plus sacrés de la civilisation.

Sous les noms nouveaux de libre-échange et de protection, en effet, une question vieille comme le monde s'agite entre l'Angleterre et les deux continens, c'est la question de la liberté des mers.

Que veut en effet l'Angleterre libre-échangiste de M. Peel? Nous l'avons démontré : ce que voulait l'Angleterre protectioniste d'Élisabeth et de Cromwell, de Guillaume et de Walpole, de Pitt et de Canning, — l'empire de l'océan. L'Angleterre, depuis qu'elle existe, n'a eu que ce seul but, et elle y a marché par tous les moyens qui se sont offerts à son audace ou à son génie. Longtemps, nous l'avons vu, l'usage à peu près exclusif des douanes et des droits différentiels fut dans ses mains l'instrument de la domination maritime. Mais aujourd'hui que les secrets de la politique protectioniste sont connus de tous les peuples continentaux, il lui faut un moyen nouveau pour retenir un sceptre prêt à lui échapper. Elle a demandé ce miracle au libre-échange. Elle a tendu aux nations continentales l'appât qu'elle a jugé le plus capable de les détourner de la politique d'indépendance où le génie de Napoléon les a engagées. Qu'arriverait-il si elle réussissait dans son espérance? Nous l'avons encore vu, il n'est point de marine qui, au bout de quelques années, serait capable de tenir sérieusement la mer contre elle, et il ne se tirerait plus un coup de canon sur l'Océan sans son bon plaisir. Ce qui en résulterait pour l'indépendance des pavillons, la sûreté des transports, le respect même des droits des neutres est facile à conclure. Il est un type de comparaison sur lequel sans doute la Grande-Bretagne ne peut refuser d'être jugée, c'est sa conduite sur les mers toutes les fois qu'elle en a été la maîtresse. Les guerres d'Amérique, de la révolution et de l'empire ont montré quel mépris sans nom ce peuple

professe pour la civilisation et l'humanité, le jour où il
n'a plus de flotte rivale devant lui. Interdiction du commerce, non-seulement des munitions de guerre, mais
même des vivres par les neutres, visite de leurs vaisseaux marchands encore bien qu'escortés, presse à bord
de ces vaisseaux, blocus des ports du continent par simple déclaration sur le papier, l'Angleterre, quand nul
n'est en état de lui résister sur l'océan, s'y abandonne à
tous les excès de la plus effroyable tyrannie.

Eh bien! si la France, qui, grâce au régime protecteur, possède une flotte capable, sinon de lutter partout
à armes égales avec la marine britannique, du moins,
si par malheur la guerre éclatait, de lui causer les plus
cruels soucis, si la France, suivant les conseils de la propagande, assurément fort désintéressée de nos voisins,
leur livrait avec son commerce maritime l'école de ses
matelots et les éléments d'entretien de sa puissance navale, sont-ce seulement les intérêts de sa grandeur qu'elle
trahirait en agissant ainsi? Non, ce seraient les intérêts de
l'une des plus chères libertés du monde, la liberté des
mers.

Chose étrange, dans la patrie de Colbert et de Tourville,
de Choiseul et de Suffren, de Napoléon et de Brueys,
d'être obligé de rappeler que les droits différentiels de la
navigation française ne couvrent pas seulement la prospérité de son pavillon marchand, mais l'avenir de sa fortune militaire, que ruiner l'une c'est détruire l'autre, et
que, quand la France n'a plus de flotte, la mer n'est plus
libre!

Et c'est au nom de la liberté que l'on parle de libre-échange ! La liberté consiste donc à présent à ne pas se mettre en état de défense contre le monopole et contre la tyrannie, à abandonner l'océan au despotisme et aux déprédations du plus fort, et parce que l'Angleterre possède une marine militaire et marchande capable de braver toutes les autres marines réunies, la liberté ordonne à la France de donner au monde l'exemple de désarmer sa navigation et la flotte dont elle est l'espérance ! Seriez-vous pas bien étonnés, Grasse, d'Estaing, La Peyrouse et Suffren, si dans les sublimes demeures dont votre patriotisme vous a sans doute ouvert l'entrée, vous appreniez que lorsque, dans la glorieuse guerre de 1780, vous revendiquiez contre l'Angleterre les plus vulgaires principes de la civilisation maritime, vous étiez criminels envers la liberté ! N'eût-il pas été bien étonné, le créateur de l'indépendance industrielle et navale des deux mondes, l'empereur Napoléon, si quelqu'un lui eût dit qu'un jour une école s'élèverait en France qui entreprendrait de nous persuader que le blocus continental n'a pas été le signal de l'affranchissement des marchés et des mers, mais un outrage à la liberté ! A quelle liberté ? A la liberté du gouvernement britannique de disposer à son caprice de toutes les routes du commerce et de tous ses débouchés ! On se perd à concevoir comment l'esprit de système a pu être si fort, que de mettre à la mode en France une doctrine que, sitôt qu'elle a paru, le patriotisme de chacun de nous, à défaut du simple bon sens, aurait dû mettre au ban de l'opinion.

Quoi qu'il en soit, chacun peut juger à présent ce que deviendrait, à l'épreuve du libre-échange, la nation qui, à en croire les libres-échangistes eux-mêmes, serait, après l'Angleterre, le plus capable d'en supporter le régime : elle y perdrait sa fortune, son indépendance, et jusqu'aux ressources les plus essentielles de l'influence politique et morale qu'elle exerce dans le monde. C'en est assez sans doute pour absoudre Colbert, Napoléon et les gouvernements qui, depuis, ont continué ses maximes, d'avoir le premier institué, le second rétabli, les autres maintenu le régime protecteur dans notre pays. Il faut être juste, même avec le patriotisme et le génie : ni Colbert ni Napoléon ne pouvaient deviner qu'un jour viendrait dans leur pays où la défense des boulevards de notre indépendance alimentaire, industrielle et maritime serait taxée d'obscurantisme et de gallomanie, et que, le progrès des lumières et de la dialectique aidant, on arriverait à démontrer que si l'Angleterre n'est pas la maîtresse sans rivale des marchés et des mers, l'esprit de 89 est trahi, la France déshonorée, la liberté détruite et la civilisation perdue.

CHAPITRE VII.

QUE L'AVENIR DE LA CIVILISATION DÉPEND DU MAINTIEN DES DOUANES CONTINENTALES.

List, dans son remarquable ouvrage, a supérieurement démontré qu'il y a trois degrés dans l'échelle du développement de la richesse des peuples : l'état purement agricole, l'état agricole et manufacturier, et l'état agricole, manufacturier et commercial; qu'à chacun de ces trois états correspond un niveau de civilisation différent, et enfin que, suivant que les nations sont parvenues au premier, au deuxième ou au dernier, elles sont vassales, secondaires ou dominantes. List a prouvé son thème par mille raisons ingénieuses et solides; mais une seule, tant elle est visible, peut tenir lieu de toutes les autres, c'est l'exemple de l'Angleterre.

Le gouvernement britannique, bien longtemps avant que List l'eût démontré, avait vu que la civilisation d'un peuple n'est complète qu'autant qu'il est à la fois agriculteur, industriel et navigateur, et que la prépondérance politique de ce peuple est certaine s'il est seul à réunir dans le monde le génie de la marine à celui des manufactures et de l'exploitation du sol. Aussi la politique commerciale de ce gouvernement s'est-elle de tout temps réduite à deux points : le premier, d'assurer autant que possible l'abondance de l'approvisionnement alimentaire, industriel et naval du peuple anglais ; le second, de tout entreprendre au monde pour détourner les autres nations de l'industrie et de la marine.

La réforme économique de M. Peel n'a modifié en rien ni l'esprit ni le but de cette politique, elle en a seulement changé les règles de conduite. Le gouvernement anglais demande aujourd'hui au libre-échange ce qu'il a obtenu si longtemps du régime protecteur ; il cherche, par l'établissement universel de ce nouveau système, à ruiner partout les usines et la navigation de ses rivaux, et à les réduire, selon les traditions de sa séculaire politique, au simple état de pays agricoles ou producteurs de certaines matières premières.

Nous venons de juger de l'infaillible et désastreux succès qu'aurait à cet égard sa politique en France : en aurait-elle un moindre auprès des autres nations continentales, et est-il de nos jours, dans le monde, un peuple plus capable que la France de résister au libre-échange ? Évidemment non ; il suffit de jeter les yeux sur l'état présent des manufactures et de la marine des principaux États du globe : les États-Unis, la Russie, la Prusse, l'Autriche, l'Espagne, pour s'en convaincre.

Ce ne sont pas les États-Unis d'abord qui, le jour du libre-échange, opposeraient une plus longue résistance que la France au monopole de l'Angleterre ; leur propre histoire le leur a bien prouvé. Trois fois, depuis la déclaration de leur indépendance, cédant aux suggestions de la diplomatie britannique ou aux réclamations inintelligentes de quelques-uns de leurs nationaux, les États-Unis ont diminué leurs tarifs; trois fois leur propriété foncière, leurs manufactures et leur navigation ont essuyé des pertes immenses. La dernière fois, en 1846, ce fut en Amérique une ruine industrielle et navale, qui rappela par ses proportions nos désastres de 1786. Enfin, en 1828, un tarif suffisant a été adopté par le congrès. Depuis lors la production agricole, l'industrie et la marine américaines n'ont fait que grandir. Ce n'est pas davantage la Russie qui serait capable de lutter sans douanes contre la production manufacturière anglaise. L'ukase de 1810 et le tarif insuffisant de 1819 ont prouvé de reste au gouvernement russe que, s'il voulait créer une industrie nationale, il n'avait d'autre moyen que de revenir aux maximes commerciales de Catherine II. Il y est revenu en 1821 et en 1823. Aujourd'hui, Pétersbourg et Moscou sont remplis de fabriques, et si les manufacturiers russes ne réussissent pas à produire des objets de luxe qui puissent rivaliser avec ceux de la France, ils produisent des articles ordinaires, des draps, des cotonnades, des soieries unies, qui supportent facilement la concurrence avec les similaires étrangers. Même spectacle en Allemagne. La révocation de l'édit de Nantes et le génie administratif de Frédéric-le-Grand avaient fondé l'industrie de la Prusse; elle prospérait sous le régime des tarifs. Une première fois, lors de la révolution française,

la cour de Berlin, s'unissant à l'Angleterre, lui ouvrit
son marché. C'en fut fait en peu de temps de toutes les
manufactures prussiennes. Le blocus continental les avait
relevées, quand, à la paix, la Prusse revint avec la
Grande-Bretagne à l'usage du libre-échange. Ce fut une
nouvelle ruine. Enfin, en 1818, le gouvernement prussien rétablit ses tarifs, et, en 1819, il commença le grand
travail d'association des douanes allemandes, qu'il poursuit encore aujourd'hui. Les résultats de ce retour à la
politique protectioniste sont éclatants aujourd'hui. La
Prusse, au moment où nous écrivons, compte plus de
quatre-vingt mille établissements manufacturiers de tout
genre, qui occupent plus de cinq cent mille ouvriers,
3 pour 100 environ de sa population totale. Quant à l'association douanière qu'elle a fondée, son commerce extérieur annuel atteint déja à une valeur de 1,200 millions,
où les exportations balancent les importations. Que la
Prusse et le Zollverein essaient un an seulement de
lutter sans douanes avec les filateurs de Manchester et
les fondeurs ou les forgerons de Glasgow, de Cardiff ou
de Sheffield, c'en est fait de leurs plus intéressantes fabriques. L'Autriche est dans le même cas; son industrie
date des tarifs de Marie-Thérèse, et elle ne prospère que
sous leur égide. Reste l'Espagne; l'Espagne qui, mettant
enfin un terme à ses longues guerres civiles, semble
vouloir prendre part au brillant mouvement industriel
et commercial qui emporte le monde. Comment l'Espagne fera-t-elle jamais sa rentrée sur les marchés et
sur les mers, si ce n'est sous la protection de douanes

et de taxes différentielles? Il n'est donc pas aujourd'hui
de nation dans le monde dont les manufactures ou la
navigation soient plus capables que celles de la France
de résister sans droits protecteurs à la puissance industrielle et navale de l'Angleterre.

Mais s'il est sans intérêt de prouver en détail une chose
aussi évidente, il l'est moins peut-être d'examiner quelles
seraient pour la richesse et la grandeur des principaux
États de nos jours, et par suite pour l'avenir de la civilisation elle-même, les conséquences d'un pareil désastre. L'indication rapide de ces conséquences a d'ailleurs sa place naturellement marquée à l'extrémité de
la carrière où nous voilà parvenus; elle achèvera de fixer
le caractère moral du défi porté par l'Angleterre au
monde entier, et peut-être alors verra-t-on complète-
ment, objet suprême que toutes les recherches de ce second livre tendent à mettre en lumière, quelles sont,
dans l'état présent du monde, les conditions fondamen-
tales de la liberté du commerce.

Commençons par ces colosses qui semblent, chacun,
dans les desseins de la Providence, appelés à tenir un
jour entre leurs mains les destinées des deux mondes,
l'Amérique et la Russie. L'une et l'autre sont incapables
de soutenir et de développer sans droits protecteurs leur
industrie nationale; l'une et l'autre, dans le système du
libre-échange, seraient infailliblement réduites à l'état
de colonie agricole exploitée par le génie manufacturier
de l'Angleterre. En vain la nature a-t-elle doté les Américains de la plus riche des matières premières de l'in-

dustrie moderne, le coton; en vain leur a-t-elle prodigué les métaux les plus précieux, les bois les plus rares; en vain les Russes possèdent-ils, dans leur immense empire, la laine, le chanvre, le fer et la soie; ni les uns ni les autres sans tarifs ne pourraient entretenir leurs manufactures, leurs hauts-fourneaux, leurs chantiers de construction: producteurs exclusifs de denrées et de matières premières, leur rôle serait fatalement restreint à subvenir aux approvisionnements alimentaires, industriels et maritimes du pays privilégié qui se chargerait pour eux de fabriquer le coton, le fer, la laine, etc. Quels seraient, pour l'avenir des États-Unis et de la Russie, les résultats d'une abdication de génie industriel aussi extraordinaire?

On a prétendu prouver (que n'a pas osé en ce genre le libre-échange!) que rien ne saurait leur être plus avantageux.

—En effet, ont dit les libres-échangistes, il suffit de considérer le territoire américain et russe pour voir que la Providence a voué leurs habitants à l'agriculture. Un peuple dont le sol est ingrat est bien obligé, pour subsister, de recourir à l'industrie; mais, quand on a, comme les Américains, le blé, le coton, etc., en abondance; quand on a été doté, comme les Russes, d'une terre qu'il suffit d'ouvrir pour lui faire rendre des trésors de céréales, à quoi bon des manufactures? Elles sont inutiles; bien plus, elles sont dangereuses. En restant ce que la nature même a voulu qu'ils fussent, de simples agriculteurs, les Américains et les Russes sont appelés aux plus puissantes et aux plus heureuses destinées. La nature encombrante de leurs produits et le besoin qu'en ont les peuples étrangers suffiront à l'entretien et au développement de leur marine. Agricoles et maritimes, ils disposeront par là du plus vaste commerce. Rien de plus favorable ensuite à la tranquillité et à la grandeur de ces deux vastes empires que la sévérité de la vie des champs. Les États-Unis ont besoin, pour leur repos et pour leur liberté, de perpétuer au sein de la population de plus en plus considérable qui se presse sur leur sol les mœurs républicaines. C'est en plein air, c'est dans les rudes et salubres travaux de la campagne que ces mœurs se forment et se conservent. Témoin la propre histoire des États-Unis eux-mêmes. Les colons anglais leurs ancêtres n'étaient qu'une petite société de planteurs. C'est à cette existence tout agricole qu'ils ont dû leurs qualités morales et leurs vertus civiques. Que l'industrie se développe au contraire en Amérique. Avec elle naîtront et multiplieront les grandes villes, centres inévitables de ces populations révolutionnaires que suscite partout le génie de la liberté. Il faudra, pour contenir ces populations, créer une armée permanente, et c'en sera bientôt fait de la liberté politique du Nouveau-Monde. La Russie, à un autre point de vue, recueillerait les mêmes bienfaits de la proscription des manufactures. Elle est, sous le rapport économique, aujourd'hui, dans un état à peu près semblable à celui où était la France au temps de Henri IV. Elle a besoin, pour le maintien de sa grandeur au dehors, de fantassins robustes; pour celui de sa tranquillité au dedans, de sujets simples de mœurs et d'esprit. Sa politique commerciale est toute tracée, c'est celle que Sully conseillait à Henri IV : « Le labourage et le pasturage » sont pour elle « les vrayes mines et trésors du Pérou. » Avec des pâtres et des laboureurs, en effet, elle est sûre d'avoir toujours des soldats et jamais de bourgeois. Avec des ateliers, des usines, etc., au contraire, elle verra la force physique de sa population s'étioler et son intelligence grandir : double fléau qui, pour elle comme pour les républiques unies du Nouveau-Monde, contient un germe de révolution infaillible. Le libre-échange sauverait l'Amérique et la Russie de cette révolution, car avec lui elles seraient incapables de forger une tête de clou, ni de tisser un mètre de coton; le régime protecteur, au contraire, les y pousse, et les entraîne ainsi hors des voies que la nature même des choses leur a tracées, à la décadence et à la ruine. —

Touchant discours, en vérité! N'admirez-vous pas la sollicitude avec laquelle la propagande économique anglaise veille au salut de la grandeur russe et de la liberté américaine! Qui jamais aurait cru qu'il y eût tant de choses dans le libre-échange, et que, non content de conserver à la Cité de Londres le sceptre de la finance, du commerce et de l'océan, il veillât encore à la conservation des mœurs monarchiques de la Russie et des mœurs démocratiques du Nouveau-Monde? Nous pensions que le libre-échange avait pour but seulement de donner aux mineurs de Newcastle et de Sunderland le monopole de la houille, aux filateurs de Manchester celui de la fabrique du coton, aux forgerons du pays de Galles celui du fer, à ceux de Sheffield celui de l'acier : « Nous étions bien abusés, » comme dit Pascal. C'est par pur dévouement à la cause américaine et russe que l'Angleterre s'est déclarée libre-échangiste!

Calculons cependant quelles seraient au juste, pour la grandeur des États-Unis et de la Russie, les conséquences, si magnifiques dans les peintures anglaises, du règne universel du libre-échange.

Où prend-on d'abord que la Russie et l'Amérique soient vouées par la Providence, comme on dit, au régime agricole? et quel incroyable abus fait-on ici de ce que la terre a de plus respectable, pour le profit de quelques marchands avides, dont l'amour du gain a si fort troublé la raison, qu'ils jugent tout perdu si l'univers est libre? Comment! on imprime de sang-froid, à des milliers d'exemplaires, que la volonté du ciel est que les Américains ne récoltent du coton et les Russes de la laine que pour les envoyer tisser, fouler et teindre à Manchester et à Leeds! La volonté du ciel est que, dans le pays du cotonnier, il ne se fabrique pas une aune de cotonnade, et que, sous les brouillards de la Tamise, il s'en fabrique des myriamètres! La Providence a réglé que les Russes n'élèveraient d'immenses troupeaux que pour développer le génie et la richesse des marchands de draps de la Grande-Bretagne! C'est là ce qu'on appelle revenir au *cours naturel des choses!* Et quand les Russes et les Américains se permettent de produire des draps et des cotonnades dans le pays de la laine et du coton, ils

violent les arrêts du ciel et l'instinct de la nature! Oui,
telle est la philosophie du libre-échange. Vous allez dire :
Mais le monde entier n'a donc été créé que pour le génie, l'abondance et la gloire de l'Angleterre, la France
pour lui verser à boire, l'Amérique pour lui fournir du
coton, la Russie du blé, la Chine du thé et de la soie, les
Antilles du café et du sucre, et ainsi des autres nations?
— Vous y êtes; voilà en trois lignes toute la métaphysique du libre-échange.

A la bonne heure; mais, si cette métaphysique peut
être irréprochable sur les bords de la Tamise, il y aurait
quelque ridicule, ce semble, à prouver qu'elle ne l'est
pas sur ceux de la Seine, du Mississipi et de la Néva; et
lorsque les Américains et les Russes, à notre exemple,
la repoussent de toute la force de leur bon sens et du
sentiment de leur dignité nationale, ils n'ont sans doute
aucun besoin ni d'être absous ni d'être justifiés. On dit
que la nature a donné aux uns le coton, les bois et les
métaux, aux autres les céréales, le chanvre et la soie, et
qu'ils n'ont qu'à s'y tenir; mais leur génie, s'il vous plaît,
qu'en faites-vous? Ce génie n'est-il pas, lui aussi, à sa
manière, un champ dont la Providence leur a confié la
culture? Pourquoi voulez-vous qu'ils le laissent en friche? — Oh! disent-ils, mais alors que deviendraient
nos fabriques du Lancastre et nos mines du Northumberland et du pays de Galles? — Il est vrai, nous l'avions
oublié; mais pourquoi, tandis qu'ils y sont, ne montrent-
ils pas la charte de droit divin qu'ils possèdent sans
doute, en vertu de laquelle toute terre cultivée ou culti-

vable du globe est un fief britannique? Cela eût tranché court le débat.

Mais passons. Soit; l'Amérique et la Russie sont nées pour entretenir la grandeur industrielle de l'Angleterre; c'est *le cours naturel des choses*. Que va-t-il résulter pour ces deux grands empires de cette étonnante vassalité de nature? — Les plus précieux avantages, nous ont répondu les libres-échangistes. — Voyons ces avantages. — D'abord, nous ont-ils dit, la Russie et l'Amérique seront les pays les plus agriculteurs du monde; l'exportation de leurs richesses agricoles ne pouvant se faire que par mer, ils deviendront, par suite du fort tonnage et de la quantité de navires que le transport des produits de ce genre exige, des peuples maritimes de premier rang; enfin, réunissant l'agriculture à la navigation et au commerce, il ne manquera rien, sous le rapport matériel au moins, à leur prospérité. — Autant de mots, autant de sophismes.

L'agriculture d'abord ne se développe dans aucun pays, l'histoire entière en dépose, qu'autant que des manufactures s'y élèvent. Sans manufactures, point de formation rapide de capitaux, point de génie d'invention, ni d'amélioration, point de routes, de canaux, de chemins de fer, de bateaux à vapeur, point de consommation considérable de denrées : avec des manufactures, au contraire, tout cela paraît, grandit, augmente. C'est ce que l'Angleterre elle-même a enseigné au reste des nations. D'où vient que, sous l'un des plus tristes climats du globe, elle a fait faire à la culture des céréales et à l'élève des bestiaux de si remarquables progrès? De ce qu'à côté du génie agricole, elle a fait fleurir le génie manufacturier. Si l'Amérique et la Russie abandonnaient avec leurs douanes toute possibilité de soutenir leur industrie, ce ne seraient pas seulement leurs ateliers qui seraient fermés, ce seraient leurs campagnes qui languiraient.

Ensuite, quelle est cette grandeur maritime qu'on leur promet dans le système du libre-échange? que deviendrait leur navigation sans taxes différentielles? On dit que la nature encombrante des produits agricoles américains et russes provoquerait une construction considérable de navires de transport d'un fort tonnage. Il est vrai, mais au profit de la nation apparemment qui serait chargée de ces transports. Et quelle serait cette nation sous l'empire du libre-échange, sinon celle dont le commerce est aujourd'hui insoutenable sur les mers sans tarifs protecteurs? L'Angleterre. Le jour où, réduites au pur état agricole, la Russie et l'Amérique ne produiraient plus que des denrées et des matières premières et qu'aucun droit ne protégerait plus leur pavillon, ce ne seraient pas leurs navires qui transporteraient ces matières premières et ces denrées, ce seraient les navires britanniques, et la nature encombrante de leurs produits agirait comme prime d'encouragement en faveur des constructeurs non de New-York ou d'Odessa, mais de Liverpool ou de Hull. C'est-à-dire que, tout au contraire de ce que prédit le libre-échange, c'en serait fait de la navigation américaine et de la navigation russe.

Quant au commerce de ces deux grandes nations, chacun peut imaginer s'il grandirait dans de telles hypothèses. Une agriculture condamnée à l'immobilité faute de capitaux, de voies de communication, de large consommation locale et de progrès mécaniques; point de manufactures, et tout le transport aux mains de l'étranger : tels seraient, le libre-échange une fois admis, les élémens du commerce national américain et russe! De semblables perspectives ne sont-elles pas capables en effet de séduire les gouvernements de Washington et de Saint-Pétersbourg!

Mais la propagande anglaise a invoqué, vis-à-vis de ces gouvernements, des considérations d'un ordre plus élevé, des considérations de l'ordre politique et moral. C'est au nom du maintien de leur grandeur nationale, à l'un et à l'autre, qu'on les conjure d'étouffer le génie manufacturier des populations qu'ils dirigent : on les menace, si ce génie à l'ombre des tarifs continue à se développer, de révolution, de décadence et de mort.

C'est prévoir certainement les malheurs de bien loin, et l'Angleterre en cela fait preuve de plus de sollicitude qu'elle n'en a eu, à ce qu'il semble, pour elle-même. Qui l'empêchait de rester agricole et icthyophage comme au temps des Plantagenet? Elle a préféré à cette obscurité sauvage la suprématie manufacturière et le sceptre de l'océan. Sa conduite à tout le moins cadre mal ici avec ses discours. Quand on donne de si beaux avis, on ne les dément pas par son propre exemple. Pour être reçu à vanter les douceurs de l'ignorance, de la pauvreté, du labourage et du pâturage, il ne faudrait pas être dans ce monde la preuve vivante de la grandeur politique et morale où les lumières, la richesse, les manufactures et la marine peuvent élever un gouvernement et une nation.

D'ailleurs, et quelques périls que l'on entrevoie si charitablement pour l'Amérique et la Russie à persévérer, par le maintien de leurs douanes, dans la voie du développement de leurs manufactures et de leur marine, il y aurait des dangers plus sérieux pour elles aujourd'hui à changer de route. Si le régime protecteur doit doter un jour les États-Unis de grandes villes manufacturières dont la population, en les enrichissant, leur causera quelques soucis; si le même régime a l'inconvénient de préparer à la Russie la formation d'un Tiers-État éclairé, riche et influent, ces calamités, toutes grandes qu'elles soient, seraient peu de chose en comparaison des résultats du libre-échange. Il est quelque chose de plus à craindre pour le gouvernement de l'Union qu'une grève à Philadelphie, et, pour le gouvernement russe, qu'une émeute à Moscou, c'est la dépendance de l'étranger et la perte de toute grandeur nationale.

Si les États-Unis veulent retomber dans la dépendance de leur ancienne métropole et revenir aux jours heureux où le cabinet de Londres leur interdisait d'élever une seule fonderie et une seule forge, ou de transporter d'une de leur province dans l'autre une seule pièce de lainage, ils n'ont qu'à adopter le libre-échange; le moyen est infaillible : au bout de quelques années, ils en seront réduits, comme autrefois, à attendre de Londres la fourniture de leurs vêtements et de leurs instruments de travail les plus indispensables. Il est vrai qu'ils n'auront à redouter ni grèves ni émeutes; mais où sera réduite leur puissance politique? Ils veulent, disent-ils, dominer tout le Nouveau-Monde. Ils y semblent appelés par leur génie et leur courage. Mais on se demande comment ils y parviendront s'ils ne sont seulement pas les maîtres de leur marché intérieur. Quant à la Russie, assise aujourd'hui sur deux mers, elle a le droit naturel évidemment d'aspirer à devenir une puissance navale à la fois marchande et militaire. Elle y est d'autant plus intéressée que les deux mers qui baignent ses rivages sont fermées. Sans vaisseaux, comment tenir ouverts et forcer au besoin les Dardanelles ou le Sund? Il est clair que le libre-échange réserverait aux Anglais la clef des deux détroits et que rien ne leur serait plus facile, si on se mettait à Saint-Pétersbourg dans le cas de n'avoir point d'escadre à leur opposer, que de bloquer la Mer Noire et la Baltique. Mais ce cas serait pleinement réalisé par le libre-échange, car, grâce à lui, les chantiers de contruction de Sébastopol et de Nicolaïef, de Kronstadt et de Sweaborg seraient promptement déserts, et bientôt on ne verrait plus de voiles russes à Odessa ni à Riga. C'est là sans doute une considération qui doit peser un peu plus dans les conseils de la politique russe contemporaine que la crainte de voir, dans un siècle ou deux, des États généraux dans l'empire.

La Russie et l'Amérique enfin ont chacune un grand rôle à remplir dans le monde, rôle dont l'avenir sans doute leur doit tenir au moins autant au cœur que le maintien de leur indépendance. Mais, dans le siècle où nous sommes, dans le siècle de Fulton et de Volta, d'Arkwright et de Philippe de Girard, quel rôle vraiment grand un peuple peut-il espérer de jouer sur la scène de l'univers, s'il reste étranger aux lumières et aux merveilles du génie de l'industrie?

La Russie a fait bien des progrès depuis Pierre-le-Grand; elle en fait tous les jours encore de sensibles, mais son ambition évidemment doit être de s'élever au niveau des mœurs, de l'esprit et des connaissances des nations de l'Occident. Tant en effet que, sous tous ces rapports, elle sera arriérée, ce ne sera au profit ni de son influence ni de sa gloire. Eh bien! que son gouvernement suive les conseils de l'Angleterre : qu'il proscrive les arts industriels, qu'il tourne toute son attention et tous ses soins vers l'agriculture, la disproportion qui existe encore entre le degré de civilisation du peuple russe et celui du reste de l'Europe, au lieu de diminuer, ira grandissant de plus en plus, et elle finira par être immense. La Russie, dit le libre-échange, trouvera dans cette proscription des lumières le secret de perpétuer son immobilité politique; sans doute, mais elle y trouvera aussi le secret d'une immobilité morale qui ne servira en rien ni sa renommée ni son ascendant. Tout s'élèvera et s'éclairera autour d'elle; elle demeurera seule barbare au milieu des lumières générales. Le beau rôle pour un grand gouvernement! la noble destinée pour une grande nation! Que les merveilles du génie de l'industrie, au contraire, continuent comme aujourd'hui, à l'ombre des tarifs, à s'acclimater sur le sol de la Russie; que non-seulement la fleur de son aristocratie, mais une partie de plus en plus considérable de sa population se polisse et s'éclaire, qui peut dire à quelle hauteur cette race d'hommes sensée, énergique et fine n'est pas capable de s'élever? Peut-être un jour nos neveux la verront-ils étonner l'Europe et ranimer l'Asie.

Quant aux États-Unis, calculez, si vous pouvez, ce qu'ils perdraient d'avenir à sacrifier leur industrie et leur navigation. S'il est un peuple dont la grandeur dépende évidemment des progrès qu'il fera dans les manufactures et dans la marine, c'est à coup sûr le peuple américain. Aussi le libre-échange, en frappant d'une interdiction sans appel son génie manufacturier et naval, n'étoufferait pas seulement l'avenir de sa puissance politique, c'est la civilisation entière du Nouveau-Monde qu'il sècherait dans le germe. Et tout cela, sollicitude impayable! pour éviter au gouvernement de l'Union les embarras qui naîtront un jour pour lui de l'agglomération dans les villes de masses considérables d'ouvriers! Comme si, à la rapidité avec laquelle le Nouveau-Monde, par les émigrations constantes de l'ancien, se peuple, il y avait un moyen humain quelconque d'empêcher la formation dans l'Union de centres de population considérables! Un publiciste éminent a calculé qu'il arrivera infailliblement un temps où on pourra voir dans l'Amérique du Nord cent cinquante millions de citoyens égaux et unis entre eux. La prétention de vouer tout entière une république pareille à l'agriculture, pour lui épargner les douleurs et la grandeur de la vie industrielle, est une parfaite utopie sans nul doute; mais supposez cette utopie réalisable, c'en serait fait de l'avenir de l'esprit américain comme de l'avenir de l'esprit russe : les États-Unis manqueraient le rôle immense qu'ils sont certainement appelés à remplir dans leur continent et sur les mers, comme la Russie manquerait le sien en Europe et en Asie. Et ainsi, ce ne serait pas assez au libre-échange d'avoir ruiné la richesse, diminué les ressources et compromis l'indépendance de deux grands peuples, il faudrait encore qu'il dérobât au monde ce qu'il espère de leur génie!

On voit de quelle conséquence serait, pour ceux mêmes des grands États continentaux qui sembleraient après la France les plus capables de résister au libre-échange, la destruction de leurs douanes. Ils subiraient les mêmes désastres non-seulement matériels, mais moraux, que nous-mêmes.

En serait-il autrement des trois autres nations de premier rang que nous avons nommées avec eux, de la Prusse, de l'Autriche et de l'Espagne? Les mêmes causes amènent les mêmes effets. L'Espagne, l'Autriche et la Prusse auraient, comme les États-Unis et la Russie, le même sort que la France. Il suffira de quelques mots pour en faire saisir les raisons.

La puissance relative de l'Autriche et de la Prusse a de tout temps dépendu du degré comparé d'influence qu'elles ont exercé en Allemagne. Aussi, le but constant de leur politique a-t-il été d'entretenir et d'étendre les moyens de cette influence. C'est l'objet que nous les voyons poursuivre encore sous nos yeux. Considérez ce que coûterait à ce point de vue, soit à l'une, soit à l'autre, l'adoption des maximes du libre-échange.

Le point décisif de la lutte contemporaine de l'Autriche et de la Prusse est la domination du marché allemand. Chacune d'elles, en effet, a senti que, dans le siècle où nous vivons, l'ascendant politique d'un État sur ses voisins tient plus qu'à aucune autre époque peut-être de l'histoire à sa supériorité manufacturière et commerciale. Chacune d'elles a compris que le jour où elle aurait le gouvernement des intérêts matériels de l'Europe du centre, elle aurait par là même la direction souveraine de ses destinées. Aussi, est-ce sur le terrain de l'industrie et du commerce qu'elles ont à l'envi concentré les efforts de leur ambition. La Prusse la première, profitant de l'avance que, grâce au génie de Frédéric-le-Grand, elle avait en matière de manufactures sur le reste de la confédération germanique, a noué avec la plupart des États allemands une association douanière où son esprit industriel lui a naturellement donné le premier rang. Berlin est devenue ainsi, à la grande jalousie de Vienne, la capitale des intérêts matériels de l'Allemagne. Cependant le temps pour lequel cette association avait été conclue a expiré. L'Autriche sur-le-champ est entrée en ligne ; elle a sollicité la rupture du traité prussien et la formation d'une union plus large dans laquelle elle serait admise avec toutes ses provinces. Elle a fait valoir les avantages de tout genre qui en résulteraient pour la prospérité de la confédération germanique, l'immense débouché qu'y trouveraient les produits agricoles des États du Midi, la route de l'Orient ouverte aux marchandises allemandes par le Danube qu'elle domine et par l'Adriatique dont Trieste lui assure l'empire : elle a porté ainsi un coup terrible à l'ascendant insensiblement conquis depuis trente ans en Allemagne par l'industrie prussienne. Le débat, au moment où nous écrivons, en est là. Berlin restera-t-elle la capitale commerciale de la confédération germanique, ou cèdera-t-elle ce précieux privilége à Vienne ? Telle est la forme contemporaine de la rivalité de l'Autriche et de la Prusse, tel est le problème à la solution contradictoire duquel les deux nations les plus considérables de l'Europe du centre attachent chacune aujourd'hui avec raison une importance souveraine ; car il y va pour l'une comme pour l'autre de leur prépondérance dans les affaires de l'Allemagne et de leur importance dans celles du monde.

Supposez cependant que, suivant les vœux du libre-échange, les douanes qui protégent les manufactures prussiennes et les taxes différentielles à l'abri desquelles fleurissent l'industrie, les marchés et la navigation de l'Autriche soient supprimées : à l'instant, l'arme avec laquelle elles se disputent l'empire de près de la moitié de l'Europe se brise à la fois des deux côtés entre leurs mains ; un troisième prétendant, que ces douanes et ces taxes tenaient exclu du combat, rentre aussitôt en scène, et, dès qu'il y paraît, industrie, navigation, marchés, tout est à lui ; ce prétendant irrésistible, est-il besoin de le nommer ? n'est-ce pas le même qui régna si longtemps sans partage, pour le malheur du commerce et de l'industrie de l'Allemagne, sur tous les fleuves qui la sillonnent, sur l'Elbe et le Weser, sur le Rhin et sur le Danube, — l'Angleterre? Ne l'apercevez-vous pas d'ici, l'œil aux aguets, épiant, des rochers d'Héligoland et de Malte, le jour où le succès de sa propagande lui rouvrira toutes les foires de l'Autriche et de l'Allemagne, de Milan à Leipsik, et de Francfort à Trieste? Tels sont les bénéfices éventuels du libre-échange pour la grandeur politique des gouvernements de Berlin et de Vienne!

Reste enfin l'Espagne. S'il est une nation dont la trop longue absence du théâtre des affaires générales ait été un malheur pour tout le monde, c'est l'Espagne. Enfin, dit-on, elle se réveille; et, en effet, la voilà qui, par l'adoption de taxes différentielles en faveur de ses navires, manifeste la volonté de reparaître sur les marchés et sur les mers. Sans ces taxes, cette réapparition lui serait impossible, et à quoi équivaudrait pour elle, dans le siècle de la houille, de l'électricité et du fer, cette désespérante impossibilité? à quoi, je le demande, sinon à une condamnation de mort politique! Comment! voilà un pays assis sur les deux mers les plus commerçantes du globe, dont les côtes recèlent des richesses minérales immenses, à qui l'abondance et la nature de ses produits peuvent, moyennant quelques taxes protectrices, procurer en quelques années une industrie, un trafic et une navigation considérables, qui possède en Asie et en Amérique des colonies admirables, un pays dont la race est des plus intelligentes de la terre, et, de par le libre-échange, il est condamné à jamais à ne tirer aucun parti, ni de son sol, ni de ses possessions, ni du génie de ses habitants! Mais quand il n'y aurait que l'avenir d'une nation pareille qui fût sacrifié par cet inconcevable système, quel ami de la civilisation ne l'aurait déjà jugé !

Ce mot m'amène à la conclusion naturelle de ces rapides considérations. C'est aux amis de la civilisation, en effet, à voir ce qu'elle gagnerait au triomphe d'une doctrine qui, dans un siècle qui ne respire que mécanique et industrie, frapperait d'interdiction le génie et les bras de la France, de l'Amérique, de la Russie, de l'Autriche, de l'Espagne, pour ne laisser sur la scène que la seule et toute-puissante Angleterre. Nous l'avons déjà rappelé ailleurs : c'est le caractère des temps modernes, et c'est leur supériorité morale sur les temps antiques, de ne pas supporter que la direction du genre humain soit abandonnée à un seul peuple, mais de convier toutes les nations, toutes celles au moins qui témoignent vouloir et pouvoir prendre une part dans ce grand œuvre, à l'accomplissement des destinées communes. La valeur comparée du régime protecteur et du libre-échange peut être jugée à cette simple lumière : c'est à l'Angleterre seule, dans le système du libre-échange, que l'avenir de l'esprit industriel, commerçant et maritime du genre humain serait confié; sous l'empire des tarifs, au contraire, c'est à tous les peuples de bonne volonté qui se sentent la noble ambition de ne laisser ni leur esprit, ni leur activité, ni leur nom croupir dans l'ignorance, l'indifférence et l'obscurité. Voilà, au point de vue le plus élevé

des destinées de la civilisation, le caractère comparé des
deux systèmes : c'est à toutes les nations et à tous les gouvernements à choisir.

Le choix certainement n'est pas douteux, et les échecs
qu'a partout éprouvés, qu'éprouve chaque jour encore
sur tous les points de l'univers la propagande anglaise,
témoignent que l'esprit de cette propagande a été pé-
nétré et ses funestes conséquences comprises. La confédération continentale, dont l'empereur, en 1806, avait,
d'un des plus admirables traits de son génie, conçu et indiqué le plan, est aujourd'hui solidement liée d'un bout
de la terre à l'autre. On peut juger à présent, non-seulement de l'importance matérielle, mais de l'intérêt politique et moral de son maintien. On peut juger aussi de
la générosité et de la noblesse comparée des rôles que
remplissent, dans le solennel débat qui les divise, l'Angleterre et la France : l'une demandant au libre-échange
le salut de son monopole, dût-il écraser le génie du reste
du monde ; l'autre, fidèle à l'esprit de ses glorieuses traditions, enseignant à tous les peuples à revendiquer, par
le moyen des douanes, l'indépendance de leur travail, la
propriété de leurs marchés et la liberté des mers. Si la
mission providentielle des deux nations s'est jamais peinte
dans un de leurs innombrables démêlés, n'est-ce pas dans
celui-ci ?

CHAPITRE VIII.

CONCLUSION DE CE SECOND LIVRE.

L'histoire contemporaine, confirmant, en matière de liberté commerciale, les principes établis par l'expérience de tous les siècles; les douanes démontrées aujourd'hui, comme de tout temps, la garantie unique de l'indépendance alimentaire, industrielle et marchande des nations; le libre-échange convaincu de ne poursuivre, sous le manteau de la liberté, que la reconstitution du monopole; l'avenir de la civilisation même enfin engagé au maintien du régime protecteur : telles sont, si nous ne nous abusons, les conclusions certaines de ce second livre.

Avant de les abandonner au jugement du lecteur, qu'il soit permis seulement d'en exprimer en quelques mots l'esprit et la portée.

De même que ce serait gravement se tromper de ne voir dans la controverse de la protection et du libre-échange que des intérêts matériels en litige, de même ce serait singulièrement se méprendre de ne voir dans la démonstration des dangers du libre-échange et des né-

cessités du maintien des douanes que le rétablissement
des vrais principes qui doivent en ces matières diriger
l'administrateur et l'homme public; un enseignement
d'un ordre plus élevé ressort de ce débat, et l'élève en
même temps qu'il le domine : c'est un enseignement à
l'adresse de l'intelligence et de la moralité malades de
notre temps.

Il semblait que notre siècle ne fût venu au monde que
pour démentir en commerce comme en religion, en politique, etc., les lois de toute la nature et les leçons de
toute l'histoire. L'institution des douanes avait pu être
autrefois, aux époques mal éclairées de Cromwell et de
Colbert, de Pierre-le-Grand et de Frédéric II, de Washington et de Napoléon, l'expédient d'administrateurs
de peu d'expérience et d'invention; mais le temps enfin
était arrivé de secouer le joug de traditions grossières :
le libre-échange convenait seul à l'incomparable état de
notre culture intellectuelle et morale. L'âge d'or était
revenu : nous étions une race d'hommes d'une création
toute particulière, dont l'angélique essence ne pouvait et
ne devait vivre que des mystères de la métaphysique et
des délices de la fraternité. Que dirai-je de plus? le
monde, qui, jusqu'alors, en matière de douanes comme
en toute autre matière, avait marché d'Occident en
Orient, s'était là, comme partout, trompé de route. Mais
nous avions paru, c'était à nous de tout changer et de
tout remettre en un autre ordre; c'était à nous d'établir
les relations commerciales des peuples sur des bases
exactement opposées à celles qui en avaient porté jusque-

là la prospérité, l'indépendance et la grandeur. Ces bases nouvelles, le libre-échange les avait révélées; je dis révélées, car, à moins de quelque inspiration plus qu'humaine, comment aurait-on découvert un système aussi extraordinaire? Enfin ce n'était qu'un concert ou plutôt qu'un hymne à notre éloge et à celui de notre âge pour avoir inventé un aussi triomphant régime, un régime que les plus grands hommes des temps passés avaient méconnu, qui devait faire à jamais notre gloire et recommander nos noms à la postérité la plus lointaine comme ceux des régénérateurs de la terre et des bienfaiteurs du genre humain!

Que chacun à présent pèse une à une ces superbes illusions.

Notre siècle est-il autrement fait que toute l'histoire? La concurrence, aujourd'hui comme de tout temps, n'est-elle pas la condition essentielle de la liberté du commerce, et cette concurrence à son tour peut-elle subsister, même de nos jours, quelque merveilleux qu'ils soient, si les forces naturellement inégales des nations dont elle oppose l'activité et le génie ne sont artificiellement égalisées par le moyen de taxes de différence? N'y a-t-il pas aujourd'hui, comme dans chacun des siècles qui nous ont précédés, un peuple qui domine tous les autres par son capital et sa richesse, et qui, si une digue puissante ne s'opposait à l'invasion de ses manufactures et de son commerce, réduirait le reste du globe en servage? Cette Tyr, cette Carthage, cette Venise, cette Amsterdam nouvelle, n'est-il pas évident, évident à éblouir les yeux, que c'est Londres? Ainsi, au lieu de démentir les immuables lois de la nature et les séculaires leçons de l'histoire, notre époque, tout à l'opposé, les confirme.

Voilà déjà qui est cruel sans doute pour notre vanité : nous aimions à nous dire que l'univers, pour recevoir une génération aussi prodigieuse que la nôtre, avait dû changer toutes ses lois : eh bien! non; quoi qu'il en coûte, il faut nous avouer qu'après et avant tant d'autres, en commerce comme en toutes choses, nous ne sommes que les personnages d'un moment, d'un drame dont les décors sont toujours divers, mais l'action toujours la même. Après Tyr, Carthage; après Venise, Amsterdam; après Londres, New-York sans doute : il y a toujours eu, il y a encore, il y aura sans cesse dans l'univers une nation dont l'industrie, le commerce et la navigation ont été, sont et seront pour la liberté de toutes les autres une menace et un danger, et, si elles ne s'en préservent par des douanes, une cause inévitable d'oppression et de ruine.

Telle est la première leçon morale que nous donne l'examen de la controverse contemporaine du libre-échange : c'est que, malgré notre génie, et quelque légitime confiance qu'il nous inspire, il est une chose toutefois que nous perdrions notre temps à vouloir changer, je veux parler de l'axe du monde.

Mais il est d'autres enseignements encore extrêmement précieux à recueillir pour nous dans la mésaventure du libre-échange.

L'opinion que les siècles qui nous ont précédé et que
les plus grands hommes qui aient illustré ces siècles
n'aient rien entendu à la liberté du commerce et que,
sans nous et le libre-échange, on ignorerait encore ce
que c'est seulement que cette liberté, est encore une opinion qui, toute caressante qu'elle soit pour notre amour-
propre, doit être impitoyablement reléguée parmi les
paradoxes. Bien plus, il faut humilier notre orgueil jusqu'au bout. Il faut reconnaître qu'en cela notre perspicacité philosophique et politique s'est trouvée cruelle-
ment en défaut. Nous avons en effet pris pour la réalité
l'apparence, et le nom pour la chose. Parce que nous
avons vu le mot de libre accolé à celui d'échange, nous
en avons conclu sans plus d'examen que le libre-
échange était une doctrine de liberté. Et aussitôt nous
nous sommes engoués du libre-échange. Mais quelle
opinion médiocre n'avons-nous pas dû donner en cela
aux Anglais, non-seulement de la gravité de notre
caractère, mais de notre pénétration d'intelligence?
Comment! il a suffi qu'ils missent sur le drapeau du
monopole le mot de liberté, pour que d'abord ils nous
aient séduits ainsi que des enfants! Comment! le patriotisme de chacun ne lui a pas d'abord et avant
tout examen suggéré cette pensée que, si l'Angleterre
prêchait le libre-échange, c'est qu'il était mortel à la
liberté du commerce du monde! Non; notre engoue-
ment ne nous a pas permis d'apercevoir une chose si
claire; que dis-je? nous nous sommes extasiés, des volumes durant, sur la générosité britannique, et c'est

affaire aujourd'hui de démontrer que la Grande-Bretagne

N'embrasse ses rivaux que pour les étouffer.

Pour des gens qui doivent changer l'axe du monde et
faire que le ciel marche d'Orient en Occident, quelle
rude leçon de modestie philosophique et politique!

Ce n'est pas tout. Il faut vider cette coupe d'amertume.
Aussi bien n'y a-t-il ici que notre vanité qui souffre, et
c'est peu de chose si notre bon sens s'en raffermit et
que notre conduite en profite.

Une illusion encore que le libre-échangiste avait dé-
plorablement contribué à propager et qu'il nous est impossible à présent, à moins de cécité complète, de ne pas
perdre, c'est que la liberté, dans le siècle où nous sommes,
n'a besoin ni de garanties pour vivre, ni de règles pour
se soutenir. C'est le pire des paradoxes et la plus malheureuse des erreurs. En commerce, comme en religion,
comme en gouvernement, il n'y a point de liberté sans
lois. Le libre-échange a prétendu démontrer le contraire;
nous venons de juger la démonstration du libre-échange.
Si nous suivions ses maximes, demain l'Angleterre serait
la maîtresse des marchés et des mers. Non; et, quoi qu'il
nous en coûte, il nous faut encore ici faire amende ho-
norable. Les facultés de l'homme sont des instruments
puissants, mais délicats. S'il en force l'usage, il les fausse
ou les brise, et il ne lui reste entre les mains que des agents
de destruction et d'erreur. Le commerce, comme toutes

les manifestations de l'activité humaine, a besoin d'être réglé pour être libre, autrement il tombe dans la licence qui bientôt le livre au despotisme. La république universelle n'est pas plus réalisable en matière commerciale qu'en matière politique; l'utopie est la même dans les deux ordres : la terre n'est faite ni pour obéir à un seul gouvernement ni pour se passer de gouvernement. Les libres-échangistes, comme les partisans du système de la république universelle, supposent à la fois ces deux hypothèses; mais, sans relever ce qu'elles ont de chimérique, il n'y a rien de plus contradictoire au but dans la vue duquel on les forme. Si les intérêts, soit commerciaux, soit politiques, de toute la terre étaient soumis à un seul et même régime de gouvernement, ils seraient opprimés, car il n'y a rien de plus divers que ces intérêts; s'ils étaient affranchis de tout gouvernement, ils seraient opprimés encore, car ils sont inégaux, et les plus forts écraseraient les plus faibles. La conséquence, c'est qu'en matière commerciale, comme en matière politique, il n'y a point de liberté sans mesure ni sans règle, et que notre siècle là-dessus n'a rien changé aux arrêts du destin. Reconnaissons donc que la nature des choses est encore ici plus forte que notre génie, que le libre-échange est une utopie énorme, et qu'aujourd'hui, comme de tout temps, pour devenir et rester libres, il faut savoir supporter le frein protecteur des lois.

Enfin, il est une dernière conclusion morale de ce livre qu'il est bon, en terminant, de faire remarquer.

« L'homme n'est ni ange ni bête, disait Pascal; et le

« malheur est que qui veut faire l'ange fait la bête. » Telle
est la grande maladie de notre époque : elle veut faire
l'ange, et elle ne réussit qu'à faire la bête. La nature humaine semble quelque chose d'indigne du génie et de la
perfection de nos jours. Nous voulons tous nous élever
au-dessus et nous n'aboutissons qu'à tomber au-dessous.
Les milliers de romans religieux, sociaux, politiques; les
innombrables projets de rénovation de principes dans la
philosophie, les sciences, les lettres, les arts, dont nous
sommes inondés, tout cela ne part que de ce faux esprit
qui nous travaille, de rêver pour le genre humain une
condition incompatible avec la médiocrité de la nature
de l'homme. Le libre-échange est, de toutes les rêveries
contemporaines peut-être, la plus propre à montrer cet
esprit dans toutes ses prétentions et dans toute sa stérilité. Rien de plus guindé ni de plus chimérique. Ainsi, les
libres-échangistes ont découvert que la mode était passée
d'être patriote; qu'aimer sa patrie était un travers qu'il
fallait laisser aux siècles barbares. Ils ont prétendu, par
la vertu de leurs maximes, rendre tous les peuples frères :
le Russe, dans leur système, devait être le frère du Polo-
nais, le Français et l'Américain de l'Anglais, l'Italien de
l'Autrichien, le Magyar du Germain et du Slave; la terre,
à les en croire, ne devait plus former qu'une famille. On
examine à la lumière du sens commun ce qui adviendrait
de toutes ces belles promesses, les douanes une fois ren-
versées, et qu'est-ce qu'on trouve? Qu'en poursuivant
une fraternité romanesque, le libre-échange n'aboutit
qu'à constituer, sur les débris de la liberté du travail,

des marchés et des mers, un despotisme épouvantable !
On trouve qu'en voulant faire de nous plus que des
hommes, il en ferait des esclaves; on trouve enfin,
comme dit énergiquement Pascal, qu'en voulant, lui aussi,
faire l'ange, le libre-échange fait la bête. Trait de nature
qui suffirait à le peindre et sur lequel nous terminerons
enfin son étude et ce livre.

CONCLUSION GÉNÉRALE.

De la vraie et de la fausse économie politique.

Le faux système dont cet ouvrage a montré la vanité se présentait, lorsqu'on en a abordé l'étude, sous le double aspect d'une doctrine philosophique prétendant renouveler tout un ordre de croyances reçues, et d'une théorie administrative demandant à prendre la place d'un régime éprouvé par l'expérience et consacré par le génie. Nous avons séparément recherché ce que valait le libre-échange considéré à l'un et à l'autre de ces points de vue. Dans un premier livre, nous l'avons examiné en tant que doctrine, et nous avons vu, le flambeau du sens commun à la main, toutes les lois de la nature et tous les enseignements de l'histoire se soulever à la fois contre ses maximes. Dans un second livre, nous l'avons, en idée au moins, mis à l'œuvre, et le bon sens encore nous a démontré qu'il serait aussi funeste en application, si le malheur voulait jamais qu'il y parvînt, qu'il était chimérique en théorie. Un roman comme système, un fléau comme régime, voilà en deux mots le libre-échange, tel qu'il nous est apparu dans cet ouvrage, examiné dans ses principes et dans ses conséquences, à la double lumière de l'expérience et de la raison.

Une telle épreuve suffit à mettre tout homme de sens en état de décider entre les maximes de ce système et les traditions que ses partisans proposent de renverser. Nous n'avons rien à ajouter à cet égard : le procès est instruit; toutes ses pièces sans exception sont sous les yeux du lecteur; c'est à lui de se consulter et de juger.

Il y aurait cependant quelque chose d'incomplet à terminer ici, quelque minutieux et surabondant peut-être que déjà il ait été, cet examen comparatif du régime protecteur et du libre-échange. Il est un intérêt en effet non moins sacré que tous ceux que nous avons vus se débattre dans cette controverse, qui y est profondément engagé et dont nous n'avons encore rien dit; c'est l'intérêt des destinées de toute une science : on a nommé l'Économie Politique.

L'école libre-échangiste ne borne pas ses prétentions à renouveler les principes philosophiques de la liberté du commerce et à changer les règles d'administration fondées sur ces principes; elle prétend en outre et par là même établir l'économie politique sur des bases particulières, qu'elle n'a jusqu'à présent que trop réussi à faire

admettre par ses disciples, et qui, si elles devaient continuer à passer pour légitimes, seraient pour l'avenir de la
science économique l'origine des plus déplorables erreurs.
Nous avons annoncé dans l'Introduction qu'à propos de
ce grave et intéressant sujet, on trouverait à la fin de
notre ouvrage quelques réflexions qui pourraient lui servir de résumé et de couronnement : c'est la promesse
que nous venons remplir dans cette Conclusion Générale.

L'économie politique est à la fois une science et un art.
En tant que science, elle a pour objet la découverte et la
démonstration des lois qui président à la formation et à
la distribution de la richesse. En tant qu'art, elle se propose, les yeux fixés sur les lois démontrées par la science,
de tracer au législateur et à l'homme d'État les règles
les plus sûres d'enrichir les nations.

On comprend, sans qu'il soit besoin de la relever par
de longs discours, l'importance à la fois intellectuelle et
pratique d'un pareil ordre d'études, et de quel intérêt il
est tout ensemble, pour le progrès des connaissances humaines et pour le repos des États, qu'il ne soit pas livré
à l'empire de fausses doctrines. Ces fausses doctrines, en
effet, en trompant les esprits sur la connaissance des vé-
ritables lois qui gouvernent la production et la répartition
des biens de ce monde, exercent une influence doublement
dangereuse. D'abord elles engagent une science intéressante à mille égards dans une voie romanesque qui en
égare le génie et qui en paralyse les efforts. Ensuite, et

ce qui est plus redoutable, elles font naître dans les imaginations des idées impraticables, dans les cœurs des désirs excessifs qui tôt ou tard, sous une forme ou sous une autre, s'emparent du monde et le bouleversent. L'école libre-échangiste a joué ce triste rôle dans le domaine de l'économie politique. Elle l'a d'abord, au détriment de la fortune de l'esprit humain, détournée, en tant que science, de sa route et de son but. Comme art, elle lui a été plus funeste encore, car elle en a fait un foyer de nouveautés ruineuses. On va juger, par le tableau que nous allons en présenter à grands traits, des conséquences que pourrait avoir pour la science et pour l'État l'empire presque sans partage qu'exerce aujourd'hui cette école en économie politique, si enfin une réaction salutaire ne se manifestait dans les esprits.

Les sciences ont pour but la découverte de ces « rapports nécessaires qui dérivent de la nature des choses » et qui en sont l'âme et la loi. Chaque science emploie, pour parvenir à sa fin, dans la sphère où elle se meut, une méthode qui lui est tracée par le genre même des objets auxquels elle s'applique. Si ces objets sont sensibles et observables, c'est la méthode expérimentale ou d'observation qui conduira à la découverte des lois qui les régissent : tels sont les objets physiques et les sciences auxquelles ils donnent lieu. Si les objets, au contraire, sont de l'ordre purement intellectuel et que les rapports qui les enchaînent entre eux ne puissent être découverts que par la réflexion, c'est la méthode déductive ou de raisonnement qui leur convient : tels sont le nombre, l'étendue, le mouvement; telles sont l'algèbre, la géométrie, la mécanique, qui en analysent et en exposent les lois.

Dans lequel de ces deux ordres de sciences l'économie politique doit-elle être rangée? Elle peut elle-même répondre à cette question. Il lui suffit de déclarer son objet pour qu'aussitôt sa nature soit reconnue, sa méthode fixée, sa place enfin trouvée dans l'encyclopédie des connaissances humaines.

Or est-il, ainsi que nous le rappelions tout à l'heure, que l'économie politique, du consentement de tous ceux qui aujourd'hui la cultivent, a pour objet très-clairement défini l'étude de la richesse considérée dans les lois qui gouvernent ses éléments de production et ses modes de répartition parmi les hommes. Mais alors et sa nature et la méthode qui lui convient sont les choses les plus évidentes du monde, et la question de savoir à quel ordre de sciences elle appartient est aussitôt résolue que posée.

La richesse en effet, à suivre, en cela du moins, l'impulsion du bon sens, se présente dans tous les modes de sa production et de sa distribution comme la chose la plus essentiellement et j'ajoute la plus exclusivement observable qui se puisse imaginer.

Je la prends à sa naissance dans l'âme humaine, dont elle est à la fois une notion et une passion. J'examine l'homme « tout neuf, » comme dit Buffon; j'essaie de me rendre compte de la manière dont lui vient dans l'esprit l'idée qu'il exprime plus tard par ce terme abstrait de richesse.

Je vois que l'homme n'apporte pas cette idée en naissant; je vois qu'il l'acquiert par l'expérience; je vois qu'après avoir vécu un certain temps avec les objets extérieurs, il commence, dès que son intelligence s'éveille, à les distinguer en deux grandes classes, en utiles et en inutiles. Bientôt et à un médiocre intervalle apparaît sur la scène de la conscience une idée nouvelle qui n'est que la corrélative de l'idée de richesse, ou plutôt qui concourt avec l'idée de l'utilité à la former; je veux dire l'idée de valeur. Après avoir distingué généralement les choses en utiles et en inutiles, l'homme les considère selon l'utilité spéciale qu'elles peuvent avoir avec la satisfaction prochaine ou éloignée de l'un quelconque de ses besoins, et il attache, à différents degrés qui varient en raison directe de la nature et de l'urgence de ces mêmes besoins, l'idée de valeur aux objets qu'il juge plus ou moins propres à remplir son désir. Telle est l'histoire de l'idée de richesse, dans son berceau, dans l'âme de l'homme.

A ce premier degré, je demande si c'est autre chose qu'un phénomène observable, et si la description que j'en donne en ce moment est rien qu'une description expérimentale?

Sortons maintenant de la conscience et entrons dans le monde et dans l'histoire.

L'idée de richesse est née dans l'esprit de l'homme; il a appris par expérience à distinguer les objets, en objets de grande, de médiocre, de nulle valeur, suivant qu'ils lui sont très-utiles, peu utiles ou indifférents.

L'observation va bientôt lui enseigner autre chose qu'elle me révèle également, à moi qui le considère, c'est que, suivant que les objets utiles lui sont utiles immédiatement et directement, ou indirectement et à terme, il distingue leur valeur en valeur usuelle ou en valeur d'échange. La valeur est le rapport variable des besoins de l'individu avec les choses. Si le rapport est actuel et urgent, s'il se forme, par exemple, entre un individu ayant faim et la présence d'un aliment, l'aliment aura une valeur d'usage plus ou moins grande suivant que le besoin qu'il aura pour but de satisfaire sera plus ou moins impérieux. Si, au contraire, ce rapport s'établit entre ce même aliment et un individu ayant satisfait sa faim, celui-ci pourra lui attribuer un emploi qui changera la forme de sa valeur; il pourra penser, il pensera à l'échanger contre un autre objet capable de satisfaire un autre de ses besoins : la valeur d'échange sera créée, et le commerce naîtra.

Ces phénomènes nouveaux sont-ils autre chose que des faits d'expérience, et l'observation n'est-elle pas seule capable de les constater et de les étudier?

Enfin je franchis ce portique de la science et j'entre dans le temple.

Je demande aux sages assemblés en ce temple à quoi ils s'occupent. — Nous étudions, répondent-ils, les lois de la formation de la richesse et celles de sa distribution. — A merveille; et comment se forme et se distribue la richesse? — La terre, le travail et le capital la produisent, et elle se répartit en salaires, profits, rentes et impôts. — C'est la vérité même, et l'oracle de Delphes n'eût pas mieux parlé. Mais d'où savent-ils, je vous prie, tout cela, sinon de l'expérience? Comment ont-ils découvert, sinon par l'observation, l'existence de ces modes divers de production et de répartition de la richesse? Comment surtout, sans cette même expérience et cette même observation, seraient-ils capables de découvrir les lois suivant lesquelles se comportent dans le monde travail et salaire, terre et rente, capital, profits et le reste?

Pour ne pas prolonger indéfiniment cette analyse, j'examine seulement les deux grands instruments de la richesse, le travail qui la crée et le commerce qui la distribue, et je me demande de quelle manière l'économiste s'y prendra pour découvrir les lois qui les gouvernent et qui les rendent plus ou moins libres, plus ou moins productifs, etc., sinon en les observant tels qu'ils se comportent, selon les différentes circonstances où ils sont engagés, sur la scène de l'univers et sur celle de l'histoire? La quantité et la qualité des produits du travail dépendent évidemment du nombre, des forces, des habitudes, des moyens d'action des travailleurs. Une population nombreuse est-elle utile ou funeste à la production? Le travail donne-t-il plus de fruits ou de plus beaux sous la loi d'esclavage, ou sous la loi de liberté, ou sous le régime des règlements? Il est à coup sûr bien impossible de découvrir tout cela autrement que par l'expérience. De même pour le commerce. Quel est le régime qui convient le mieux à sa prospérité et à la liberté? Suivant quelles lois le voit-on naître, grandir, décliner, disparaître au sein des États? On n'imagine pas qu'il puisse y avoir d'autre moyen de parvenir à la connaissance de ces lois qu'en en observant l'action sur la scène des choses.

En un mot, quand je considère l'économie politique dans son objet, ce que l'étude de cet objet pris dès sa naissance dans l'âme de l'homme et poursuivi à travers les révolutions du monde dans tout le cours de son histoire me révèle, c'est que, partout, toujours, il n'est et ne peut être matière qu'à observation. Appliquant alors ici une règle qui n'a jamais trompé l'esprit humain dans la classification des sciences et le choix de leurs moyens de découverte, et concluant du caractère de l'objet de l'économie politique à la détermination de sa nature et de sa méthode, je me persuade qu'elle est, si jamais science le fut, dans ses origines, sa marche, ses destinées, son but, éminemment expérimentale.

Qui penserait qu'une conclusion aussi avérée par le bon sens ait pu un seul moment être mise en doute, et qu'on ait songé à faire de l'économie politique autre chose qu'une science d'observation? C'est pourtant ce qu'a entrepris l'école libre-échangiste.

L'économie politique n'est pas pour cette école une science expérimentale ni pratique, prenant le monde tel qu'il est, et demandant à l'observation de ce monde avec la connaissance des lois qui y gouvernent la richesse le secret d'en augmenter les produits et de les mieux répartir; c'est une science spéculative, poursuivant, en dehors de toute considération de l'univers réel, physique,

moral et politique, l'étude idéale de la plus grande puissance de rendement concevable des instruments producteurs de la richesse et de la distribution la plus parfaite
qui se puisse imaginer de ses fruits. C'est, pour parler
l'étrange langage des novateurs, une science pure qui
non-seulement ne se fonde point sur les faits physiques
ou politiques, mais qui ne tient, au contraire, aucun
compte de ces faits, et ne les considère pas plus que s'ils
n'avaient jamais été. L'homme n'est pour elle un être
ni moral ni sensible : c'est un être purement économique, si l'on peut ainsi dire, que sa nature ne pousse
qu'à deux choses et y pousse invinciblement : produire
la richesse et la consommer. A cette première hypothèse,
base de tout le monument, s'en joint aussitôt une seconde, qui achève de débarrasser de tout obstacle le terrain nécessaire à sa construction. L'économiste spéculatif traite l'univers entier comme il a traité l'individu.
La distance d'un lieu à un autre exige, pour être par-
courue, la dépense d'un certain temps : cette dépense
est un obstacle économique; l'école libre-échangiste le
lève, en supprimant ses deux causes, l'espace et le temps.
De même, le monde est divisé en nations jalouses et en
marchés rivaux les uns des autres, marchés et nations
dont la rivalité et la jalousie s'opposent, selon l'école, au
plus grand rendement et à la meilleure distribution
concevables du travail et de ses produits : l'économiste
spéculatif ne tient pas plus de compte du phénomène
des nationalités, de quelque hauteur qu'il domine l'existence de l'humanité, qu'il n'a tenu compte du monde

matériel. On voit le reste du système. Abandonnés dans le vide à toute leur puissance de développement, les éléments économiques manifestent, sous le regard du théoricien qui les contemple, des tendances exclusives et extrêmes qui n'ont aucun rapport avec celles qu'ils révèlent dans la nature et dans la société. C'est de l'étude abstraite de ces tendances observées ainsi à l'état libre que résulte l'économie spéculative. Maintenant, quelle valeur a cette théorie aux yeux de ses partisans et à quel usage la destinent-ils? Sa valeur n'est rien moins que celle d'une science de démonstration. Ses conclusions, disent les libres-échangistes, ne sont vraies qu'en abstrait et dans certaines suppositions; mais c'est le cas de toutes les sciences abstraites, et cela n'empêche pas leurs théorèmes d'être inébranlables. Quant à l'usage de ces vérités, enfin, quelque éloignées qu'elles soient des habitudes de l'univers réel, social et physique, ce qui n'a rien de surprenant, puisqu'elles sont nées en dehors de toute observation et même de tout souci de cet univers, il peut devenir aussi fécond qu'il est sublime. La science économique pure et chacune des formules qu'elle découvre sont pour l'économie pratique un idéal que celle-ci n'atteindra peut-être jamais, mais vers lequel elle doit tendre toujours, car elle peut s'en rapprocher sans cesse; si bien qu'un jour viendra où le monde économique réel ne se distinguera plus qu'à peine du monde merveilleux, sans espace, sans distance, sans durée, sans nations, dans le libre éther duquel se jouent, aux yeux de l'économiste spéculatif, les puissances aujourd'hui enchaînées par tant d'entraves de la production et de la distribution de tous les biens.

Telle est, suivant l'école libre-échangiste, et elle ne cesse de la recommander par son exemple, la vraie méthode de traiter l'économie politique. On voit si nous exagérions quand nous disions tout à l'heure que cette école, par ses principes, engageait une science intéressante à mille égards dans une voie déplorable, où son génie ne pouvait que s'égarer à la poursuite des plus vains des rêves.

Erreurs étranges en effet! De quel droit les libres-échangistes examinent-ils ainsi les phénomènes économiques dans une indépendance imaginaire de toutes les causes qui les produisent et de tous les milieux où ils se meuvent? Et, en tout cas, quelle espèce de science peut-il résulter d'un aussi bizarre jeu d'esprit?

Ils proposent d'étudier les éléments producteurs et les modes de répartition de la richesse, abstraction faite du temps, de l'espace, des nations et de tous les milieux qui embarrassent leur marche et leur développement. Comment cela? Résistent-ils, ces milieux, oui ou non? Oui, sans doute, ils résistent. De quel droit alors les supprime-t-on? Quelle mainmorte métaphysique s'attribue-t-on sur les trois quarts des lois de la nature et de l'humanité? Ces lois sont-elles des chimères? L'espace et le temps sont-ils des visions? L'esprit de nationalité et tout ce qui s'ensuit, c'est-à-dire, n'en déplaise aux libres-échangistes, les sept huitièmes de l'histoire du monde, tout cela est-il un songe ou un fait, un fait, dis-je, éblouissant d'évidence? Où prend-on alors la licence de rayer d'un trait de plume les conditions les plus essentielles de l'existence de la matière et de la société? On s'épuise à l'imaginer.

Ils en ont essayé une explication. Les conséquences que nous déduisons, ont-ils dit, de l'étude des éléments économiques ainsi étudiés à l'état libre, sont aussi légitimes que celles de la balistique rationnelle par exemple. Nous supposons l'absence du temps, de l'espace et des nationalités, comme les mathématiciens, quand ils calculent la direction des projectiles, supposent le vide. Cette supposition du vide n'empêche pas les formules des mathématiciens d'être justes; l'hypothèse que nous faisons de la suppression du temps, de l'espace et des nations n'empêche pas davantage nos raisonnements d'être vrais dans cette hypothèse, et ces raisonnements de former autant de théorèmes inébranlables.

Comparaison sans valeur et sans justesse, où l'école libre-échangiste s'est méprise à la fois sur le génie de deux ordres de sciences.

D'abord, il serait vrai que, dans les mathématiques mixtes, ordre de connaissances auquel appartient la balistique rationnelle, on pût élever un édifice de vérités sur des bases imaginaires, qu'il ne serait encore permis d'en rien conclure en faveur de l'économie spéculative. On ne compare utilement que des choses qui ont quelque rapport entre elles. Mais quel rapport peut-on imaginer entre la géométrie et l'économie politique? Les objets de l'une sont de pur raisonnement, ceux de l'autre de pure expérience. Il est aussi étrange de vouloir raisonner en économie politique qu'il le serait de vouloir observer en géométrie. Mais négligeons même cela. Quand il arrive à une science mathématique mixte d'omettre un ou plusieurs des éléments d'expérience dont son seul objet est de déterminer les rapports, quelle est la conséquence de cette abstraction? C'est que les résultats auxquels l'analyse arrive ne sont que des résultats hypothétiques, qui ne représentent la vérité ni dans son état réel, ni dans son état abstrait, ni dans son état idéal : le géomètre alors n'a pas la prétention singulière de faire passer ces résultats pour des lois, et il ne donne ses calculs que comme des exercices de logique et d'algèbre. Telle est la balistique, dont les libres-échangistes invoquent l'exemple. Où est la vérité en balistique? est-ce à calculer la route géométrique que suivra un corps pesant projeté horizontalement, abstraction faite tant de la résistance de l'air que de la déviation que peuvent causer dans sa marche différentes autres causes, telle par exemple, si le projectile est sphérique, que la distance plus ou moins sensible entre son centre de gravité et son centre de figure? Pas le moins du monde. La formule mathématique la seule vraie et la seule donnée comme telle en balistique, c'est celle qui exprime la loi de la marche du projectile, toutes les conditions expérimentales de ses déviations possibles étant représentées dans la formule par des valeurs déterminées. Hors de là, je le répète, et je le répète avec d'Alembert, « l'application de l'algèbre à la physique dans des suppositions vagues n'est qu'un jeu d'esprit. » Eh bien! que fait-on, quand on prétend étudier les lois de la production et de la répartition de la richesse parmi les hommes, indépendamment des obstacles qu'apportent à la rigueur imaginaire qu'on se figure, le temps, la distance, la politique et généralement la nature observée ou observable des choses ? On fait, si on tient absolument à la comparaison, comme le géomètre qui calcule la direction du jet des corps pesants dans l'hypothèse du vide, un pur raisonnement d'algèbre, dont les termes ne représentent rien de réel ni de possible. De quel droit alors donne-t-on les résultats fantastiques auxquels on parvient ainsi pour les théorèmes inébranlables d'une science d'application ?

Je conclus en deux mots, et ma conclusion est fort simple. Raisonner dans des suppositions sans réalisation possible et sur des termes de pure convention, comme on propose de le faire en économie spéculative, c'est suivre une voie capable de ne mener à la découverte non-seulement d'aucune loi réelle, ce qui est évident déjà par définition, mais d'aucune vérité de quelque ordre que ce puisse être. Quels peuvent être en effet les rapports de termes hypothétiques étudiés dans des conditions sans rapport avec la réalité? Des rapports de pure logique. Mais le lien logique qui unit des hypothèses dans le vide est-il une vérité? En d'autres termes, les rapports que l'on pourrait trouver entre les principes producteurs de la richesse envisagés indépendamment de toute considération de leurs phénomènes et dans un état supposé de la nature non-seulement différent de l'état réel, mais contradictoire à cet état, ne peuvent être autre chose que des rapports purement idéologiques, comme les termes de convention qu'ils servent à lier, et le milieu de fantaisie où on les examine. Qu'est-ce donc alors que l'économie spéculative? Vous le voyez : de l'économie imaginaire.

La conclusion est forcée, mais mettons-la hors de doute. Nous nions aux libres-échangistes, au nom du bon sens et du raisonnement, jusqu'à la possibilité de leur prétendue science. Ils ont un moyen péremptoire de nous convaincre d'erreur et de nous persuader la légitimité de leur entreprise. On niait devant un philosophe le mouvement; ce philosophe marcha : le différend fut vidé. Les libres-échangistes peuvent imiter cet exemple. Nous nions que l'économie spéculative soit une science, ou, en d'autres termes, que l'économie politique puisse être ce qu'ils veulent en faire, une science de raisonnement. Quels sont l'objet et le but d'une science et à quel caractère la reconnaît-on? L'objet d'une science est de découvrir la vérité, son caractère de la posséder, son but de la faire connaître. L'économie spéculative a-t-elle découvert une seule vérité? Je ne parle pas d'une vérité imaginaire, je parle d'une vérité véritable, soit absolue, soit générale; soit nécessaire, soit relative; soit de raisonnement, soit de fait. Qu'elle le prouve : à l'instant nous lui rendons les armes, et tout ce que nous avons dit est nul et non avenu.

Eh bien! j'ouvre les livres de l'école; je cherche une théorie qu'ils affirment tous, et j'examine si cette théorie consentie par tous est vraie de quelque vérité imaginable.

Je n'en peux pas prendre de plus célèbre que leur théorie de la liberté du commerce. Quelles sont, de l'avis du bon sens, les conditions d'existence de la liberté du commerce entre les nations? Cet ouvrage l'a fait voir: ces conditions sont la concurrence des différentes nations entre elles et l'établissement de douanes protectrices qui permettent aux plus faibles de soutenir la lutte contre les plus fortes. Cependant comment la chose se juge-t-elle en économie spéculative? En économie spéculative, c'est une loi qu'il n'y a point de liberté du commerce si les douanes protectrices de cette liberté, et sans lesquelles l'expérience démontre qu'elle serait impossible, ne sont au préalable abolies. Cette prétendue loi étonne quand on l'examine, car elle contredit tous les faits. Vous en demandez les considérants aux économistes spéculatifs; alors ils vous apprennent qu'ils supposent deux choses dans la double hypothèse desquelles leur loi est mathématiquement vraie : la première, qu'il n'y a plus de nations dans le monde, mais un seul État dans le parcours entier duquel les marchandises circulent sans être arrêtées par quelque obstacle physique ou politique que ce puisse être; la seconde, que la paix perpétuelle règne sur la terre. Eh bien! je le demande, à quel titre une vérité qui, pour être vraie, a besoin que la moitié des lois de l'univers s'écroule et que l'autre moitié soit défigurée, peut-elle être une vérité?

L'esprit humain ne connaît que deux espèces de vérités,

les vérités absolues d'abord, dont les contradictoires sont évidemment fausses : tels sont les axiomes. Le libre-échange apparemment n'est pas un axiome, car il prétend que les douanes oppriment le commerce, et la raison, l'histoire, le bon sens et l'expérience la plus vulgaire crient qu'elles le protégent. L'autre espèce de vérités que l'esprit connaît sont les vérités de fait. Le libre-échange n'est pas une vérité de ce genre, puisque non-seulement il contredit tous les faits, mais qu'il n'en tient aucun compte. Quelle espèce de vérité peut-il donc être? Une vérité hypothétique, ont dit bravement quelques spéculatifs. Le mot certes est heureux. Mais, encore une fois, qu'est-ce qu'une vérité qui, pour commencer d'être vraie, a besoin que toutes les choses reconnues de la vérité la plus parfaite, lois de la nature et lois de l'humanité, ou cessent d'être, ou commencent d'être fausses? Qu'est-ce qu'une vérité qui ne peut trouver son existence que dans le renversement des trois quarts des notions de l'esprit? Jusqu'à présent ces vérités-là, que l'on appelle si discrètement hypothétiques, avaient dans l'opinion générale passé pour autre chose, — pour des rêves.

Il est inutile d'aller plus loin : le désordre porté par l'école libre-échangiste dans l'économie politique considérée comme science est palpable, et les conséquences de ce désordre ne le sont pas moins. Quand une science en effet est détournée à ce point de sa voie naturelle, elle cesse de mériter le nom de science, car elle ne peut plus produire que des romans.

Examinons à présent ce que l'école libre-échangiste a fait de l'économie politique envisagée comme art.

L'économie politique en effet, ainsi que nous l'avons dit, n'est pas seulement une science, elle est en même temps un art. Semblable à plusieurs grandes autres branches des connaissances humaines, telles que la logique, par exemple, qui est à la fois la science de la démonstration et l'art de penser; la politique, qui est la science des lois de l'existence des États et l'art de les gouverner; la médecine encore, qui est la science de l'organisation du corps humain et l'art de porter remède aux désordres qui peuvent troubler cette organisation, etc., l'économie politique est la science des lois qui gouvernent la richesse des nations, et elle est l'art de les enrichir.

Mais il n'est point d'art qui ne soit chimérique, si la science dont il procède et sur laquelle il s'appuie l'est elle-même. Les règles de l'art en effet ne sont que des préceptes de conduite tracés d'après la connaissance des principes établis par la science. Si les principes sont faux, les préceptes le seront également. Supposez, par exemple, une physiologie imaginaire dans laquelle on enseignerait, au rebours de la nature, que ce sont les poumons qui, dans le corps humain, sont chargés de la digestion et l'estomac de la respiration, ou bien que les veines remplissent la fonction des artères et les artères celles des veines, ou bien enfin que ce n'est que par suite d'un préjugé philosophique que l'on a cru, durant des siècles, que tel ou tel appareil, l'appareil nerveux ou musculaire par exemple, était nécessaire à la vie : quel étrange art de guérir ne sortirait-il pas d'une physiologie aussi prodigieuse! quelles idées monstrueuses et folles! Ce serait le renversement du bon sens.

Après ce que nous venons de voir cependant de l'économie spéculative considérée comme science, que pouvons-nous penser qu'elle soit comme art? Comme science, elle supprime les plus grandes lois de la nature et de l'humanité. Semblable à cette physiologie insensée dont nous parlons, elle ne tient aucun compte des appareils les plus importants de la formation et de la distribution de la richesse dans les sociétés; est-il permis de croire que des préceptes d'administration économique et financière, fondés sur des imaginations aussi romanesques, puissent avoir ombre de valeur aux yeux de l'expérience et de la raison?

L'exemple de la balistique, que nous rappelions tout à l'heure, est cher aux économistes spéculatifs; qu'ils nous permettent de nous en servir, il expliquera clairement notre pensée.

Si l'économie pure s'autorise de la balistique pure, c'est sans doute parce qu'elle y trouve l'image de ses principes, de ses méthodes et de ses destinées. La balistique pratique cependant ou l'artillerie, si la balistique pure est une science dont les théorèmes sont autant de vérités, doit conformer autant que possible ses préceptes d'action aux principes énoncés par ces théorèmes. Or cette balistique pure, que les économistes spéculatifs prennent avec un sérieux si admirable pour une science, considère la direction géométrique des projectiles dans la supposition du vide; elle pourrait également bien, elle n'en serait que plus pure, faire abstraction de l'action de la gravité; dans de telles hypothèses, et certes elles ne sont pas plus extraordinaires que celles de l'économie spéculative, quelle serait la loi scientifique, ou donnée pour telle, du mouvement et de la direction des projectiles? Le projectile n'étant ni sollicité dans sa marche par l'action de la gravité ni dévié par la résistance d'aucun milieu, continuerait, une fois lancé, à se mouvoir éternellement en ligne droite et avec une vitesse uniforme constamment égale à sa vitesse initiale. Telle serait la loi donnée par la balistique pure. Si cette balistique pure cependant est en droit de proposer ses rêveries comme des principes auxquels la balistique pratique ou l'artillerie doit conformer ses préceptes, il s'ensuivra que l'artilleur devra tendre à communiquer aux projectiles le mouvement perpétuel en ligne droite. Vous riez de la balistique pure? Vous avez raison. Mais que direz-vous alors de l'économie spéculative? La fable est son histoire. N'est-il pas en effet pour le moins aussi extraordinaire de proposer de distribuer la richesse dans le monde avec une égalité et une vitesse indépendante de toutes les lois physiques et morales qui altèrent cette vitesse et cette égalité, que de proposer de communiquer aux projectiles le mouvement perpétuel?

Et voilà du haut de quels romans, décorés du nom de science, on prétend donner des leçons d'administration à Cromwell et à Colbert, à Frédéric-le-Grand et à Napoléon!

Mais ce n'est là que le moindre défaut de l'économie spéculative considérée comme art.

On croit beaucoup trop généralement que le domaine des sciences est un pays où l'imagination peut se donner carrière sans péril. C'est un préjugé. Tout faux système a ses dangers, ses dangers pratiques, dis-je, aussi graves et plus redoutables que ses dangers intellectuels. Il n'est point de paradoxe qui ne puisse finir par avoir son heure dans le monde des faits. N'avons-nous pas vu le palais de la chambre des pairs livré aux délibérations des législateurs de l'organisation du travail? L'économie politique, il est funeste de s'y tromper, est une science sur la brèche. Quand elle parle, tous les intérêts s'émeuvent, et toutes les passions sont attentives. Aucune parole de ses maîtres n'est perdue. Si la pensée que cette parole exprime, — spéculative ou non, peu importe, la foule n'est pas si fine que d'en faire la différence, et elle prend les choses au pied de la lettre, — si cette parole, dis-je, est juste, elle calme les passions en éclairant les esprits; mais, si elle est fausse par malheur, elle aveugle les âmes, elle exaspère les cœurs, et elle peut provoquer d'effroyables désordres.

On fait briller aux yeux du peuple l'irréalisable mirage du bonheur parfait. On lui assure que sans les douanes il serait complétement heureux. On lui représente le grand agriculteur ou le grand manufacturier qui l'emploie comme un seigneur féodal qui ne s'enrichit qu'au détriment de la félicité publique. On parle de coalition financière et industrielle conjurée, et conjurée seule, con-

tre la venue de l'âge d'or, la vente à grands prix, l'achat
à bon marché, le licenciement des armées permanentes
et le règne de la paix perpétuelle. On peint l'agent du fisc
chargé, non pas seulement de faire rentrer les deniers de
l'État, mais de poursuivre la contrebande et de maintenir
l'indépendance du marché national, comme un espion de
police entretenu aux frais de tous pour l'unique profit de
quelques personnes. Enfin, pour couronner l'œuvre, on
donne gravement tout cela pour les résultats de la
science. Que peut-il, ou plutôt que ne peut-il pas arriver
d'une conduite, pour ne rien dire de plus, aussi impru-
dente!

Je n'en veux rien dire. Qu'en dirais-je, que chacun n'ait
appris aussi bien que moi, au navrant spectacle des désordres matériels et des misères morales de mon pays et
de mon temps!

Ainsi donc, l'école libre-échangiste a été aussi funeste
à l'économie politique considérée comme science, que
considérée comme art. Comme science, elle l'a égarée
dans la voie des chimères; comme art, dans celle des
utopies.

Ces belles études cependant sont-elles condamnées
sans appel à subir une domination aussi mortelle à
leur génie et à leur avenir? Il serait déplorable de
le penser. Mais non; une réforme des méthodes et de
l'enseignement de la science économique est, grâce à
Dieu, encore possible; et, quoique le mal soit déjà profond, avec de la volonté et du bon sens, on peut en arrê-

ter les progrès. Je veux, pour conclure, exposer rapidement en quoi doit consister cette réforme, et à quel prix
on l'obtiendra. Le programme en est aussi fécond que
simple : sa réalisation peut-être aussi tentera quelque esprit généreux et droit.

L'économie politique, si vieille comme métier dans le
monde, y est toute nouvelle comme science et comme
art. Elle date à peine sous cette forme de la seconde moitié du dernier siècle. Aussi se cherche-t-elle encore elle-
même. La circonscription fixe de ses bornes est à peine
reconnue; on dispute, sinon du point où elle commence,
au moins de l'endroit où elle finit. Sa logique est en pleine
discussion; sa langue est incertaine, ses connaissances
éparses. Tout est mêlé dans ses livres, le vrai, le faux, le
réel, le possible et l'idéal. Elle est enfin dans cet état de
chaos où le destin des sciences, comme de toutes choses,
est de débattre les commencements de leur existence.

C'est là une époque redoutable dans la vie des sciences
expérimentales surtout. C'est l'instant décisif, en effet,
où elles sont appelées à faire choix d'une règle de conduite d'où dépend le reste de leur destinée. Deux routes
s'ouvrent à la fois devant le jeune Hercule : l'une, dont
l'abord est semé de fleurs, mais qui mène à un précipice :
c'est la route de l'hypothèse; l'autre, dont les commencements sont durs, mais qui conduit à la vérité : c'est la route
de l'expérience. C'est l'heure pour elles d'entrer dans le
droit chemin, ou elles sont perdues peut-être pour des
siècles.

Les plus belles des sciences expérimentales justifient par leur histoire la vérité de ce que je dis là. Leur grandeur ne date que du jour où elles sont franchement entrées dans la voie indiquée par la nature de leur objet; jusque-là, elles n'avaient fait que s'agiter sans fruit, comme sans but, vain amusement d'imaginations oisives.

Voyez la philosophie. Elle s'égarait depuis deux siècles en spéculations chimériques sur la structure, l'origine et la destinée des choses. Des esprits profonds comme Parménide, vastes comme Démocrite, épuisaient stérilement leurs forces dans ces imaginaires théories. Enfin survient un sage qui ramène la philosophie à son objet et par là-même à sa méthode, l'observation de la nature de l'homme. Dès ce jour, elle est fondée; elle avancera sans cesse, et, en dépit de la clameur de l'ignorance et de l'envie, elle ne périra plus. Le flambeau allumé par Socrate passe de ses mains dans celles de Platon, de celles de Platon dans celles d'Aristote, de celles d'Aristote dans celles de Cicéron, de Plotin et de Proclus; saint Augustin le prend à son tour et le transmet à Abélard; celui-ci le donne à Descartes; Leibnitz en hérite; Kant enfin le reçoit et le lègue, allumé comme il l'a reçu, à ceux qui viendront après lui :

Sic, quasi cursores, vitaï lampada tradunt.

L'astronomie nous offre un enseignement du même genre, mais plus saisissant encore. Au commencement de l'ère chrétienne, un esprit vigoureux, mais subtil, se trompe sur la méthode qui lui convient; il crée une astronomie spéculative. Les contemporains de Ptolémée le suivent, il fait école : voilà la science des cieux retardée de quinze siècles. Enfin, en 1543, Copernic brise d'une main vigoureuse l'édifice d'hypothèses sous lequel l'esprit spéculatif avait si longtemps étouffé l'astronomie, et la rappelle à sa véritable méthode. Elle retrouve son génie avec sa route, et aussitôt les grandes découvertes et les grands hommes se pressent dans son histoire. Copernic meurt; mais Képler et Galilée sont déjà nés, Descartes leur succède, puis Newton, qui finit par trouver dans l'observation du phénomène le plus vulgaire tout le secret de l'architecture du monde. Je citerai enfin une autre science qui a de plus proches rapports avec l'économie, et dont l'exemple, pour cette raison, frappera plus immédiatement l'esprit : je citerai la science de l'État, la politique. Comme la science de l'homme et comme celle des cieux, la science de cet être général réalisé sous tant de formes diverses sur la surface du globe et dans le cours des siècles que l'on appelle l'État, est éminemment une science d'observation. A l'origine, cette science tombe dans les mains d'un bien merveilleux génie cependant, dans les mains de Platon; mais Platon lui-même, un jour, dédaigne l'expérience. Au lieu de demander à la conscience et à l'histoire, qui pouvaient seules les lui révéler, les lois générales de la formation, du développement, de la fortune et de la décadence des États, il les demande à son imagination, il fait de la politique spéculative. Il

construit l'État sur l'imaginaire fondement de la seule
vertu. Sous prétexte d'épurer la nature humaine et d'i-
déaliser la nature sociale, il mutile l'une et défigure
l'autre; les utopies sortent en foule de sa conception chimérique, et il ne laisse après lui qu'un roman. Mais Aristote paraît. Il prend la politique pour ce qu'elle est, les
hommes tels qu'ils sont, et l'État tel que le lui offrent
l'histoire et la nature. Au lieu de spéculer, de raisonner,
d'imaginer, ce qui est sans usage dans une science expérimentale, il observe, il compare, il généralise, il décrit.
La gloire qu'avait laissé échapper Platon lui échoit, et la
Politique sort tout achevée de ses mains. Aujourd'hui
encore, les lois qu'il y a plus de vingt siècles l'expérience
lui a révélées s'appliquent; les États naissent, grandis-
sent, se transforment et meurent par les raisons et suivant les règles que l'observation lui a fait découvrir, et,
tandis que les brillantes et vaines hypothèses de Platon
sont pour jamais reléguées dans le domaine des fables,
chaque révolution nouvelle qui ébranle le monde dépose en faveur du génie de son disciple.

Ainsi va le destin des sciences expérimentales. Infidèles
à la méthode que leur trace l'esprit de leurs objets, elles
n'enfantent que des systèmes chimériques, sans durée
comme sans vérité; fidèles à cette méthode, au contraire,
les lois qu'elles découvrent, traversent les âges sans
changer ni vieillir, rajeunies au contraire et confirmées
à tout moment par l'histoire de chaque jour, et les monuments qu'elles élèvent, vrais comme la nature, sont
appelés à l'être aussi longtemps qu'elle.

L'école de l'économie politique, pour peu qu'elle sache en entendre les leçons, est là tout entière.

La quantité d'objets auxquels elle touche lui ouvre un champ immense; nulle science d'observation n'en a de plus vaste. L'importance philosophique et pratique des questions de tout genre que l'étude de ces objets soulève la met, pour le prix et l'éclat des découvertes auxquelles elle peut parvenir, de pair avec les sciences les plus élevées comme les plus utiles. Tout enfin, si elle n'est pas infidèle à elle-même, lui assigne, dans l'encyclopédie des connaissances humaines, la place la plus propre à tenter comme à satisfaire la plus haute ambition. Mais ce brillant avenir est perdu pour elle si l'esprit spéculatif continue d'égarer son génie. *Revocare œconomiam a cœlo*, telle est, pour employer, en le variant un peu, un mot célèbre d'un ancien, la réforme à réaliser aujourd'hui en économie politique. Le ciel imaginaire que lui a ouvert l'école libre-échangiste est comme le ciel qu'on montrait à la philosophie avant Socrate, un vain mirage. La rappeler de cet empyrée chimérique à l'observation pure et simple des faits, tel est le but que se doivent proposer ceux des esprits studieux et éclairés qui la cultivent pour elle-même et qui ne se soucient que de la vérité.

Mais une telle réforme ne s'accomplira, ni d'elle-même, ni sans peine, en économie politique. Il y faudra des ouvriers, et des ouvriers persévérants, assez convaincus de l'infaillibilité des procédés et de la fécondité des résultat de l'expérience pour ne pas se rebuter de ses longueurs;

des esprits assez libres aussi pour ne pas se courber sous une opinion régnante, par cela seul qu'elle est régnante et qu'elle a cette grande vertu d'être née en terre étrangère. Ces ouvriers d'une réforme scientifique dont les conséquences peuvent être vastes dans le monde des idées et dans celui des faits, où les verra-t-on paraître?

Qu'il me soit, en terminant, permis de céder à un sentiment patriotique qui n'enlèvera rien au désintéressement des résultats de la science. Le génie économique français sans doute a en lui-même assez de ressort et d'étendue, et les traditions de son histoire sont assez illustres pour qu'il n'ait besoin ni d'une initiation ni d'une direction étrangère. La patrie de Montesquieu, de Colbert et de Napoléon est une terre généreuse et forte, où les idées sensées ne font pas peur par cela seul qu'elles sont en désaccord avec les doctrines dominantes, fussent-elles, comme le libre-échange, d'origine anglaise. *Exoriare aliquis!* La tâche est grande, et le moment de l'accomplir, venu.

FIN.

TABLE.

—

ERRATA.

Page 78, lignes 17 et 18, *au lieu de* 61 pour 100, *lisez* 86 pour 100.
Page 221, ligne 19, *au lieu de* denrées élémentaires, *lisez* denrées alimentaires.

OUVRAGE DU MÊME AUTEUR

Qui se trouve chez A. Durand, rue des Grès, 5.

HISTOIRE DU CALCUL DES PROBABILITÉS

Depuis ses origines jusqu'à nos jours, avec une thèse sur la légitimité des
principes et des applications de cette analyse.

En vol. in-8°. 1848. — Prix : 3 fr.

Paris. — Imprimerie Gerdès, rue Bonaparte, 43.